高职高专汽车专业"十三五"教材

汽车电器设备原理与检修一体化教程 第2版

主　编　杨洪庆　陈　晓
副主编　张树玲　李　茜　周建军
　　　　刘　波　关菲明　常　丽

机械工业出版社

本书分为9个项目，由26个学习任务组成。本书系统讲解了汽车电器检修基础、蓄电池结构原理及性能检测、充电系统及控制电路、起动系统及控制电路、照明与信号系统、仪表与报警系统、安全舒适系统及控制电路、空调制冷系统及控制电路、全车电路分析。

本教材配套有PPT课件、视频及实训工作页，以电子版形式提供给教师，便于灵活调整使用。

本书适合作为高职高专汽车专业教材，也可供汽车维修培训人员及中职相关专业学生学习参考。

图书在版编目（CIP）数据

汽车电器设备原理与检修一体化教程/杨洪庆，陈晓主编. —2版. —北京：机械工业出版社，2018.7（2023.9重印）
高职高专汽车专业"十三五"教材
ISBN 978-7-111-60610-9

Ⅰ. ①汽… Ⅱ. ①杨… ②陈… Ⅲ. ①汽车-电气设备-车辆修理-高等职业教育-教材 Ⅳ. ①U472.41

中国版本图书馆CIP数据核字（2018）第176084号

机械工业出版社（北京市百万庄大街22号　邮政编码100037）
策划编辑：齐福江　责任编辑：齐福江
责任校对：张　薇　封面设计：陈　沛
责任印制：常天培
固安县铭成印刷有限公司印刷
2023年9月第2版第7次印刷
184mm×260mm·17.25印张·423千字
标准书号：ISBN 978-7-111-60610-9
定价：47.00元

电话服务　　　　　　　　　网络服务
客服电话：010-88361066　　机　工　官　网：www.cmpbook.com
　　　　　010-88379833　　机　工　官　博：weibo.com/cmp1952
　　　　　010-68326294　　金　书　网：www.golden-book.com
封底无防伪标均为盗版　机工教育服务网：www.cmpedu.com

前言

随着汽车电器与电子技术的迅猛发展，各种现代化检测诊断仪器、设备和新的维修技术应运而生，因而要求维修人员除需掌握传统的维修技术外，还必须掌握现代汽车电器及电子设备的维修技术。目前，汽车电器结构和原理方面教材很多，但由于汽车电子技术发展迅速，各学校实训条件差距较大，特别是真正有维修和实训经验的人员，很难有机会参与教材的编写，导致优秀教材仍很缺乏。为此，我们组织了一些具有维修和实训经验的人员编写本教材，解决了教材与实际维修脱节的问题。本书内容全面，思路清晰，方法实用，易学易用。

作为理论、实践一体化教材，本书贯彻"求知重能"的原则，在保证知识连贯性的基础上，着眼于技能操作，力求内容浓缩、精炼，突出教材的针对性、典型性和实用性。

申请配套实训任务单及反馈意见，请联系：502135950@qq.com。

本书为机械工业出版社高职高专汽车专业"十三五"教材，本书可作为高等职业院校汽车运用与维修专业教材，也可供中职相关专业的学生及职业培训人员学习参考。

本书由辽宁省交通高等专科学校杨洪庆教授、辽宁抚顺市汽车职业教育集团董事长陈晓主编，张树玲、李茜、周建军、刘波、关菲明、常丽任副主编，参加编写工作的还有杨进峰、修玲玲、明光星、郭明华、孙连伟、李晗、金雷、谭武明、高加、孙宝明、张凤云、仲琳琳、宋斌、龙俊波、吴清洁、明阳、李俊玲、黄如君、毛文祥、王红。在编写过程中，得到了田久民、宫斌的大力支持，并参考和借鉴了相关文献资料，在此一并表示诚挚的谢意。

由于水平所限，书中难免存在疏漏和不妥之处，恳请读者批评指正。

编　者

前言

项目一　汽车电器检修基础 ……… 1
　任务一　汽车电器组成及特点 …… 2
　　一、任务描述 ………………… 2
　　二、相关知识及技能 ………… 2
　　三、实训内容 ………………… 8
　任务二　汽车电路检测工具
　　　　　的使用 …………………… 9
　　一、任务描述 ………………… 9
　　二、相关知识及技能 ………… 9
　　三、实训内容 ………………… 17
　【思考与练习】 ………………… 17

项目二　蓄电池结构原理及性能检测 …… 19
　任务一　蓄电池结构原理与
　　　　　特性 …………………… 20
　　一、任务描述 ………………… 20
　　二、相关知识及技能 ………… 20
　　三、实训内容 ………………… 35
　任务二　蓄电池性能检测
　　　　　与维护 ………………… 36
　　一、任务描述 ………………… 36
　　二、相关知识及技能 ………… 36
　　三、实训内容 ………………… 45
　【思考与练习】 ………………… 46

项目三　充电系统及控制电路 ……… 48
　任务一　交流发电机及调节器
　　　　　工作原理 ……………… 49
　　一、任务描述 ………………… 49
　　二、相关知识及技能 ………… 49

　任务二　交流发电机及调节器
　　　　　性能检测 ……………… 60
　　一、任务描述 ………………… 60
　　二、相关知识及技能 ………… 61
　　三、实训内容 ………………… 69
　任务三　充电指示灯电路及
　　　　　故障诊断 ……………… 69
　　一、任务描述 ………………… 69
　　二、相关知识及技能 ………… 70
　　三、实训内容 ………………… 77
　【思考与练习】 ………………… 78

项目四　起动系统及控制电路 ……… 80
　任务一　起动机工作原理
　　　　　与特性 ………………… 81
　　一、任务描述 ………………… 81
　　二、相关知识及技能 ………… 81
　任务二　起动机拆装与
　　　　　性能检测 ……………… 92
　　一、任务描述 ………………… 92
　　二、相关知识及技能 ………… 93
　　三、实训内容 ………………… 99
　任务三　起动系统控制电路
　　　　　及故障诊断 …………… 100
　　一、任务描述 ………………… 100
　　二、相关知识及技能 ………… 100
　　三、实训内容 ………………… 106
　【思考与练习】 ………………… 107

项目五　照明与信号系统 …………… 109
　任务一　照明系统及控制
　　　　　电路 …………………… 110

一、任务描述 …………… 110
二、相关知识及技能 ……… 110
三、实训内容 …………… 121
任务二 喇叭装置及控制
　　　　电路 …………… 122
一、任务描述 …………… 122
二、相关知识及技能 ……… 122
三、实训内容 …………… 125
任务三 灯光信号系统及
　　　　控制电路 ………… 126
一、任务描述 …………… 126
二、相关知识及技能 ……… 127
三、实训内容 …………… 136
【思考与练习】 …………… 137

项目六 仪表与报警系统 …………… 139
任务一 汽车仪表及控制
　　　　电路 …………… 140
一、任务描述 …………… 140
二、相关知识及技能 ……… 140
三、实训内容 …………… 153
任务二 报警装置及
　　　　控制电路 ………… 154
一、任务描述 …………… 154
二、相关知识及技能 ……… 155
三、实训内容 …………… 159
【思考与练习】 …………… 161

项目七 安全舒适系统及控制电路 … 163
任务一 电动刮水器及控制
　　　　电路 …………… 164
一、任务描述 …………… 164
二、相关知识及技能 ……… 164
三、实训内容 …………… 174
任务二 电动车窗及控制
　　　　电路 …………… 175
一、任务描述 …………… 175
二、相关知识及技能 ……… 175

三、实训内容 …………… 181
任务三 中控门锁及控制
　　　　电路 …………… 182
一、任务描述 …………… 182
二、相关知识及技能 ……… 182
三、实训内容 …………… 187
任务四 电动后视镜及控制
　　　　电路 …………… 188
一、任务描述 …………… 188
二、相关知识及技能 ……… 189
三、实训内容 …………… 192
任务五 电动座椅及控制
　　　　电路 …………… 192
一、任务描述 …………… 192
二、相关知识及技能 ……… 193
三、实训内容 …………… 196
任务六 被动安全系统及控制
　　　　电路 …………… 197
一、任务描述 …………… 197
二、相关知识及技能 ……… 197
三、实训内容 …………… 211
【思考与练习】 …………… 212

项目八 空调制冷系统及控制电路 … 214
任务一 汽车空调系统概述 … 215
一、任务描述 …………… 215
二、相关知识及技能 ……… 215
三、实训内容 …………… 228
任务二 空调制冷原理及控制
　　　　电路 …………… 229
一、任务描述 …………… 229
二、相关知识及技能 ……… 229
三、实训内容 …………… 240
任务三 空调制冷系统的
　　　　检修 …………… 241
一、任务描述 …………… 241
二、相关知识及技能 ……… 241
三、实训内容 …………… 249

【思考与练习】 ………………… 250

项目九　全车电路分析 ………… 252

任务一　汽车电路图类型及组成要素 …………… 253
一、任务描述 ……………… 253
二、相关知识及技能 ……… 253

任务二　典型汽车电路图的解读 …………… 259
一、任务描述 ……………… 259
二、相关知识及技能 ……… 259

【思考与练习】 ………………… 265

参考文献 ……………………………… 267

项目一 汽车电器检修基础

▶ 目标及要求

教学目标	(1) 了解汽车电器的作用及基本组成 (2) 了解汽车电器的特点 (3) 了解汽车电路检测常用工具的使用方法
能力要求	(1) 掌握汽车电器检测的基本流程 (2) 学会用测试灯和跨接线诊断汽车电路故障的方法 (3) 学会用万用表和诊断仪诊断汽车电路故障的方法

▶ 项目概述

随着汽车技术和电子技术的发展，汽车电子技术也得到了迅速发展，它已成为一个国家汽车工业发展水平的标志，汽车电器检修工作已经成为汽车检修的关键。汽车电器检修不仅要掌握汽车电器专业知识，还要熟练掌握检测工具的使用方法。本项目主要介绍汽车电器的基本组成、特点以及电路检测常用工具的使用方法。本项目设置两个学习任务，内容如下：

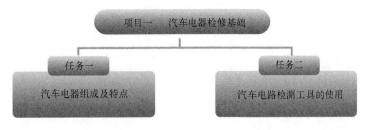

任务一　汽车电器组成及特点

一、任务描述

汽车电器是汽车上的重要组成部分，其性能的好坏直接影响汽车的动力性、经济性、安全性、舒适性及环保性能等指标。要确保汽车电器的性能完好，维修人员首先应掌握汽车电器的基础知识，主要包括如下：

1）汽车电器的组成。
2）汽车电器的特点。

二、相关知识及技能

（一）汽车电器主要组成部分

汽车电器设备按功用不同分为电源部分（蓄电池、发电机及调节器）、用电设备（起动系统、点火系统、照明与信号系统、仪表与报警系统、辅助电器、电子控制系统）和配电装置等，如图1-1所示。

1. 电源系统

电源系统包括蓄电池和发电机。其中发电机为主电源，当发电机正常工作时，由发电机向全车用电设备供电，同时给蓄电池充电。发电机的输出电压是由调节器保持恒定的。

（1）蓄电池　蓄电池为可逆的直流电源。在汽车上使用最广泛的是起动用铅酸蓄电池，它与发电机并联，向用电设备供电。当发动机起动时，蓄电池向起动机和点火系统供电；当用电设备同时接入较多，发电机超载时，协助发电机供电；在发动机熄火状态下，蓄电池向电控单元（ECU）、音响等用电设备供电。因此，蓄电池在汽车上占有重要位置。正确使用和维护保养蓄电池，对延长蓄电池的使用寿命极为重要。

（2）发电机　发电机是汽车用电器的主要电源，它在正常工作时，对除起动机以外的

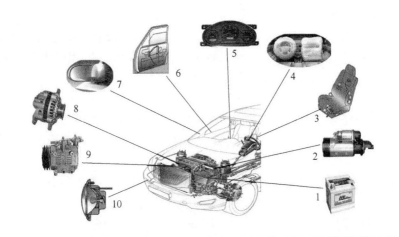

图1-1 汽车电器的基本组成

1—蓄电池 2—起动机 3—电动座椅 4—安全气囊 5—组合仪表 6—电动车窗
7—电动后视镜 8—发电机 9—空调压缩机 10—前照灯

所有用电设备供电,并向蓄电池充电,以补充蓄电池在使用中所消耗的电能。

(3) 调节器 目前汽车发电机均为交流发电机。由于交流发电机本身具有限制输出电流的能力,因此不再需要限流器。但它的电压是随转速变化而变化的,为了得到恒定的直流电压,必须装有电压调节器。

2. 用电设备

(1) 起动系统 汽车起动系统包括直流电动机、传动机构和控制装置,其作用是起动发动机。起动机主要由电动机、传动机构(或称啮合机构)和起动开关三部分组成。

(2) 点火系统 点火系统包括点火开关、点火线圈和火花塞等,其作用是产生高压电火花,点燃汽油机发动机气缸内的混合气。

在现代汽油发动机中,气缸内燃料和空气的混合气大多采用高压电火花点火。电火花点火具有火花形成迅速、点火时间准确、调节容易以及点燃混合气可靠等优点。为了在气缸中产生高压电火花,必须采用专门的点火装置。

(3) 照明系统 照明系统包括汽车内、外各种照明灯及其控制装置,主要有前照灯、雾灯、尾灯和顶灯等,用来保证夜间行车安全。

(4) 信号系统 信号系统包括喇叭、蜂鸣器、闪光器及各种行车信号标识灯等,用来保证车辆运行时的人车安全。

(5) 仪表系统 仪表系统包括各种电器仪表,如电流表、充电指示灯或电压表、机油压力表、温度表、燃油表、车速及里程表和发动机转速表等,用来显示发动机和汽车行驶中相关装置的工作状况,帮助驾驶人随时掌握汽车主要部分的工作情况,及时发现可能出现的故障和安全隐患,以保证良好的行驶状态。

(6) 安全舒适系统 随着汽车工业的发展和现代化技术在汽车方面的应用,现代汽车装用的辅助电器设备很多,主要包括汽车用音响设备、通信器材和汽车电视等服务性装置,以及与汽车本身使用性能有关的电器设备,如电动刮水器、电动车窗、电动座椅、空调装置、中控门锁及电动后视镜等。

(7) 电子控制系统 为了提高汽车的动力性、经济性、安全性及达到排气净化的目的，汽车上配置了电控燃油喷射装置、电子点火装置、制动防抱死装置和自动变速器等电子控制系统。

3. 配电装置

配电装置包括电路开关、保险装置、中央配电盒、继电器、线束、插接器及导线等。

(1) 开关 汽车电路控制是通过各种开关接通或切断电源与用电设备之间的电路连接来实现的。

1) 电源开关。在有的车辆上装有电源总开关，用于切断蓄电池与外电路的连接，以防止车辆停驶过程中蓄电池经外电路漏电。电源开关主要有闸刀式和电磁式两种。闸刀式电源开关直接由手动切断或接通电源，电磁式电源开关则由电磁力吸力控制触点的吸合或断开实现。

2) 点火开关。点火开关是一个多档开关，需用相应的钥匙才能对其进行操纵。点火开关通常用于控制点火电路、仪表电路、发电机励磁电路、起动电路及一些辅助电器电路等。

3) 灯光开关。灯光开关通常是两档式开关，按操纵的形式分为推拉式和旋转式两种。灯光开关Ⅰ档接通示廓灯、尾灯和仪表照明灯等，Ⅱ档接通前照灯、尾灯和仪表照明灯等。

4) 组合开关。组合开关由两种及两种以上的开关（如转向灯开关、警告灯开关、灯光开关、前照灯变光开关、刮水器开关和洗涤开关等）集装在一起，可使操纵更加方便。

(2) 配电装置

配电装置是多功能电子控制器件，是整车电器、电子线路的控制枢纽。配电装置能实现集中供电，减少接线回路，简化线束，减少插接件，节省空间，减轻整车质量等，不同车型配电装置数量及布置形式也不同。

目前很多汽车采用多配电器形式，例如大众新宝来汽车配电装置有熔丝架 AS、BS、CS 及继电器盒。装备 CFBA、CLSA、CENA、BWH 等发动机的汽车上，在蓄电池上面设有熔丝架 SA 和 SB，在仪表板左侧设有熔丝架 SC，继电器架在仪表左下方，如图 1-2 所示（图中各熔丝及继电器功能不同车型有所不同，维修时参照对应车型维修手册）。

将全车的熔断器、断路器、继电器集中为一体，称为中央配电盒（也称中央线路板）。例如桑塔纳轿车的配电装置只有一个中央配电盒，如图 1-3 所示，反面上标有线束和导线插接位置的代号及接点的数字号，主要线束的插接件代号有 A、B、C、D、E、G、H、L、K、M、N、P、R，其中 P 插座为电源插座，R、K、M 均为空位插座。

(3) 保险装置

汽车电路中都设有保护装置，当线路因负荷超载、短路故障而电流过大时，保护装置自动断开电源电路，以防止线路或用电设备烧坏。

1) 熔断器。熔断器的保护元件是熔丝，串联在其所保护的电路中。当通过熔丝的电流超过其规定值时，熔丝发热熔断，从而保护了用电设备不被烧坏。

熔断器的熔丝固定在可插式塑料片上或封装在玻璃管中。通常熔断器都有编号，且按编

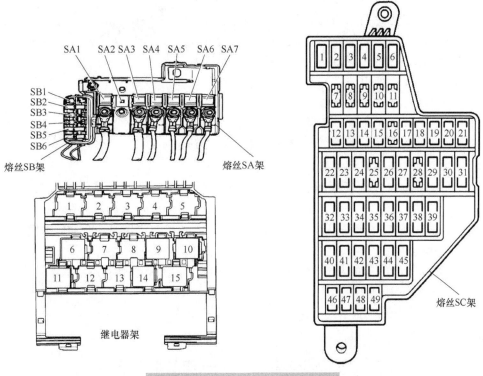

图1-2 大众新宝来汽车配电装置

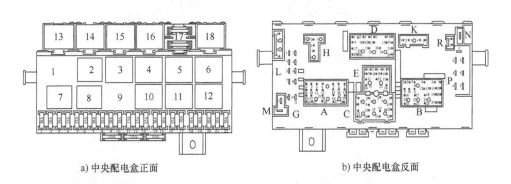

a) 中央配电盒正面　　　　　　　　b) 中央配电盒反面

图1-3 桑塔纳轿车的中央配电盒

A—用于连接仪表板线束　B—用于连接仪表板线束　C—用于连接发动机室左边线束
D—用于连接发动机室右边线束　E—用于连接车辆后部线束　G、N—用于连接单个插头
H—用于连接空调器系统线束　K、M、R—空位　L—用于连接喇叭/双音喇叭线束
P—用于连接电源

号排列，有的还在熔断器上涂以不同的颜色，以便检修时识别。

2）易熔线。易熔线比熔丝粗一些，所保护电路的工作电流往往较大，通常连接在电源电路和通过电流较大的电路上，如图1-4所示。

3）断路器。断路器起保护作用的主要元件是双金属片和触点，有自恢复式和按压恢复式两种。自恢复式断路器如图1-5所示，当被保护电路中的电流超过规定值时，双金属片受热弯曲而使触点张开切断电路。电路断电后，双金属片因无电流通过而逐渐冷却伸直，触点又重新闭合，接通电路。如果电路电流过大的原因未及时排除，自恢复式断路器就会使电路时而接通，时而切断，以限制通过电路的电流，起到了电路过载保护的作用。

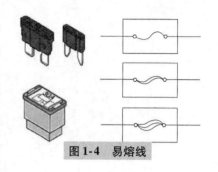

图1-4 易熔线

按压恢复式断路器如图1-6所示，当被保护电路中的电流超过规定值时，双金属片受热向上弯曲，使双金属片两端的触点张开而切断电路。向上弯曲的双金属片冷却后不能自行恢复原形，若要重新接通电路，必须按下按钮才能使双金属片复位。

这种断路器的限定电流是可调的，当需要调整时，松开紧固螺母，旋动调整螺钉，改变双金属片的挠度即可。

（4）继电器 继电器的基本组成件是电磁线圈和带复位弹簧的触点，其工作方式是利用通电线圈产生的电磁力来改变触点的原始状态。类型有常开式、常闭式和枢纽式等，如图1-7所示。车用继电器主要起保护作用和自动控制作用。

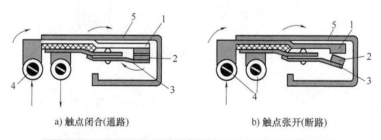

图1-5 自恢复式断路器
1—固定触点 2—动触点 3—双金属片 4—接线柱 5—壳体

1）常开式继电器。当不工作时，继电器触点是断开的，只有在其线圈通电时才闭合，如图1-7a所示。

2）常闭式继电器。当不工作时，继电器触点是闭合的，只有在其线圈通电时才断开，如图1-7b所示。

3）枢纽式继电器。继电器的两个触点相互切换，由线圈通电状态决定，如图1-7c所示。

（5）导线 汽车电器设备的连接导线，是电器电路的基础元件，均采用多股铜线。

1）导线截面面积。导线的截面面积根据所接用电设备的电流值确定。为保证导线有足够的机械强度，规定截面面积不能小于 $0.5mm^2$。电器电路导线的标称截面面积推荐值见表1-1。

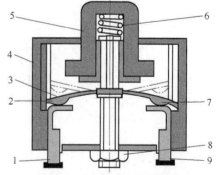

图1-6 按压恢复式断路器
1、9—接线柱 2、7—触点 3—双金属片
4—外壳 5—按钮 6—弹簧 8—锁紧螺母

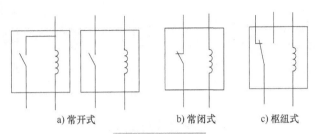

图 1-7 继电器

表 1-1 电器电路导线的标称截面面积推荐值

标称截面面积/mm²	适用的电路
0.5	尾灯、顶灯、仪表灯、指示灯、牌照灯、燃油表等
0.8	转向灯、制动灯、停车灯、点火线圈初级绕组等
1.0	前照灯、电喇叭等（3A 以下）
1.5	前照灯、电喇叭等（3A 以上）
1.5~4.0	其他5A 以上电路
4.0~6.0	柴油车电热塞电路
6.0~25	电源电路
16~95	起动电路

2) 导线的颜色。为了便于识别和维修，线束中的低压电线都采用了不同颜色。低压电线的各种颜色均用字母表示，其颜色和代号规定见表 1-2。

表 1-2 低压电线的颜色和代号规定

颜色	黑	白	红	绿	黄	棕	蓝	灰	紫	橙
代号	B	W	R	G	Y	Br	BL	Gr	V	O

（6）线束　线束由同路的导线包扎而成，可使电路不凌乱，便于安装，而且起到了保护导线的作用，如图 1-8 所示。

（7）插接器　插接器和电线焊片是电路与各电器设备之间、电路与电路之间的连接部件。现代车辆由于采用了线间插接器，使线束设计的自由度增加，其线束的数量也可较多，给安装、检修和更换带来了方便。车辆常见插接器种类如图 1-9 所示。

插接器由插头和插座两部分组成，车辆上不同位置所用插接器的插脚（端子）数目、几何尺寸和形状各不相同。为保证连接可靠，插接器设有锁止装置，大多数插接器具有良好的密封性，以防止油污、水及灰尘等进入而使插脚锈蚀。在车辆电路图上插接器有特定的图形符号表示。常见汽车插接器插脚形状如图 1-10 所示。

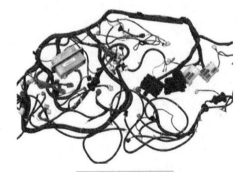

图 1-8 汽车线束

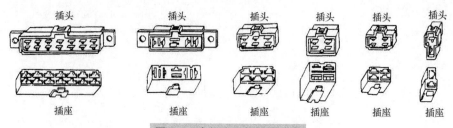

图 1-9　车辆常见插接器种类

（二）汽车电器的特点

（1）**低压**　汽车电器设备的额定电压常用有 12V 和 24V 两种。汽油车多采用 12V 电源电压，而柴油车多采用 24V 电源电压。

（2）**直流**　从蓄电池到用电器都采用直流电。

（3）**单线制**　从电源到用电设备使用一根导线连接，而另一根导线用汽车车体或发动机机体的金属部分代替，这种连接方式称为单线制。单线制可节省导线，使电路简化、清晰，便于安装与检修，因此现代汽车电器设备广泛采用单线制。

（4）**负极搭铁**　将蓄电池的负极与车架相连，称为"负极搭铁"。目前汽车电器设备都采用"负极搭铁"。

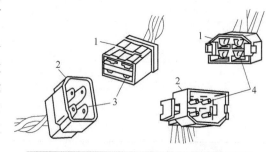

图 1-10　常见汽车插接器插脚形状
1—插座　2—插头　3—片状插脚　4—柱状插脚

（5）**并联连接**　各用电设备均采用并联。蓄电池与发电机之间以及所有用电设备之间，都是正极接正极，负极接负极，并联连接。采用并联连接的优点是，当某一支路用电设备损坏时，并不影响其他支路用电设备的正常工作。

（6）**线路有颜色和编号特征**　为了便于区别各线路和连接，汽车所有低压导线必须选用不同颜色的单色或双色线，并在每根导线上进行编号。编号由各生产厂家统一编定。

（7）**电路设有保险装置**　为了防止电路、电器短路而烧坏线束，电路中一般设有保险装置，如熔断器、易熔线等。

三、实训内容

1. 实训准备

1）准备好试验用发动机、示教板及各个电器总成或零件等。
2）掌握本次实训课所用仪器及设备的使用方法。
3）强调实训中的安全注意事项。

2. 实训流程

1）熟悉汽车电器主要组成件或总成名称、安装位置及作用。
2）熟悉汽车电器的特点。

3. 实训记录

完成实训记录单，见实训任务单 1.1。

任务二 汽车电路检测工具的使用

一、任务描述

要想当一名合格的汽车电工,熟练使用汽车电器检测工具是非常重要的。汽车电器维修需要哪些工具?又如何使用?要掌握这些内容,应进入下面的学习任务:

1)测试灯及跨接线的使用。
2)万用表的使用。
3)故障诊断仪的使用。

二、相关知识及技能

(一)测试灯及跨接线的使用

1. 测试灯及跨接线的原理

测试灯由一个 12W 的灯泡(或发光二极管)和引线组成,用于电路短路、断路的检测。测试灯的类型按结构原理不同分为普通式和有源式两种,如图 1-11 所示。

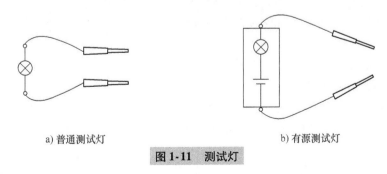

a) 普通测试灯   b) 有源测试灯

图 1-11 测试灯

跨接线是与被测试导线串联使用的检测工具,跨接线可以在不损坏导线插接器的情况下,与导线插接器一起使用。

> **注意**：不要用跨接线和测试灯检查 ECU 或与 ECU 有关的电路，以防烧坏 ECU。不能使用大于额定容量的跨接线检测电路。

2. 具体应用

（1）用测试灯法查找短路位置　如果熔丝已熔断，说明可能发生过短路，这时可用测试灯进行检查。下面举例说明测试灯检查方法，如图1-12所示。

首先，将开关打开，拆下熔断的熔丝，并将测试灯跨接到熔丝端子上，观察测试灯是否点亮。如果测试灯亮，说明熔丝盒与开关之间出现短路，应修理熔丝盒与开关之间的线束。

如果测试灯不亮，再将开关闭合，并断开照明灯插接器，观察测试灯是否点亮。如果测试灯亮，说明开关与插接器之间出现短路，应修理开关与插接器之间的线束；如果测试灯不亮，说明插接器与照明灯之间没有出现短路。用同样方法依次检查各个短路点。

（2）用自备电源测试灯检查开关导通性　当用自备电源测试灯检查开关导通性时，接线方法如图1-13所示。当开关打开时，测试灯应不亮；当开关闭合时，测试灯应点亮，否则是开关有故障。

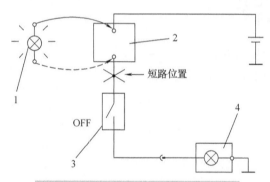

图1-12　用测试灯法查找短路位置
1—测试灯　2—熔丝　3—开关　4—前照灯

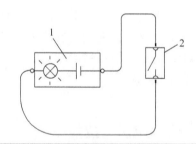

图1-13　用自备电源测试灯检查开关导通性
1—自备电源测试灯　2—开关

（3）用测试灯法查找断路位置　将测试灯的一根引线搭铁，另一根引线连接到开关插接器电源侧端子上，如图1-14中 a 点位置，测试灯应点亮，然后将测试灯连接到电动机插接器上，即图中 b 点位置。若将开关打开，测试灯不应点亮；若将开关闭合，测试灯应点亮。否则开关或开关到电动机插接器之间的电路断路。

（4）用跨接线查找断路位置　当怀疑某条电路断路时，可将跨接线的一根引线接入线的一端，另一根引线连接到另一端，如图1-15中的开关故障。用跨接线将开关的 ab 两端短接，若电动机工作，即可断定开关断路。

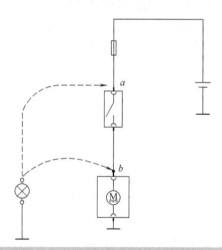

图1-14　用测试灯法查找断路位置

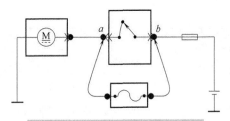

图 1-15　用跨接线查找断路位置

> 注意：首先要确认电路关系，防止跨接线引起电路短路。

（二）万用表的使用

1. 功能介绍

目前用于诊断和检测发动机电路故障的数字万用表类型很多，但功能基本相同。下面以 UNI-T 系列 UT-105 数字式万用表为例（图 1-16）介绍其主要功能及使用方法。万用表功能符号及显示屏符号含义见表 1-3。

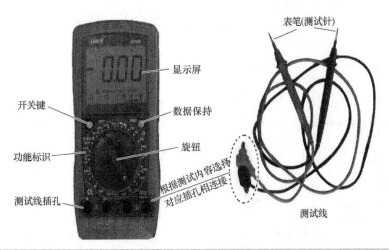

图 1-16　数字万用表

表 1-3　万用表功能符号及显示屏符号含义

功能符号及显示屏符号	符号含义
V ⎓	直流电压测量
V ∼	交流电压测量
Ω	电阻测量
⇥	二极管 PN 结电压测量，单位：mV
♫)))	电路通断测量
A ⎓	直流电流测量
DWELL	汽车点火闭合角测量，单位：（°）
RPM ×10	汽车发动机转速测量（显示读数×10），单位：r/min
POWER	电源开关

（续）

功能符号及显示屏符号	符 号 含 义
HOLD H	数据保持开关
⛁	蓄电池欠电压提示符
AC	测量交流时显示，直流关闭
—	显示负的读数
4CYL/ 6CYL/ 8CYL	气缸数

（1）交、直流电压测量

1）根据电压的高低选择适当的电压测量量程，如图1-17所示。

2）检测时红表笔的一端插入"V/Ω"插孔中。

3）黑表笔接触电路地端，红表笔接触电路中待测点。

（2）直流电流测量

1）根据测量电流的大小选择适当的电流测量量程，如图1-18所示。

2）将红、黑表笔的一端插入孔中。

3）红表笔接触电压高的一端，黑表笔接触电压低的一端。

图1-17　交、直流电压测量

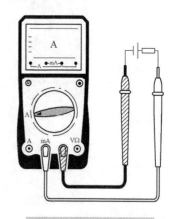

图1-18　直流电流测量

（3）电阻测量

1）应先把电路的电源关断，以免引起读数抖动。

2）根据电阻的大小选择适当的电阻测量量程，如图1-19所示。

3）将红表笔的一端插入"V/Ω"插孔中。

4）红、黑两表笔分别接触电阻两端，观察读数即可。

（4）二极管测量

1）将红表笔一端接万用表内部正电源，黑表笔一端接万用表内部负电源。

2）红、黑表笔分别接触二极管两端，观察读数，如图1-20所示。

3）若显示"000"，则说明二极管击穿短路；若显示"1"，则说明二极管正向不通。

（5）电路通断测量

1）将红、黑表笔插入孔中，如图1-21所示。

图 1-19 电阻测量

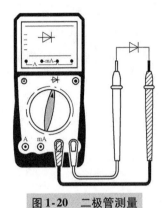

图 1-20 二极管测量

2)将功能、量程开关转到"·)))"位置。

3)两表笔分别接触测试点,若有蜂鸣器响,说明短路,否则正常。

(6)闭合角测量

1)将"选择开关"旋转到触点闭合角区域中对应的缸数(4CYL、5CYL、6CYL、8CYL)位置上。

2)红表笔的插头插入面板闭合角插孔(与 V/Ω 插孔为同一插孔)中。

3)黑表笔的插头插入面板 COM 插孔中。

4)红、黑表笔连接到被测电路上,读取触点闭合角度值,参照标准值进行分析。

图 1-21 电路通断测量

(7)发动机转速测量

1)将"选择开关"旋转到转速(RPM 或 RPM×10)位置上。

2)感应夹的红色插头插入面板 V/Ω 插孔内,黑色插头插入 COM 插孔内,感应夹夹在通往火花塞的高压线上,其上方的箭头应指向火花塞,按下"转速"选择按钮,根据被测发动机的冲程数和有无分电器,选择"4"或"2/DIS",读取发动机转速值。

(8)温度测量

1)将"选择开关"旋转到温度(℃或℉)位置上。

2)将汽车万用表配备的带测针的特殊插头,插接到面板上黄色插孔内,测针与被测温度的部位接触,温度稳定后,读取测量值。

(9)数据保持(HOLD) 当检测数据基本稳定后,可以按下"HOLD"键,将检测数据保持,然后读取。

2. 万用表应用

(1)电器元件性能检测

1)电路熔断器的检查。将万用表调整到电阻档,检查熔断器是否断路,如图 1-22 所示。当显示 0 时,说明熔断器是好的;当显示 ∞ 时,说明熔断器已熔断。

2)起动继电器的检查。先将电源连接继电器的 85 和 86

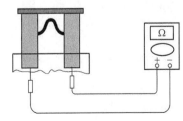

图 1-22 电路熔断器的检查

端子，再用万用表测量继电器的 30 和 87 端子，如图 1-23 所示。若显示 0，说明继电器正常；若显示 ∞ 时，说明继电器是坏的。

（2）电路电压的检测　用万用表测量电路中的电压。如图 1-24 所示，电路由点火开关、SW_1、SW_2、继电器（常闭式）、电磁阀和熔丝组成，用万用表负极搭铁，正极依次测量电路中 A、B、C 三点的电压。方法是：将点火开关时，A 点有电压；将点火开关和 SW_1 打开时，B 点有电压；将点火开关、SW_1 打开，继电器触点闭合时，C 点有电压。

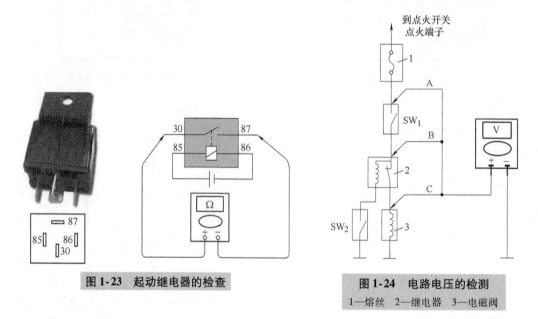

图 1-23　起动继电器的检查

图 1-24　电路电压的检测
1—熔丝　2—继电器　3—电磁阀

3. 万用表检测电路时的注意事项

1）当用电流档检测时，要测量的电流大小如果不清楚，为了万用表的安全，应先用最大的量程来测量，然后再逐渐减小量程来精确测量。

2）禁止用电阻档测量电流或电压（特别是交流 220V 电压）或带电测量电阻，否则容易损坏万用表。

3）当万用表测量二极管时，万用表显示二极管的正向导通电压，单位是 mV。通常好的硅二极管正向导通电压为 500～800mV，好的锗二极管正向导通电压为 200～300mV。

4）当测量发动机闭合角时，应注意屏幕显示的数值。4 缸机闭合角为 0～90.0°，6 缸机闭合角为 0～60.0°，8 缸机闭合角为 0～45.0°。

5）当用万用表测量时，注意不要将表笔连接线靠近发动机旋转件，以防发生事故。

（三）故障诊断仪的使用

汽车电器中越来越多地采用了电控系统，对于电控系统的故障检测和诊断，必须借助故障诊断仪，否则，维修人员是无从下手的，也很难快速准确找出故障原因。故障诊断仪类型很多，由于原理不同，其测试方法也不同。

1. 测试功能

远征 X-431 诊断仪由主机单元、测试主线及诊断接头等组成，如图 1-25 所示。基本功能见表 1-4。

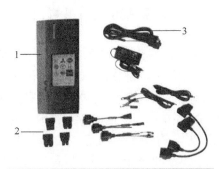

图 1-25　远征 X-431 诊断仪
1—主机单元　2—诊断接头　3—测试主线

表 1-4　远征 X-431 诊断仪的基本功能

功能名称		说　明
诊断功能	控制模块	读取故障码
		清除故障码
		执行元件诊断
		系统基本调整
		读测量数据流
		读独立通道数据
		通道调整匹配
		控制单元编码
		系统登录
		传送底盘号
		查控制 ECU 型号
	保养/机油灯归零	
	服务站代码设置	
	OBD-Ⅱ诊断功能	
	诊断座位置说明	
PDA 功能	系统信息	
	个人信息管理	
	控制面板	
	系统功能	

2. 诊断仪应用

（1）读取故障码　诊断仪功能菜单中，单击"查询故障码"选项，读取 ECU 确认的故障码及相关内容。

在装备 OBD-Ⅱ系统的车辆上，所有的故障码（DTC）都是以英文字母开头，后面跟随

4个数字，如 P0101、C1234、B2236 等。DTC 开头的字母表示被监测到故障的系统：P 为动力系统，B 为车身系统，C 为底盘系统，U 为网络或数据通信传输系统；字母后的第一个数字是通用码（对所有的车辆制造商），或是制造商专用码，如：0 指一般码，1 指制造商专用码；第二个数字指出了受影响的故障系统类型：1 为燃油及空气计量系统，2 为燃油及空气计量系统（特指喷射系统回路功能不良），3 为点火系统或缺缸监测系统，4 为辅助排放系统，5 为车速控制和怠速控制系统，6 为ECU 输出电路系统，7 为变速器。

（2）读测量数据流　读测量数据流就是读取 ECU 的运行数据参数。大众/奥迪车系是以数据组的形式显示，大众车系以外的其他车系数据流的读取方式则是以选择菜单的形式列出。如 OBD-Ⅱ诊断程序，在功能菜单中，单击"读数据流"选项，屏幕显示所测试车型数据流项菜单，单击想看的数据流项，并单击"确定"按钮，可查看数据流的动态数据。

（3）系统基本调整　在汽车维修和保养后必须进行"系统基本调整"。所谓系统基本调整，是通过数据通道将一些数据写入到控制单元中，将数据调整到生产厂家指定的基本值，或将某些元器件参数写入控制单元，从而使汽车达到最佳运行状态。根据车辆使用的国家、地区和发动机、变速器以及其他配置输入适当的设定号，屏幕显示后，单击相应的数字即可输入通道号。对某些系统，在维修或保养后，必须进行基本调整，如节气门体匹配，自动变速器维修后对离合器进行设置等。

（4）执行元件诊断　在功能菜单中，单击"执行元件诊断"选项，屏幕显示驱动的执行元件，可按照屏幕提示逐一执行元件测试。该功能可以对发动机电控系统及底盘电控系统执行元件（如喷油器）进行驱动，还可以对仪表系统执行元件（如发动机转速表、车速表和燃油表等）进行驱动。如对发动机喷油器的驱动过程是：踏下节气门，怠速开关打开，1缸喷油器应发出"咔嗒"声 5 次。每按一次"→"键，就切换到下一个喷油器（如对某个喷油器不进行检测，也可照此切换）。按此方法依次检查所有的喷油器。如某个喷油器未被触发（无咔嗒声），应检测喷油器电气性能及相关控制线路（电路检测请参阅维修手册）。

（5）控制单元编码　当车辆的代码没有显示或 ECU 已更换，则必须给控制单元进行编码。一个控制单元有时能够适应多种车型，这由控制单元内部所存储的不同程序来决定。控制单元的一个编码代表了其中的一个程序，所以，在更换控制单元时，一般要先查看一下原车所用的控制单元的编码。错误的编码轻则导致车辆的性能不良，重则会给车辆带来严重的故障。

> 注意：如果控制单元编码不正确会造成排放值升高、油泵增加、发动机工作不佳和换档冲击等故障。严重的情况不着车，甚至损坏元件。

（6）保养/机油灯归零　保养提示灯在里程表的显示窗内，当车辆需要进行某一项保养操作时，相应的保养提示灯就会点亮。

（7）OBD-Ⅱ诊断功能　对于符合 OBD-Ⅱ标准的汽车，在测试车系菜单中选择 OBD-Ⅱ诊断程序进入功能菜单，可用 OBD-Ⅱ诊断程序进行冻结帧测试。冻结帧测试是指当与汽车发动机排放相关的故障产生时，OBD-Ⅱ系统不仅设置一个故障码，而且还记录了此故障发生瞬间与此故障相关的系统运行参数，这一组数据称为冻结帧数据。冻结帧数据包括发动机转速、车速、空气流量、发动机负荷、燃油压力、燃油修正值、发动机冷却液温度、进气歧管压力以及开闭环状态等。

三、实训内容

1. 实训准备

1）准备好汽车电器常用检测工具、实训车辆。
2）强调实训中的安全注意事项。

2. 实训流程

1）利用测试灯检查电路断路。
2）利用万用表检查电路断路、短路。

利用简单元件（如灯泡、熔丝、继电器、开关、蓄电池等元件）连接电路，掌握电路连接的前提下利用测试灯、跨接线及万用表等简单工具检查断路、短路故障，也可利用试验车进行灯光、喇叭等简单电路的检查。先由教师进行演示检测，然后让学生进行检测。最后在教师的指导下，由学生分组完成简单电路故障的排除，同时完成任务单。

> 注意：在操作过程中，注意操作程序与规范，注意设备的正确使用，防止出现事故。

3. 实训记录

完成实训记录单，见实训任务单1.2。

> 【项目总结】
> 1. 汽车电器设备包括电源部分、用电设备及配电装置等。
> 2. 汽车电器设备具有低压、直流、单线制及负极搭铁的特点。
> 3. 测试灯和跨接线常用于线路短路、断路的检测。
> 4. 万用表可测量电路中电阻、电流、电压及二极管是否导通等，但要注意功能选择开关及档位的位置。
> 5. 对于电控系统的故障检测和诊断，必须借助故障诊断仪。

【思考与练习】

1. 单选题

（1）点火开关、点火线圈、分电器总成、火花塞等零部件归属于(　　)。
A. 起动系统　　　B. 点火系统　　　C. 舒适系统　　　D. 信号系统
（2）直流电动机、传动机构和控制装置等属于(　　)。
A. 起动系统　　　B. 点火系统　　　C. 舒适系统　　　D. 信号系统
（3）电动刮水器、电动座椅、空调装置、中控门锁及电动后视镜等属于(　　)。
A. 起动系统　　　B. 点火系统　　　C. 舒适系统　　　D. 信号系统
（4）喇叭、蜂鸣器、闪光器及各种行车信号标识灯等属于(　　)。
A. 起动系统　　　B. 点火系统　　　C. 舒适系统　　　D. 信号系统
（5）在下列装置中(　　)不属于电子控制系统。
A. 手动车窗　　　B. 制动防抱死　　　C. 电子点火　　　D. 电控燃油喷射

2. 多选题

（1）汽车电器的特点有（　　）。
A. 单线制　　　　B. 直流　　　　　C. 低压　　　　　D. 负极搭铁

（2）汽车电器设备按功用不同分为（　　）。
A. 电源　　　　　B. 全车线束　　　C. 用电设备　　　D. 配电装置

（3）测试灯可用来查找汽车电路（　　）的故障。
A. 断路　　　　　B. 错乱　　　　　C. 短路　　　　　D. 搭铁不良

（4）用万用表可测量电路中的（　　）。
A. 电感　　　　　B. 电压　　　　　C. 电流　　　　　D. 电阻

（5）测试灯由一个12W的灯泡和引线组成，根据结构原理不同分为（　　）。
A. 笔针式　　　　B. 鱼钳式　　　　C. 有源式　　　　D. 普通式

3. 判断题

（1）当用万用表电阻档测量熔断器的两端阻值时，显示0Ω时说明熔断器是坏的。（　　）

（2）控制系统基本调整是通过数据通道将一些数据写入到控制单元中，或将某些元器件参数写入控制单元，从而使汽车达到最佳运行状态。（　　）

（3）当车辆的控制单元更换后或车辆经过维修或改变了配置等都要给控制单元编码。（　　）

（4）汽车电器设备采用单线制可节省导线，使电路简化、清晰，便于安装与检修。（　　）

（5）信号系统是用来显示发动机和汽车行驶中有关装置的工作状况。（　　）

4. 问答题

（1）简述汽车电器各组成部分的作用。

（2）简述汽车电器的特点。

（3）如何用测试灯检测电路短路、断路故障？

（4）如何用万用表测量电路电阻、电流、电压及二极管？

（5）简述开关的检查方法。

项目二 蓄电池结构原理及性能检测

目标及要求

教学目标	（1）掌握蓄电池的组成及结构原理 （2）掌握蓄电池的工作特性 （3）掌握蓄电池的性能检测内容和方法
能力要求	（1）掌握蓄电池的结构原理及工作特性 （2）学会用各种工具检测蓄电池性能的方法 （3）学会用充电机给蓄电池充电的方法

项目概述

蓄电池是1859年由普兰特（Plante）发明的，至今已有100多年的历史。铅酸蓄电池自发明后，在化学电源中一直占有绝对优势。这是因为其价格低廉，原材料易于获得，使用上有充分的可靠性，适用于大电流放电及环境温度变化范围大的场合。车用蓄电池具有存储电能、协助发电机供电等功能。本项目主要学习蓄电池结构原理、工作特性和蓄电池性能检查等。本项目设置两个学习任务。任务内容如下：

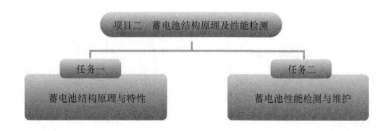

任务一　蓄电池结构原理与特性

一、任务描述

蓄电池电能是如何存储的？又是如何为起动机提供大的电流的？要掌握这些内容，应进入下面的学习任务：

1）蓄电池的类型。
2）蓄电池的结构组成。
3）蓄电池的工作原理及工作特性。

二、相关知识及技能

（一）蓄电池的作用及结构组成

1. 蓄电池的分类

汽车上使用的蓄电池有两大类，即铅酸蓄电池和镍碱蓄电池。铅酸蓄电池又分为普通蓄电池、免维护蓄电池、干荷蓄电池及胶体蓄电池，镍碱蓄电池有铁镍蓄电池及镉镍蓄电池。铅酸蓄电池具有价格便宜、内阻小等特点，在汽车上广泛应用。

汽车上所使用的蓄电池主要是为了满足起动机的需要，通常称为起动型蓄电池。起动型蓄电池在短时间内可提供强大的起动电流（一般为200～600A，柴油机最大可达1000A）。图2-1所示为常见型号的蓄电池。

2. 蓄电池的作用

1）当起动发动机时，给起动机提供强大的起动电流，同时给点火系统、燃油喷射系统及发动机其他用电设备供电。

2）当发电机过载时，协助发电机向用电设备供电。

6-DZM-10 蓄电池　　6-DZM-12 蓄电池　　6-DZM-17 蓄电池　　6-DZM-20 蓄电池

图 2-1　常见型号的蓄电池

3）当发电机不发电或发电不足时，向用电设备供电。

4）当发动机不工作时，向时钟、车上的 ECU、电子音响系统及防盗报警系统等提供常电源。

5）在发电机转速和负荷变化较大时，电路中会产生瞬间的高电压，这时蓄电池相当于一个大电容，它能吸收瞬间的过电压，将一部分电能转变为化学能存储起来，使汽车电源电压相对稳定，保护汽车电子元件不被损坏。

3. 蓄电池的结构组成

蓄电池一般由极板、隔板、电解液、壳体和连条等组成。汽车蓄电池由几个单体蓄电池串联而成，每个单体蓄电池电压为 2.1V，其结构如图 2-2 所示。

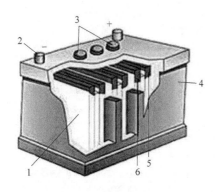 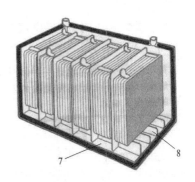

图 2-2　蓄电池的结构组成

1—隔板　2—极柱　3—加液孔　4—外壳　5—正极板
6—负极板　7—沉淀物搜集空间　8—蓄电池支撑条

（1）正、负极板　极板（图 2-3）分为正极板和负极板两种，均由栅架和填充的活性物质构成。正极板上的活性物质是二氧化铅（PbO_2），呈深棕色；负极板上的活性物质是海绵状纯铅（Pb），呈青灰色。

为了增大蓄电池的容量，将多片正负极板分别并联，组成正负极板组，装在单体内，每个单体中负极板比正极板多一片，即正极板都处于负极板之间，使其两侧放电均匀，可以防止正极板弯曲变形，如图 2-4 所示。

（2）隔板　为了减小蓄电池的内阻和尺寸，蓄电池内部正负极板应尽可能地靠近，但为了避免彼此接触而

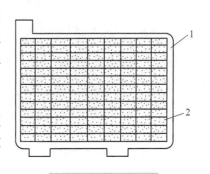

图 2-3　极板的结构
1—栅架　2—活性物质

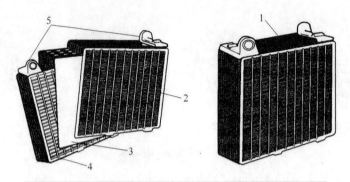

图 2-4 单格蓄电池极板组
1—组装完的极板组 2—负极板 3—隔板 4—正极板 5—连条

短路，正负极板之间要用隔板隔开。

(3) 电解液　电解液由专用硫酸和蒸馏水按一定比例配制而成，密度一般为 1.24～1.30g/cm³（温度为25℃时）。

(4) 壳体　壳体用来盛放电解液和极板组，是由耐酸、耐热、耐振、绝缘性好并且有一定机械强度的材料制成的，一般采用橡胶或塑料材料，如图 2-5 所示。

(5) 连条　连条的作用是将单格蓄电池串联起来，提高整个蓄电池的端电压。普通蓄电池连条的串接方式一般是外露式（图 2-6a），而新型蓄电池连条是内部连接方式，即连条设置在整个蓄电池盖下（图 2-6b）。内部连接方式有穿壁式和跨越式两种：穿壁式连接是在相邻单格蓄电池之间的间壁上打孔，将连条穿过而将两个单格蓄电池的极板组极柱连在一起；跨越式连接在相邻单格蓄电池之间的间壁上边留有豁口，连条通过豁口跨越间壁而将两个单格蓄电池的极板组极柱相连接。内部连接方式距离短、节省材料、电阻小和起动性好，因而得到了广泛的应用。

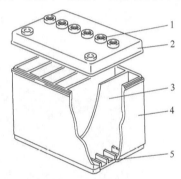

图 2-5　蓄电池的壳体
1—注入口　2—盖　3—隔板
4—蓄电池壳体　5—肋条

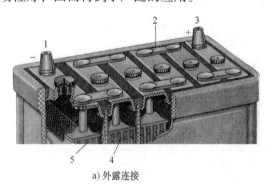

a) 外露连接

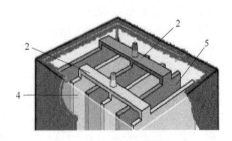

b) 内部连接

图 2-6　蓄电池连条的连接
1—负极接线柱　2—连条　3—正极接线柱　4—负极　5—正极

4. 蓄电池型号

汽车用铅蓄电池的型号都是按照一定标准来命名的,在国内市场上使用的蓄电池型号主要是按照国家标准以及日本标准、德国标准和美国标准等命名的。

(1) 国家标准蓄电池 根据国家标准《铅酸蓄电池名称、型号编制与命名办法》规定,国产蓄电池型号由三部分组成,如图2-7所示。

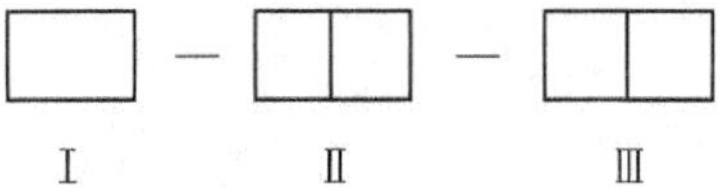

图2-7 蓄电池的型号

1)"Ⅰ"表示串联的单格蓄电池数,用阿拉伯数字表示,蓄电池标准电压是该数字的2倍。

2)"Ⅱ"表示蓄电池的类型和特征,用两个汉语拼音字母表示,第一个字母Q表示起动型蓄电池;第二个字母表示蓄电池的结构特征,如干荷蓄电池用A表示,免维护的蓄电池用W表示,薄型极板用B表示等。

3)"Ⅲ"表示额定容量,指20h放电率,用阿拉伯数字表示,单位为A·h。在其后用一个字母表示特殊性能,如G表示高起动率,S表示塑料槽,D表示低温起动性能好等。

以型号为6-QAW-54a的蓄电池为例,"6"表示由6个单格蓄电池组成,每个单格蓄电池电压为2V,即额定电压为12V;"Q"表示蓄电池的用途(即Q为汽车起动用蓄电池,M为摩托车用蓄电池,JC为船舶用蓄电池,HK为航空用蓄电池,D表示电动车用蓄电池,F表示阀控型蓄电池);"A"和"W"表示蓄电池的类型(即A表示干荷型蓄电池,W表示免维护型蓄电池,若不标,则表示普通型蓄电池);"54"表示蓄电池的额定容量为54A·h(充足电的蓄电池,在常温下以20h放电率电流放电20h蓄电池对外输出的电量);"a"表示对原产品的第一次改进,名称后加角标b表示第二次改进,依此类推。

> 提示:①型号后加D表示低温起动性能好,如6-QA-110D;②型号后加HD表示高抗振型;③型号后加DF表示低温反装,如6-QA-165DF。

(2) 日本JIS标准蓄电池 以型号38B20L蓄电池为例进行说明。"38"表示蓄电池的性能参数,数字越大,表示蓄电池可以存储的电量就越多;"B"表示蓄电池的宽度和高度代号,蓄电池的宽度和高度组合是由8个字母中的一个表示的(A~H),字母越接近H,表示蓄电池的宽度和高度值越大;"20"表示蓄电池的长度约为20cm;"L"表示正极端子的位置,从远离蓄电池极柱看过去,正极端子在右端的标R,正极端子在左端的标L。

(3) 德国DIN标准蓄电池 以型号544 34蓄电池为例进行说明。

1) 开头5表示蓄电池额定容量在100A·h以下,开头6表示蓄电池容量在100~200A·h范围内,开头7表示蓄电池额定容量在200A·h以上。例如544 34蓄电池额定容量为44A·h,610 17MF蓄电池额定容量为110A·h,700 27蓄电池额定容量为200A·h。

2) 容量后两位数字表示蓄电池尺寸组号。

3) MF表示免维护型。

(4) 美国BCI标准蓄电池 以型号58 430(12V 430A 80min)蓄电池为例进行说明。

1) 58表示蓄电池尺寸组号。

2) 430表示冷起动电流为430A。

3) 80min表示蓄电池储备容量为80min。

4）美国标准的蓄电池也可以这样表示：78-600，78 表示蓄电池尺寸组号，600 表示冷起动电流为 600A。

> **提示：**
> ① 冷起动电流（CCA）：在 -17.8℃ 和 -28.9℃ 条件下，可获得的某特定意义下的最小电流。这个指标把蓄电池的起动能力与发动机的排量、压缩比、温度、起动时间、发动机和电气系统的技术状态以及起动和点火的最低使用电压这些重要的变量联系起来。
> ② 储备容量（RC）：汽车在充电系统不工作的情况下，在夜间靠蓄电池点火和提供最低限度的电路负载所能运行的大约时间，可具体表述为：完全充足电的 12V 蓄电池，在 (25±2)℃ 的条件下，以 25A 恒流放电至蓄电池端电压下降到 (10.5±0.05) V 时的放电时间。

（二）蓄电池的工作原理及特性

蓄电池产生电流的大小取决于所用的材料，见表 2-1。在极板之间所发生的化学反应情况取决于极板吸收和释放电子的能力。

表 2-1　可充电电池材料及电解物质类型

电池类型	负极板	正极板	电解液	单格电压/V
铅酸电池	铅	二氧化铅	稀硫酸	2.2
镍-铁电池	铁	氧化镍	氢氧化钾	1.4
镍-镉电池	镉	氢氧化镍	氢氧化钾	1.2
银-锌电池	锌	氧化银	氢氧化钾	1.5
银-镉电池	镉	氧化银	氢氧化钾	1.1

汽车上普遍采用以铅锑合金材料制成极板的铅酸蓄电池，其工作过程就是化学能与电能的转换过程，分为充电过程和放电过程，且充、放电过程是一种可逆的化学反应。

1. 蓄电池的工作原理

（1）放电过程　当正负极板间电路形成后，蓄电池开始放电产生电流，如图 2-8 所示。正极板中活性物质的氧进入电解液中，和电解液中的氢结合生成水，同时，硫酸根（SO_4^{2-}）

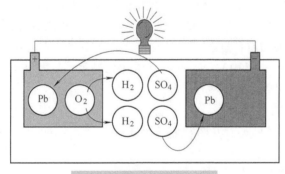

图 2-8　蓄电池的放电过程

和正极板上的铅结合生成硫酸铅（PbSO₄）而沉附在正极板上。负极板上也发生硫酸根和铅结合，生成硫酸铅而沉附在负极板上。

如果外电路不中断，正、负极板上的活性物质将不断地转化为硫酸铅，而电解液中的硫酸（H₂SO₄）将不断地减少，而水又在增多，所以，电解液密度减小，放电后的蓄电池电解液密度只比水高一点。电解液的密度与放电程度之间的关系见表2-2。

表2-2 电解液的密度与放电程度之间的关系

蓄电池中的电量	密度值/(g/cm³)
充电完全	1.265
75%电量	1.225
50%电量	1.190
25%电量	1.155
完全放电	≤1.120

> 放电过程特点：正负极板上的活性物质都转化为硫酸铅，同时，电解液中的硫酸转化为水，电解液的密度不断减小。

（2）充电过程 当充电时，蓄电池接直流电源，因直流电源端电压高于蓄电池电动势，故电流从正极流入，负极流出，如图2-9所示。这时，所发生的化学反应将使得蓄电池恢复到原来的形态，正极板上还是原来的二氧化铅（PbO₂），负极板上是海绵状的铅，电解液密度不断增大。

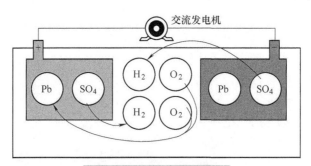

图2-9 蓄电池的充电过程

充电过程中消耗了水，生成了硫酸，故充电时电解液的密度是增大的，而放电时电解液的密度是减小的。

> 充电过程的特点：正、负极板上的硫酸铅分别转化为二氧化铅和铅，电解液中硫酸成分逐渐增多，电解液的密度逐渐增大。

2. 蓄电池的工作特性

蓄电池起动性能主要取决于内阻，若内阻大，则在大电流放电（起动机工作）时，会引起端电压大幅度下降，从而降低起动性能。蓄电池的内阻由极板电阻、电解液电阻、隔板电阻及连条电阻等组成。在正常情况下,起动型铅酸蓄电池的内阻都很小,能够为起动机提供几百安的电流,其正常压降为 2~3V。

> **注意:** 发动机阻力、起动电流大小均会影响蓄电池压降。

(1) 静止电动势和内阻 在静止状态下(指不充电不放电的情况),蓄电池正、负极板的电位差(即断路电压)称为蓄电池的静止电动势(E_0),其大小取决于电解液的密度和温度。在密度为 1.050~1.300g/cm³ 的范围内,单格蓄电池的静止电动势可用如下经验公式来近似计算:

$$E_0 = 0.84 + \gamma_{15℃}$$

式中 $\gamma_{15℃}$——电解液在15℃时的密度。

实测所得电解液密度应按下式换算成15℃时的密度:

$$\gamma_{15℃} = \gamma_t + \beta(t - 15)$$

式中 γ_t——实际测得的密度;
t——实际测得的温度;
β——密度温度系数($\beta = 0.00075$,即温度升高1℃,相对密度下降 0.00075)。

蓄电池的内阻包括极板、隔板、电解液和铅质连条等的内阻。充电后,极板电阻变小;放电后,由于生成的硫酸铅增多,极板电阻增大。隔板电阻因所用材料而异,木质隔板电阻比其他隔板电阻大。

电解液的电阻随密度、温度而变化,电阻随温度的降低而增大,另外,当密度为 1.2g/cm³ 时(15℃),因电解液电离最好,电阻最小。总之,蓄电池的内阻比较小,能获得较大的输出电流,适合起动的需要。

(2) 放电特性 蓄电池的放电特性是指在恒流放电过程中,蓄电池的端电压 U_f、电动势 E 和电解液的密度 $\gamma_{15℃}$ 随时间而变化的规律,图 2-10 所示为蓄电池以恒电流放电时的放电特性曲线。

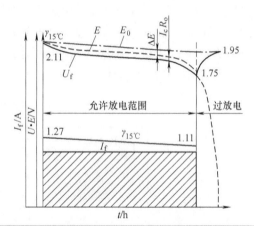

图 2-10 蓄电池以恒电流放电时的放电特性曲线
I_f—放电电流 U_f—放电端电压 E—电动势
E_0—静止电动势 R_0—内阻 t—放电时间
ΔE—电位差 $\gamma_{15℃}$—电解液在15℃时的密度

在放电过程中,电流恒定,单位时间内所消耗的硫酸量是一定的,所以电解液的密度沿直线下降,一般电解液的相对密度每下降 0.028~0.030g/cm³ 时,则蓄电池放电约为额定容量的25%。因静止电动势与电解液的相对密度成正比,所以静止电动势也是沿直线下降。

在放电过程中,因为蓄电池内阻上有压降,所以端电压总是小于电动势,当放电刚开始时,端电压从 2.1V 迅速下降,这是因为极板孔隙中硫酸迅速消耗,密度减小的缘故。当渗透到极板孔隙的硫酸和消耗的硫酸达到平衡时,端电压将随着整个容器电解液的密度减小而缓慢下降到 1.85V,接着迅速下降到 1.75V,此时应停止放电。若继续放电，端电压将急剧下降，损坏极板，这是因为放电接近终了时，极板的活性物质大部分已转变为硫酸铅而积聚在孔隙中，将孔隙堵塞，容器中电解液渗入极板内层比较困难，使极板孔隙中电解液密度迅速减小，从而使端电压急剧下降。容许的放电电流与终止电压见表 2-3。

表 2-3　容许的放电电流与终止电压

放电电流/A	$0.05\ C_{20}$	$0.1\ C_{20}$	$0.25\ C_{20}$	C_{20}	$3\ C_{20}$
连续放电时间/h	20	10	3	0.5（30min）	5min
单格蓄电池终止电压/V	1.75	1.70	1.65	1.55	1.5

注：C_{20} 为蓄电池的额定容量。

> 蓄电池放电终了的特征：
> 1) 电解液的密度减小到最小许可值（约 1.11g/cm^3）。
> 2) 单格蓄电池的端电压降至放电终止电压值 1.75V。

（3）充电特性　蓄电池的充电特性是指在恒流充电过程中，蓄电池的端电压 U_c、电动势 E 和电解液的密度 $\gamma_{15℃}$ 随时间变化的规律。蓄电池的充电特性曲线如图 2-11 所示。

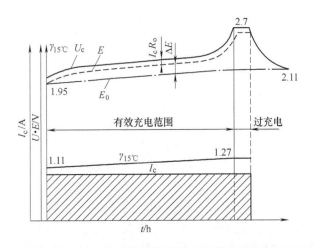

图 2-11　蓄电池的充电特性曲线
I_c—充电电流　U_c—充电端电压　E—电动势　E_0—静止电动势　R_0—内阻
t—充电时间　ΔE—电位差　$\gamma_{15℃}$—电解液在 15℃ 时的密度

在充电过程中，电解液的密度、静止电动势与充电时间成直线关系增长，端电压也不断上升，并总大于电动势。

充电开始阶段，电动势和端电压迅速上升，然后缓慢上升到 2.3~2.4V，开始产生气泡，接着电压急剧上升到 2.7V，就不再上升，电解液呈现"沸腾"状态，这就是充电终了。如果此时切断电流，电压将迅速降低到静止电动势的数值。

端电压如此变化的原因是，当刚开始充电时，在极板孔隙表层中，首先形成硫酸，使孔隙中电解液的密度增大，端电压和静止电动势迅速上升，当继续充电至孔隙中产生硫酸的速度和向外扩散速度达到平衡时，端电压和静止电动势随着整个容器内电解液的密度缓慢上升。当端电压达到 2.3～2.4V 时，极板上可能参加变化的活性物质几乎全部恢复为二氧化铅和铅。若继续通电，便使电解液中水分解，产生 H_2 和 O_2，以气泡形式放出，形成"沸腾"现象。因为氢离子在极板与电子的结合不是瞬时的而是缓慢的，于是在靠近负极板处积存大量的正离子 H^+，使溶液和极板产生附加电位差（0.33V），因而端电压急剧升高到 2.7V 左右，此时应切断电路，停止充电，否则不但不能增加蓄电池的电量，反而会损坏极板。

> 蓄电池充电终了的特征：
> 1) 蓄电池内产生大量气泡，形成"沸腾"的现象。
> 2) 电解液的密度、端电压上升到最大值，且 2～3h 不再增加。

（三）蓄电池的容量

1. 蓄电池容量的含义

蓄电池的容量是指在放电容许的范围内蓄电池输出的电量，它标志蓄电池对外供电的能力，即

$$C = I_f t_f$$

式中　C——蓄电池容量（A·h）；
　　　I_f——放电电流（A）；
　　　t_f——放电时间（h）。

蓄电池的容量与放电电流大小、电解液的温度有关。因此，蓄电池的标称容量是在一定的放电电流、一定的终止电压和一定的电解液温度下确定的。标称容量有两种：额定容量和起动容量。

（1）额定容量 C_{20}　根据国家标准 GB/T 5008.1—2013《起动用铅酸蓄电池技术条件》规定，额定容量是指完全充足电的蓄电池，在电解液温度为 25℃ 时，以 20h 的放电率放电至单格电压降到 1.75V[12V 蓄电池端电压下降至（10.50±0.05）V]时所输出的电量。

（2）起动容量　起动容量表示蓄电池接起动机时的供电能力，有常温和低温两种起动容量。

1) 常温起动容量。常温起动容量即电解液温度为 25℃ 时，以 5min 的放电率放电的电流（3 倍额定容量的电流）连续放电至规定的终止电压（6V 蓄电池为 4.5V，12V 蓄电池为 9V）时所输出的电量。其放电持续时间应在 5min 以上。例如，3-Q-90 型蓄电池在 25℃ 以 270A 电流放电 5min 蓄电池的端电压降到 4.5V，其起动容量为 270A×(5/60)h≈22.5A·h。

2) 低温起动容量。低温起动容量即电解液温度为 -18℃ 时，以 3 倍额定容量的电流连续放电至规定的终止电压（12V 蓄电池为 6V，6V 蓄电池为 3V）时所放出的电量。其放电持续时间应在 2.5min 以上。

2. 蓄电池容量影响因素

影响蓄电池容量的因素主要有放电电流、电解液温度、电解液的密度和极板构造等。

（1）放电电流 放电电流对蓄电池容量的影响如图2-12a所示。放电电流越大，则极板表面活性物质的孔隙很快被生成的硫酸铅所堵塞，使极板内层的活性物质不能参加化学反应，故蓄电池容量减小。

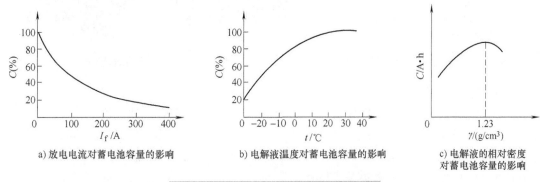

a) 放电电流对蓄电池容量的影响　　b) 电解液温度对蓄电池容量的影响　　c) 电解液的相对密度对蓄电池容量的影响

图2-12　不同因素对蓄电池容量的影响

（2）电解液温度 电解液温度对蓄电池容量的影响如图2-12b所示。温度降低，则容量减小，这是因为温度降低后，电解液的黏度增加，渗入极板内部困难，同时内阻增大，蓄电池端电压下降所致。

（3）电解液的密度 电解液的密度对蓄电池容量的影响如图2-12c所示。适当增大电解液的密度，可以提高蓄电池的电动势和容量，但相对密度过大又将导致黏度增加和内阻增大，反而使容量减小。

（4）极板的构造 极板有效面积越大、片数越多、极板越薄，蓄电池的容量也越大。

（四）改进型铅酸蓄电池

1. 干荷蓄电池

干荷蓄电池与普通蓄电池的内部零件结构及使用效果基本相同，如图2-13所示。两者的根本区别在于前者的极板在干燥状态下能较长期地保存制造过程中所得到的电荷。普通蓄电池在开始使用之前，必须进行60~70h初充电，甚至还需要更长时间的充、放电循环。而对干荷蓄电池，由于其负极板的制造工艺不同，故初次使用时，只需按规定加足电解液，浸泡2~3h后即可装车使用，不需要进行长时间的初充电，因而使用更方便。

2. 胶体蓄电池

电液呈胶态的电池通常称为胶体蓄电池。胶体蓄电池属于铅酸蓄电池的一种发展分类，是在硫酸中添加胶凝剂，使硫酸电液变为胶态。

胶体蓄电池的外形如图2-14所示，其性能与普通铅酸蓄电池相比，具有放电曲线平直、拐点高、比能量大、循环寿命好和耐过放电，且可以长期不充足电又进行放电，高低温性能也好，其缺点是胶体蓄电池存在热失控现象。

图 2-13　干荷蓄电池的外观

图 2-14　胶体蓄电池的外形

3. 免维护蓄电池

免维护蓄电池也称为 MF 蓄电池，是目前汽车上广泛使用的蓄电池（图 2-15），主要由正负极板、隔板及安全阀等组成，其极板具有很强的抗过充电能力，同时具有内阻小、低温起动性能好、电量存储时间长和使用寿命长等特点，因而在整个使用期间不需添加蒸馏水。在充电系统正常情况下，不需拆下进行补充充电。

图 2-15　免维护蓄电池
1—负极板　2—隔板　3—正极板　4—接线柱　5—密封胶　6—安全阀

（五）智能蓄电池

智能蓄电池是在普通蓄电池的基础上增加了蓄电池传感器，同时将普通的蓄电池导线升级为受监控的导线，接线柱为安全蓄电池接线柱。安装在行李箱内的智能蓄电池（图 2-16）主要由传感器、安全接线柱、受监控的导线和数据线等组成。在实际工作中，需要发动机 ECU 以及一系列传感器的支持，并通过串行数据线进行通信联系，实现数据共享。

1. 安全接线柱

安全接线柱的作用是在发生交通事故时，通过控制单元控制导线提供的信号，引爆安全蓄电池接线柱内部的爆燃材料，蓄电池正极插接器就会被切断，同时切断起动机电路和发电机电路，避免由燃油引起的燃烧爆炸现象。

2. 蓄电池传感器

蓄电池传感器内部安装的智能芯片，通过电源线 B^+ 给其供电，同时提供蓄电池电压信号。工作时可以连续测量蓄电池电压、蓄电池充电/放电电流、蓄电池电解液温度等参数，通过数据接口将数据传送至发动机 ECU。发动机 ECU 通过计算和分析，可以准确测定蓄电池的充电状态和技术状态。

3. 受到监控的导线

受到监控的导线的两端都有传感器导线。发动机起动后，导线的两端同时收到对方发出一个数字信号，如果导线正常，则收到 5V 的电压信号，如果导线出现故障时，会产生差异的测量值，通过数据线将信号传输给发动机 ECU 和仪表 ECU，并发出报警信号。

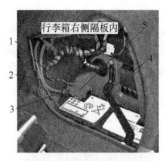

图 2-16 智能蓄电池的组成
1—数据线 2—导线 3—安全接线柱 4—蓄电池 5—传感器

（六）蓄电池的充电

1. 蓄电池的充电类型

蓄电池按充电目的不同，其充电类型有初充电、补充充电、锻炼循环充电、去硫化充电、预防硫化及均衡充电等。

（1）初充电　对新电池或修复后的蓄电池的首次充电，称为初充电。初充电的特点是充电电流小，充电时间较长。首先按厂家的规定，加注一定相对密度的电解液，电解液加入蓄电池之前，温度不能超过 30℃。注入电解液后，静置 3~6h。此时，若液面因电解液的渗入而降低，应补充到高出极板上缘 15mm，然后按表 2-4 蓄电池充电规范中初充电电流大小进行充电。初充电常分为两个阶段：第一阶段充电至电解液中放气泡，单格蓄电池为 2.4V 为止；第二阶段将电流减半，继续充到电解液中剧烈放出气泡（沸腾），电解液密度和电压连续 3h 稳定不变为止。全部充电时间为 60~70h。

表 2-4　蓄电池充电电流规范

蓄电池型号	额定容量/A·h	额定电压/V	初次充电				补充充电			
			第一阶段		第二阶段		第一阶段		第二阶段	
			电流/A	时间/h	电流/A	时间/h	电流/A	时间/h	电流/A	时间/h
6-Q-60	60	12	4	25~35	2	20~30	6	10~11	3	3~5
6-Q-75	75		5		3		7.5		4	
6-Q-90	90		6		3		9.0		4	
6-Q-105	105		7		4		10.5		5	
6-Q-120	120		8		4		12.0		6	
3-Q-75	75	6	5	25~35	3	20~23	7.5	10~11	4	3~5
3-Q-90	90		6		3		9.0		4	
3-Q-105	105		7		4		10.5		5	
3-Q-120	120		8		4		12.5		6	
3-Q-135	135		9		5		13.5		7	
3-Q-150	150		10		5		15.0		7	
3-Q-195	195		11		7		19.5		10	

> **注意**：充电过程中应经常测量电解液温度。当温度上升到40℃时，应将充电电流减半；若温度继续上升到45℃时，则应停止充电，待温度冷却到35℃以下时再充电。当充电临近完毕时，应测量电解液的密度。如不符合规范，应用密度为1.4g/cm³的电解液或蒸馏水进行调整，然后再充电2h，直至密度符合规范为止。

(2) 补充充电　蓄电池在使用中，常有充电不足的现象，应根据需要及时进行补充充电，一般每月一次。如发现下列现象，必须随时进行充电：

1) 电解液的密度下降到1.150g/cm³以下。
2) 冬季放电超过25%，夏季放电超过50%。
3) 起动无力，灯光暗淡，单格蓄电池电压降至1.7V以下。

补充充电电流值分两阶段进行，见表2-4，方法和初充电相同，一般为13~16h。

(3) 锻炼循环充电　蓄电池在使用中常处于部分放电状态，参加化学反应的活性物质有限。为了迫使相当于额定容量的活性物质参加工作，以避免活性物质长期不工作而收缩，可每隔三个月进行一次锻炼循环充电，即在正常充电后，用20h放电率放完电，再正常充足后装车使用。

(4) 去硫化充电　蓄电池发生硫化故障后，内阻将显著增大，充电时温升也较快。硫化严重的蓄电池就只能报废，硫化程度较轻的可以用去硫充电法加以消除。方法是先倒出蓄电池内的电解液，用蒸馏水反复冲洗数次，然后灌入蒸馏水至液面高出极板10~15mm，用初充电电流进行充电，并随时测量密度。当密度升到1.15g/cm³以上时，可用蒸馏水冲淡，继续充至密度不再上升后进行放电，如此反复多次。或充6h，中间停2h，反复进行到在6h内密度不变为止。最后参照初充电方法充电并调整密度至规定值，按20h放电率放电检查容量，如容量达到额定容量的80%时，说明硫化已基本消除，即可装车使用。

(5) 预防硫化　为预防蓄电池因充电不足而造成的硫化，每隔3个月进行一次预防硫化过充电，即用平时补充充电的电流值将蓄电池充足，中断1h后，再用1/2的补充充电电流值进行充电至沸腾为止。反复几次，直到刚接入充电，蓄电池立即"沸腾"为止。

(6) 均衡充电　蓄电池在使用过程中，因制造和使用等因素，会出现各单格蓄电池的端电压、电解液密度和容量等的差异，采用均衡充电的方法可消除这种差异。具体方法是先用正常的充电方法进行充电，待蓄电池端电压稳定后，停止充电1h，改用20h放电率电流值进行充电，每充2h停1h，反复3次，直到蓄电池各单格一开始充电立即剧烈地产生气泡为止，最后调整各单格蓄电池的电解液密度即可。

2. 蓄电池充电方式

蓄电池充电方式有恒压充电、恒流充电和脉冲快速充电3种。目前比较常用的充电方式是脉冲快速充电。

(1) 恒压充电　在充电过程中，将充电电压保持恒定的方法称为定压充电。充电过程中蓄电池电动势E、充电电流I_c的变化规律如图2-17所示。随着电动势的提高充电电流会逐渐减小，如果充电电压调节得当，就必然会出现充满电的情况，即充电电流为零时，就表示充电终了。

采用恒电压充电，要选择好充电电压。若电压过高，如图2-17中虚线Ⅱ所示，充电电

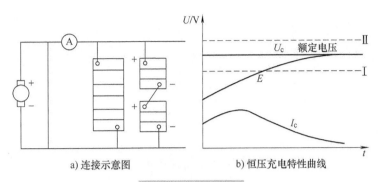

图 2-17 恒压充电

流大,导致过充电,从而影响蓄电池的使用寿命;若电压过低,如图 2-17 中虚线 Ⅰ 所示,则会使蓄电池充电不足,一般每单格蓄电池约需 2.5V。

恒电压充电,充电电流较大,开始充电后 4~5h 内蓄电池就可获得本身容量的 90%~95%,因而可大大缩短充电时间,比较适合于补充充电。在定电压充电中,各蓄电池必须并联,且各蓄电池的额定电压要相同。

(2) 恒流充电　在充电过程中,充电电流保持一定的充电方法称为恒流充电。在充电过程中随着蓄电池电动势的提高,要保持电流恒定,充电电压也需相应提高。当单格蓄电池电压上升到 2.4V 时,应将电流减半,直到蓄电池完全充足。

采用这种方法充电,不论 6V 或 12V 蓄电池均可串联在一起,如图 2-18 所示,但各个蓄电池的容量应尽可能接近,否则充电电流的大小应按容量小的蓄电池来计算,待小容量蓄电池充满后,应随时拿出,再继续给大容量的蓄电池充电。恒流充电有较大的适应性,可任意选择充电电流,适用初充电和去硫化充电;其缺点是充电时间长,且需不断地调整充电电压。

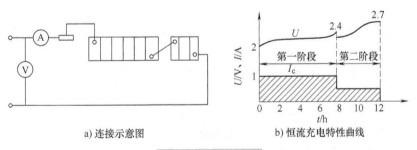

图 2-18 恒流充电

(3) 脉冲快速充电　不论是恒流充电还是恒压充电,都称为常规充电。要完成一次初充电需 60~70h,补充充电也需 20h,由于充电时间较长,给使用带来了不便。但是单纯地加大充电电流来缩短充电时间是行不通的,因为这样不仅使充电时蓄电池达不到额定容量,反而会使蓄电池温升快,产生大量气泡,造成活性物质脱落而影响使用寿命。近年来,我国的快速充电技术发展较快,并成功地研制了晶闸管快速充电机,使新蓄电池初充电一般不超过 5h,补充充电也只需 0.5~1.5h,大大缩短了充电时间,提高了效率,快速脉冲充电曲线如图 2-19 所示。

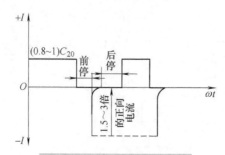

图 2-19　快速脉冲充电曲线

3. 蓄电池拆装与充电

（1）注意事项

1）充电室要安装通风和防火设备，在充电过程中，严禁烟火，以免发生事故。

2）在充电过程中，要及时检查记录各单格蓄电池电解液的密度和端电压。在充电初期和中期，每 2h 检查记录一次即可，当接近充电终了时，每 1h 检查记录一次。

3）在充电过程中，观察各单格蓄电池的端电压和电解液密度，若有异常，应停止充电。

4）在充电过程中，必须随时测量各单格蓄电池的温度，以免温度过高影响蓄电池的性能。当电解液温度上升到 40℃ 时，应立即将充电电流减半，减小充电电流后，如果电解液温度仍继续升高，应该停止充电，待温度降低到 35℃ 以下时，再继续充电。

5）初充电作业应连续进行，不可长时间间断。

6）充电时，应旋开出气孔盖，使产生的气体能顺利逸出。

7）当就车充电时，一定要将蓄电池负极断开，否则会将电控系统的电器元件损坏。

8）如果蓄电池长时间未在行车中使用，如库存车蓄电池等，必须以小电流进行充电。

9）对过度放电的蓄电池进行充电时，不可采用快速充电方法充电。

（2）从车上拆下蓄电池后充电

1）将蓄电池从车上拆下。在拆卸蓄电池前，应查询收录机的防盗码并记下，或利用 12V 辅助蓄电池保存 ECU 相关信息。然后，先断开蓄电池接线柱上的搭铁线，再断开正极接线柱，如图 2-20 所示。最后，拧下蓄电池紧固件（拧紧力矩为 15N·m），取出蓄电池，如图 2-21 所示。

2）正确连接充电机和蓄电池，如图 2-22 所示。

3）将充电机上的电压调节旋钮调至最小位置。

4）打开充电机上的电源开关，调节电压旋钮，观察电流表读数，直到电流表读数指示出所确定的电流值为止（按照充电规范，确定充电电流大小）。

5）通过加液孔观察蓄电池的内部情况，用万用表测量蓄电池两端的电压，当有充足电的特征时，应立即停止充电。

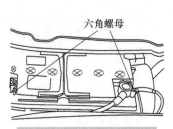

图 2-20　蓄电池接线拆装

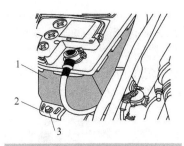

图 2-21　拆卸蓄电池
1—蓄电池　2—固定件　3—六角螺栓

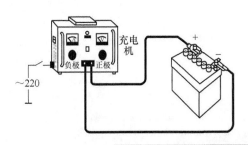 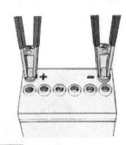

图 2-22　蓄电池与充电机连接

6）将蓄电池安装到车上。安装时应注意中央通气孔处接有一个软管，如图 2-23 所示，安装时不要将软管取下。对于无该软管的蓄电池，注意不要堵塞盖上的排气孔。安装时要牢固。如蓄电池未装牢，由于蓄电池振动会影响其使用寿命；如固定不当，会损坏蓄电池栅板，固定件会压坏蓄电池壳体（电解液可能流出，造成巨大损失）；另外撞车时易引发其他事故。

（3）就车蓄电池的充电

1）首先将车上的重要信息记录下来，再将蓄电池的负极断开。

2）将充电机与蓄电池极柱进行连接。

3）注意观察蓄电池的端电压、电解液密度及电解液温度。若出现异常，应停止充电。

图 2-23　蓄电池通气孔软管

三、实训内容

1. 实训准备

1）准备好试验用各种蓄电池。

2）强调实训中的安全注意事项。

2. 实训流程

1）蓄电池结构认识。

2）蓄电池标牌解读，并描述其含义。

3）将蓄电池从车上拆下及安装到车上。

4）蓄电池补充充电的方法。

> 注意：在操作过程中，注意操作程序与规范，注意设备的正确使用，防止出现事故。

3. 实训记录

完成实训记录单，见实训任务单2.1。

任务二　蓄电池性能检测与维护

一、任务描述

起动机运转无力与其本身、蓄电池、起动机相关电路、发动机阻力过大、机油黏度过大等很多因素有关。如何判断是蓄电池故障？蓄电池如何进行维护才能避免上述问题？要掌握这些内容，应进入下面的学习任务：

1) 蓄电池常见故障。
2) 蓄电池检测项目。
3) 蓄电池维护方法。

二、相关知识及技能

（一）蓄电池常见故障及预防

1. 极板硫化及预防

极板硫化是指在极板上生成一层白色的颗粒状硫酸铅物质，在正常充电时不能转化为二氧化铅和海绵状纯铅，这种现象称为硫酸铅硬化，简称硫化。硫化的蓄电池不能正常进行充放电反应，且容量降低，内阻增大，在起动汽车时，端电压下降多，使起动机运转无力。极板硫化的主要原因如下：

1) 蓄电池经常过量放电或小电流深度放电使硫酸铅在有效物质的细孔内层生成，平时充电不易恢复。

2）补充充电不彻底或经常充电不足，以及未进行定期补充充电，使极板早期形成的粗晶粒硫酸铅得不到消除。

3）使用中电解液液面过低，使极板上部经常露出液面，不能与电解液发生电化学反应，活性物质得不到充分恢复。

4）电解液不纯，密度过大或温度过高。

> 注意蓄电池的日常维护，预防极板硫化。①要经常保持车辆充电系统的正常工作，若发现发电机和调节器出现故障，应及时排除；②保证电解液的液面高度不能过低，在日常维护中应及时添加补足；③不要将半放电的蓄电池长期搁置，尤其要注意给蓄电池定期补充充电，使之保持完全充电状态；④不要让蓄电池过度放电，每次接通起动机时间不应超过5s，避免低温大电流放电。

2. 自行放电及预防

一般情况下，维护良好、充足电的蓄电池在 20~30℃ 的环境中，断路搁置28天，其容量损失不应超过20%。超过上述数值，则属于自放电过大。自放电过大的主要原因：上盖不清洁；电解液不纯；蓄电池离热源过近，负极海绵状铅溶解加快，析氢量增加，导致负极板自放电加剧。

> 蓄电池自放电过大的预防方法是：坚持日常维护，保持蓄电池表面清洁干燥；加液孔螺塞通气孔畅通，拧紧加液孔螺塞，防止灰尘及脏物进入壳内；使用按国家标准的规定配制的电解液，切不可随意添加矿泉水或自来水；充电电流大小应适宜，防止充电电流过大，导致极板活性物质脱落。

> **注意**：蓄电池离热源过近应有隔热措施；暂不用的新蓄电池不要灌注电解液；对已灌电解液待用的蓄电池应定期补充充电，以免降低其容量缩短寿命。

3. 极板短路及预防

隔板损坏或活性物质沉积过多都会造成极板短路。若极板短路，在充电时电解液温度会迅速升高，而蓄电池端电压和相对密度回升相对缓慢，且充电末期气泡很少，当用蓄电池放电测试仪测量端电压时，电压很低并且会迅速下降为零。

导致蓄电池内部短路的主要原因是极板活性物质或其他导电物落入蓄电池内或两极板间使其发生短路。

> 预防极板短路的方法是：加注纯净的电解液，掌握合适的密度。防止蓄电池过充，以免造成蓄电池极板活性物质脱落。防止过度放电，蓄电池由于过量放电容易在极板内层深处生成粗晶粒硫酸铅，在充电时活性物质得不到恢复，造成内部膨胀，导致极板弯曲，极板活性物质脱落较多，增加了极板活性物质的不均匀性，造成极板弯曲进而加大活性物质脱落，使极板短路。加液时，必须防止导电物掉入蓄电池内部。

(二)蓄电池性能检测

判断一个完全放电或只是亏电的蓄电池是否需要更换,可以通过以下六项检测来确定:

1. 检查蓄电池电解液液面高度

在正常使用条件下,蓄电池几乎不需要进行维护。在高温条件下电解液会大量挥发,应定期对蓄电池电解液液面高度进行检查。若蓄电池电解液液面过高,在发电机长时间充电的(如白天长途行驶)情况下,会引起电解液"沸腾而外溢",进而腐蚀车身;电解液液面过低,会缩短蓄电池的使用寿命,而且会影响蓄电池电流输出能力,所以要经常进行电解液液面检查。

蓄电池电解液液面高度检测方法与蓄电池结构有关,结构不同其检测方法不同。

1)对于有加液口的蓄电池,可以用玻璃管进行测量,如图2-24所示。标准值为10~15mm,如果液面过低,一般情况下加入蒸馏水即可。

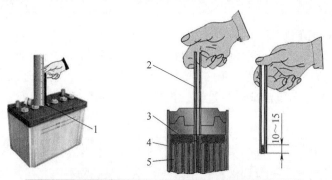

图 2-24 用玻璃管检查蓄电池电解液液面高度
1—加液孔 2—玻璃管 3—外壳 4—防护板 5—极板组

> **注意**:电解液有较强的腐蚀性,如果溅到皮肤上必须用大量清水清洗,并尽快就医。

2)对于透明壳体的蓄电池,可以观察电解液液面与上、下刻线的关系,如图2-25所示。标准值应在上、下刻线之间。若液面过低,一般情况下可以直接加入蒸馏水。

2. 检查蓄电池充电状态

蓄电池的充电状态是通过检测电解液密度来确定的。蓄电池电解液密度检测工具有吸管式密度计、综合测量仪或内置密度计等。充电完全的蓄电池电解液密度应在 1.26~1.29g/cm³ 范围内,当蓄电池放电后,电解液中水的含量会增加,密度读数将会下降。

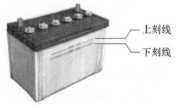

图 2-25 液面高度指示线

> 蓄电池是否失效可以通过比较各单格蓄电池之间密度计的最高和最低读数来判断。如果密度计读数的最高值和最低值之间相差超过 0.050g/cm³,则认为该蓄电池失效。

(1)用吸管式密度计检测电解液密度

1)打开蓄电池的加液盖。

2)把密度计下端的橡胶管插入单格蓄电池的加液孔内,如图2-26所示。

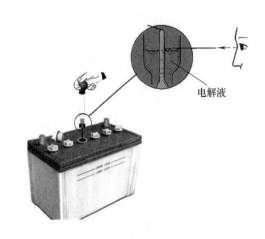

a) 密度计的构造　　　　　　　　　　b) 测量电解液密度的方法

图 2-26　密度计及测量密度的方法
1—橡胶球　2—浮子　3—外管　4—吸管

3) 用手将橡胶球捏瘪，再慢慢放开，电解液就会被吸到玻璃管中，注意量要适度。

4) 使管内的浮子浮在玻璃管中央，读取密度计的读数。

> 注意：读数时，要让眼睛与密度计液面平齐。

5) 测量电解液温度。

6) 将测量的密度值，换算成温度 +25℃ 时的密度值，不同温度条件下电解液密度修正值见表 2-5。

7) 按照 +25℃ 时的密度 $1.26\sim1.29\text{g/cm}^3$ 重新配置电解液。

表 2-5　不同温度条件下电解液密度修正值

电解液温度/℃	密度修正值/(g/cm³)	电解液温度/℃	密度修正值/(g/cm³)	电解液温度/℃	密度修正值/(g/cm³)
+40	+0.0113	+10	-0.0113	-20	-0.0337
+35	+0.0075	+5	-0.00150	-25	-0.0375
+30	+0.0037	0	-0.00188	-30	-0.0412
+25	0	-5	-0.0255	-35	-0.0450
+20	-0.0037	-10	-0.0263	-40	-0.0488
+15	-0.0075	-15	-0.0300	-45	-0.0525

(2) 用综合测试仪对电解液密度进行测试

1) 用取液管汲取电解液。

2) 滴在测试仪测试镜片上，如图 2-27b 所示（注意：水平放置测试仪）。

3) 将测试仪迎着阳光，目视观察窗，即可读取密度值，如图 2-27c 所示。

4) 测量环境温度。

5) 将读取密度值换算成 +25℃ 时的相对密度值。

6）参照密度值标准，分析被测蓄电池密度是否合适。

若各蓄电池槽中的电解液密度相互间的偏差不超过 0.050g/cm³，可对蓄电池进行充电，以恢复其性能。若在一个或两个相邻电池槽中的电解液密度明显地减小，说明蓄电池有短路故障，应对其进行修复或更换。

（3）观察内置密度计指示的电量 对于免维护的蓄电池，其内部安装一个可以快速指示其电量的密度计，它只可以检测单格蓄电池的密度。在蓄电池的顶部有一个观察窗，可以清晰看到内部颜色，如图 2-28 所示。当看到的为黄颜色时，说明电解液过少；当看到的为绿颜色时，说明电解液合适，且电量充足；当看到的为黑颜色时，说明电解液合适，但电量不足，需充电。注释说明一般写在蓄电池盖上。

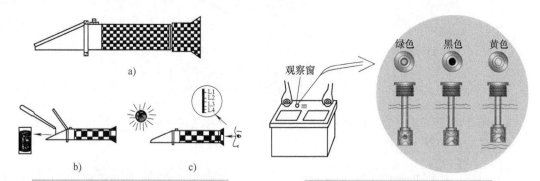

图 2-27　综合测试仪检测电解液密度　　　图 2-28　从观察窗确认蓄电池状态

3. 检查蓄电池极柱电压降

蓄电池极柱电压降就是测量蓄电池正负极柱和电缆线连接夹之间的电压差，以判断连接处是否存在接触不良，如图 2-29 所示。用电压表测量起动机起动时电极柱和电缆之间的电压差，如果这个电压降超过 0.1V，说明电极连接处存在额外的高电阻。

> 注意：如果存在高电阻，就要拆下插接器，对连接部位进行清洗。当拆下电缆线连接夹时，注意要先拆下负极，以防止正极通过扳手搭铁而造成短路。

4. 检查蓄电池断路电压

蓄电池电解液密度与电压（有负荷时）结合起来，可以清楚地反映蓄电池充电的情况。一般用万用表测试发动机起动瞬时的蓄电池端电压大小，来判断蓄电池性能。电路连接如图 2-30 所示，方法是在起动发动机的同时，读取蓄电池电压值，如果低于 9V（12V 的蓄电池），且电解液密度为放电状态，应对蓄电池进行补充充电。

1）用高率放电计来测量蓄电池电压，如图 2-31 所示。要求 12V 蓄电池充满电，密度为 1.24g/cm³，接入时间 10~15s。在测试过程中，若电压能保持在 10.5~11.6V 以上，存电量为充足，蓄电池无故障；若电压能保持在 9.6~10.5V，则存电量为不足，蓄电池无故障；若电压降到 9.6V 以下，则存电量严重不足或蓄电池有故障。

2）用万用表测量蓄电池的端电压，如图 2-32 所示。测试时，将万用表置直流20V 档，将万用表的正表笔接蓄电池单格的正极端，负表笔接负极端，读出指示电压值：12V 为正常值；电压值低于 9.6V，表明蓄电池已放电，需进行保养充电。

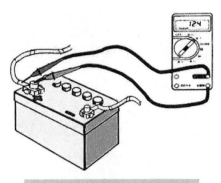

图 2-29 检测蓄电池极柱电压降

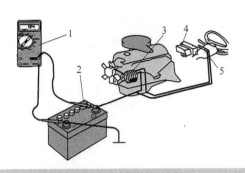

图 2-30 起动状态下端电压
1—万用表 2—蓄电池 3—发电机 4—仪表盘 5—点火开关

图 2-31 高率放电计测量蓄电池的放电程度

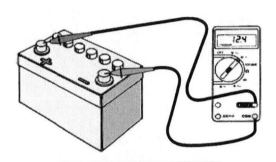

图 2-32 测量蓄电池的端电压

3）用专用诊断仪检测。大众公司车型进行蓄电池检测必须使用 V.A.S1979 或 V.A.S5033 专用诊断仪，其接线方法如图 2-33 所示。使用 V.A.S1979 或 V.A.S5033 检测时不需拆下蓄电池，蓄电池接线也不用拆，只要按要求将夹钳夹到蓄电池接线柱上，夹钳与接线柱良好接触即可。

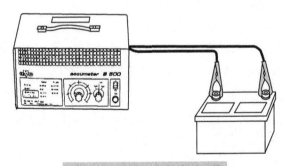

图 2-33 蓄电池专用检测工具

当蓄电池的容量不同时，其负荷电流是不同的，应按诊断仪的要求来调整。负荷电流和最低极限电压值可参照表 2-6。测试电压不可低于最低极限电压，否则，说明蓄电池充电不足或损坏。

5. 蓄电池低温输出能力检测

为了保证蓄电池在寒冷季节使用时，具有足够的输出功率，应对蓄电池进行蓄电池低温输出能力检测,即检测蓄电池冷态电流和最低电压。对于高压缩比发动机来说,此项检测非常重要。具体方法是:将万用表连接到蓄电池两端,起动发动机,读取蓄电池端电压。测量结果可参照表2-7给出的不同温度下的蓄电池最低起动端电压,对比分析被测蓄电池技术性能如何。

表2-6 负荷电流和最低极限电压值

蓄电池容量/A·h	冷态检测电流/A	负荷电流/A	最低电压(极限值)/V
70	340	200	9.5
80	380	300	9.5
82	420	300	9.5
92	450	300	9.5

表2-7 不同温度下的蓄电池最低起动端电压

最小电压/V	温度/℃	最小电压/V	温度/℃
9.6	21	9.1	-1
9.5	16	8.9	-7
9.4	10	8.7	-12
9.3	4	8.5	-18

在检测过程中,由于大电流流过蓄电池,其内阻压降较大。如果蓄电池正常,电压只降到最低电压。最低电压值根据蓄电池容量、内阻和冷态检测电流的不同而不同。根据冷态检测电流即可了解在寒冷季节蓄电池的输出功率。

6. 蓄电池硫化充电检测

当蓄电池不能通过容量的负载检测时,用3min充电检测可以判断蓄电池是否存在硫化现象。硫化是蓄电池使用时间较长,极板活性退化的现象。3min充电检测的方法如下:

1)拆下蓄电池负极电缆,使蓄电池和汽车电器电路分开。
2)把蓄电池与充电机相连,连接时要注意正负极的连接正确。
3)保持充电机40A的充电强度3min,然后检查连接到蓄电池上的电压表的读数。
4)如果电压读数低于15.5V,说明该蓄电池没有被硫化;如果读数在15.5V以上,说明该蓄电池已经硫化。

> 注意:有的蓄电池是以16.5V作为判断蓄电池是否硫化的分界线,因此在测试时要查阅蓄电池生产厂家给出的参考数据。

(三)蓄电池使用与维护

1. 蓄电池的正确使用

1)在车上每次起动发动机不能超过5s,两次起动间隔要15s以上。
2)经常检查蓄电池在车上安装是否牢靠,起动电缆线与极柱的连接是否紧固;检查电缆线的线夹与极柱是否有氧化物,并及时清除。

3）经常检查蓄电池盖表面是否清洁，应及时清除盖上的灰尘、电解液等脏物。

4）保持蓄电池盖上的气孔畅通。蓄电池在充电时会产生大量气泡，若通气孔被堵塞，使气体不能逸出，当压力增大到一定的程度后，就会造成蓄电池壳体炸裂。

5）定期检查电解液的液面高度，液面一般应高出极板 10～15mm。一般情况下，当液面过低时，应补加蒸馏水。

6）定期对蓄电池进行补充充电，以保证蓄电池始终保持充足电的状态。

7）经常检查蓄电池的放电程度，超过规定时，立即进行补充充电。当检查蓄电池的电量时，不可用短路的方法，否则会对蓄电池造成损害。

8）冬季要加强蓄电池的充电检查，以防电解液结冰。

9）当需要用两块蓄电池串联使用时，蓄电池的容量最好相等，否则会影响蓄电池的使用寿命。

10）对于普通铅酸蓄电池要注意定期添加蒸馏水。干荷蓄电池在使用之前最好适当充电。至于可加水的免维护蓄电池并不是不能维护，也应适当查看，必要时补充蒸馏水有助于延长使用寿命。

2. 蓄电池维护作业内容

（1）电解液初次加注　初次使用的蓄电池，加液作业应该按照使用地区的温度条件加注适当密度的电解液。不同地区的温度条件加注电解液的标准见表 2-8。

表 2-8　不同地区的温度条件加注电解液的标准

地区气候条件	完全充足电的蓄电池在温度为25℃时电解液的密度/(g/cm³)	
	冬　季	夏　季
冬季温度低于 -40℃ 的地区	1.30	1.26
冬季温度高于 -40℃ 的地区	1.28	1.25
冬季温度高于 -30℃ 的地区	1.27	1.24
冬季温度高于 -20℃ 的地区	1.26	1.23
冬季温度高于 0℃ 的地区	1.24	1.23

当加注电解液时，应注意以下几个问题：

1）当需要调整电解液密度时，绝对禁止将蒸馏水倒入浓硫酸中，以免发生爆溅造成烧伤事故。

2）操作人员必须佩戴防护镜、橡胶防酸手套、塑料围裙和高筒胶鞋，以防烧伤。如有硫酸溅到皮肤和衣服上时，应立即用质量分数 10% 的碳酸钠水溶液中和，然后用清水清洗。

3）当配置电解液时，因硫酸稀释放热，使电解液温度升高，因此配置好的电解液需待其冷却到35℃以下时，方可注入蓄电池内。

4）当大容量的蓄电池初次加液时，内部会产生较高的温度，当外壳温度高于50℃时，应该采取将其放置在冷水槽中降温的措施。

5）干荷蓄电池加注电解液后需要静置 30min 后才能使用。

（2）蓄电池的补液　蓄电池的补液维护作业是在清洁和检测作业后进行的。其方法是直接将专用蓄电池补液（蒸馏水）加入到蓄电池内部，满足液面高度要求即可。

禁止使用不符合要求的水作为补液加注，通常也不可以直接加注电解液。

（3）注意蓄电池警示图标　蓄电池是汽车上最重要的电气部件。蓄电池正常工作时可给用户提供很多便利。但蓄电池的电解液有很强的腐蚀性，通气孔溢出的氢气和氧气又易燃易爆，为了保证蓄电池的安全使用及维修，应详细了解有关铅酸蓄电池安全事项及警示图标，如图2-34所示。

3. 蓄电池的跨接

（1）蓄电池的跨接方法

1）当用起动电源跨接起动时，跨接电压不能超过16V，以防损坏发动机电控系统。

2）如果跨接起动困难，先起动救援车发动机，将发动机转速提高到2000r/min，再次尝试起动。

3）跨接线的连接方法是，将一个12V的备用蓄电池和原来的蓄电池正极与正极、负极与负极相连，如图2-35所示。

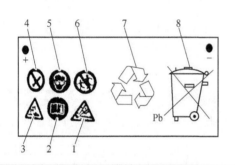

图2-34　铅酸蓄电池警示图标
1—爆炸危险　2—遵守说明书中蓄电池的使用说明
3—腐蚀危险品　4—禁止明火、火花、明灯及吸烟
5—戴上防护眼镜　6—远离酸液和蓄电池
7—报废处理　8—不可作为普通生活垃圾处理

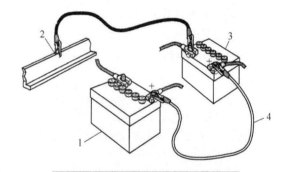

图2-35　与备用蓄电池的连接方法
1—被起动的蓄电池　2—黑色电缆搭铁
3—支援蓄电池　4—红色电缆

> **注意**：当尝试起动抛锚汽车时，如果起动困难，则可先停止起动的操作。发动支援车，把怠速提升到1200~1500r/min并稳定运转5min以上，以此帮助起动抛锚汽车。再次尝试起动，如果仍不能起动，则停止跨接起动。若再强行使用支援车会使它的电动机过载或电子系统被电火花击穿而损坏。

（2）跨接起动时的注意事项

1）当连接跨接线时，操作人员应戴上护目镜。因等待跨接起动汽车蓄电池的周围可能存在可以引起爆炸的氢气。

2）保证两部汽车的驻车制动都拉上，并且变速器档位为空档或驻车档。

3）保证两部车身之间没接触。避免车辆在起动过程中出现电流经接触的车身流向支援车。

4）连接起动电缆前必须关闭起动开关和所有电气附件。

5）不能使用支援车作为蓄电池充电机，因为这样会使支援车的交流发电机过载而损坏。

6）禁止使用超过 16V 的电压跨接起动，过高的电压会损坏汽车的电气部件。

7）在抛锚汽车正在起动时不能断开连接电缆，否则支援车上的电气部件可能会被高电压击穿而损坏。

4. 智能蓄电池更换与使用注意事项

（1）更换蓄电池注意事项

1）按要求更换标配规格的蓄电池。

2）必须注意导线、安全蓄电池接线柱和智能型蓄电池传感器的连接。

3）必须删除 ECU 内的相关故障码记录。

4）按要求对新的蓄电池注册或编程，否则无法正常使用。

（2）蓄电池充电注意事项　为了保持蓄电池的品质，需要定期为蓄电池充电。当蓄电池与车载网络连接时，每隔 6 周为蓄电池充电 1 次；当蓄电池与车载网络断开时，每隔 12 周为蓄电池充电 1 次。如休眠电流过大，在蓄电池充电前，应首先查询 ECU 内的故障码存储器记录，以便找到当前用电器。

（3）智能型蓄电池传感器注意事项

1）智能型蓄电池传感器对机械负荷极为敏感，绝对不要在其上面放置重物。

2）当智能型蓄电池传感器损坏时，会在发动机 ECU 中存储故障码，使智能型蓄电池传感器处于紧急运行状态。

3）当智能型蓄电池传感器对搭铁短路时，车辆将不会被唤醒。如果智能型蓄电池传感器出现对正极短路，车辆将不能进入休眠模式。

4）发动机 ECU 和智能型蓄电池传感器软件必须相互配套，如有必要，在更新软件时必须更换智能型蓄电池传感器。

（4）自行加装设备注意事项　在智能型蓄电池汽车上加装设备时，可能导致休眠电流过大，发动机 ECU 会存储故障码。建议安装其他设备，一定要到专业维修店进行。

三、实训内容

1. 实训准备

1）准备好试验用密度计、温度计、玻璃管、高率放电计、万用表和交流充电机等。

2）强调实训中的安全注意事项。

2. 实训流程

进行蓄电池的性能检查如下：

1）检查蓄电池电解液液面高度。

2）检查蓄电池电解液密度。

3）检查蓄电池电压。

4）检测蓄电池低温输出能力。

首先由教师进行实训内容演示检测，然后让学生进行检测，并记录数据。最后在实训教师的指导下，由学生分组完成相关数据、故障现象的分析，同时完成任务单。

> 注意：在操作过程中，如果有电解液飞溅到皮肤上，应立即用大量清水冲洗，如果严重要尽快就医。

3. 实训记录

完成实训记录单，见实训任务单2.2。

【项目总结】

1. 汽车用蓄电池有铅酸蓄电池和镍碱蓄电池两大类。铅酸蓄电池分为普通蓄电池、免维护蓄电池、干荷蓄电池及胶体蓄电池，镍碱蓄电池有铁镍蓄电池及镉镍蓄电池。

2. 蓄电池的结构一般由极板、隔板、电解液、壳体和连条等组成。汽车蓄电池由几个单体蓄电池串联而成，每个单体蓄电池电压为2.1V。

3. 蓄电池正极板上的活性物质是二氧化铅，负极板上的活性物质是海绵状铅。

4. 蓄电池在放电过程中，正负极板上的活性物质都转变为硫酸铅。

5. 蓄电池充电终了的特征是单格电压上升到最大值，电解液密度上升到最大值，电解液呈沸腾状。

6. 影响蓄电池容量的因素有放电电流、电解液的温度和电解液的密度。

7. 蓄电池的充电方法有恒流充电、恒压充电和快速充电。充电种类有初充电、补充充电、预防硫化过充电、去硫化充电和锻炼循环充电等。

8. 蓄电池技术状况的检查主要包括电解液液面高度的检查、电解液密度的检查等。

9. 蓄电池常见故障有极板硫化、极板短路和自行放电等。

【思考与练习】

1. 单选题

（1）电解液的液面高度一般应高出极板（　　）。
A. 3~5mm　　　B. 5~10mm　　　C. 10~15mm　　　D. 15~20 mm

（2）将蓄电池每隔3个月用20h放电率放完电，再正常充足后装车使用，这种方法称（　　）。
A. 预防硫化充电　　B. 锻炼循环充电　　C. 补充充电　　D. 均衡充电

（3）检测蓄电池的各单格密度值，如果最高值和最低值之间相差超过（　　）g/cm^3时，则认为该蓄电池失效。
A. 0.01　　　B. 0.050　　　C. 0.1　　　D. 0.5

（4）将蓄电池每隔3个月进行一次过充电，方法是用平时补充充电的电流值将蓄电池充足，中断 1h 后，再用 1/2 的补充充电电流值进行充电至沸腾为止，反复几次，这种方法称(　　)。

　　A. 预防硫化充电　　B. 锻炼循环充电　　C. 补充充电　　D. 均衡充电

（5）当给蓄电池充电时，若电解液温度迅速升高，而蓄电池端电压和密度上升相对缓慢，用放电测试仪测量端电压时，电压很低并且会迅速下降为零，说明蓄电池出现(　　)故障。

　　A. 极板短路　　　　B. 极板硫化　　　　C. 自行放电　　D. 电解液缺失

2. 多选题

（1）在下列蓄电池中，属于汽车用铅酸蓄电池的有(　　)。

　　A. 胶体蓄电池　　　B. 镍碱蓄电池　　　C. 免维护蓄电池　　D. 干荷蓄电池

（2）蓄电池的容量大小标志着蓄电池对外供电能力的大小，其影响因素有(　　)。

　　A. 放电电流　　　　B. 电解液的温度　　C. 电解液的密度　　D. 极板的构造

（3）新型蓄电池连条的连接方式有(　　)。

　　A. 穿壁式　　　　　B. 跨越式　　　　　C. 龙门式　　　　　D. 外露式

（4）在发动机起动时，蓄电池给起动机提供强大的起动电流，同时给(　　)供电。

　　A. 防盗系统　　　　B. 点火系统　　　　C. 燃油喷射系统　　D. 发电机

（5）蓄电池常见的故障现象有(　　)。

　　A. 极板硫化　　　　B. 极板短路　　　　C. 电解液不纯　　　D. 自行放电

3. 判断题

（1）用起动电源跨接起动的电压不能超过 16V，否则会损坏发动机电控系统。(　　)

（2）当起动起动机时，测量蓄电池极柱和电缆间电压降超过 0.1V，说明正常。(　　)

（3）当蓄电池内部有断路和短路故障而失效时，可进行跨接起动。(　　)

（4）由定义式可知，蓄电池容量取决于放电电流的大小和电解液的温度。(　　)

（5）免维护蓄电池的极板具有很强的抗过充电能力，且使用寿命长。(　　)

4. 问答题

（1）汽车起动用蓄电池有哪些功用？

（2）铅酸蓄电池的构造及各部分的作用如何？

（3）试述蓄电池的充电特性与放电特性。

（4）什么是蓄电池的容量？哪些使用因素对蓄电池容量有影响？

（5）何谓蓄电池的额定容量？

（6）蓄电池充电有哪些种类？各用在什么情况？

（7）蓄电池有哪些充电方法？各有何优缺点？

（8）蓄电池过充电或过放电有何危害？

（9）在汽车上如何判断蓄电池的充、放电程度？

（10）何谓免维护蓄电池？有何特点？

项目三 充电系统及控制电路

▶ 目标及要求

教学目标	(1) 掌握交流发电机及调节器的工作原理 (2) 掌握交流发电机及调节器的性能检测 (3) 学会充电电路分析及故障诊断
能力要求	(1) 能正确将发电机从车上拆下和安装到车上 (2) 能拆装发电机总成,正确对发电机组成零件进行检测 (3) 能正确分析充电系统工作电路,并能诊断和排除故障

▶ 项目概述

车用蓄电池虽然具有存储电能的功能,但还得有发电机协助供电,现代汽车均采用交流发电机。本项目主要学习交流发电机的结构、交流发电机电压调节器和充电系统控制电路等。本项目设置三个学习任务。任务内容如下:

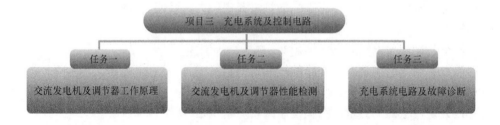

项目三 充电系统及控制电路 | 49

任务一 交流发电机及调节器工作原理

一、任务描述

汽车上所用的交流发电机大多为三相交流发电机,主要由三相交流发电机和硅二极管整流器组成,所以又称为硅整流发电机,简称交流发电机。发电机具体结构有哪些?电压是如何调节的?要掌握这些内容,应进入下面的学习任务:

1)充电系统的组成及作用。
2)交流发电机的结构及工作原理。
3)电压调节器的结构原理。

二、相关知识及技能

汽车充电系统由蓄电池、交流发电机及调节器、点火开关、充电指示灯及电路组成,如图 3-1 所示。发动机运转时通过驱动带驱动发电机转动,发电机对除起动机外的所有用电设备供电,并向蓄电池充电,以补充蓄电池在使用中所消耗的电能。现代汽车常用充电指示灯监控充电系统的工作情况,在发电机正常工作时,充电指示灯熄灭;当发电机不工作或输出电压过低(低于蓄电池电压)时,充电指示灯点亮。

(一)交流发电机构造及原理

1. 交流发电机型号与类型

(1)交流发电机型号 汽车上所用的交流发电机如图 3-2 所示。按调节器是否单独安装可分为两大类:一类是调节器单独安装,称为普通硅整流发电机;另一类是调节器安装在发电机内部,称为整体式硅整流发电机,此类发电机广泛用于中高档车型,如桑塔纳、奥迪轿车等。

图 3-1 汽车充电系统的组成
1—蓄电池 2—驱动带 3—发动机
4—发电机 5—仪表 6—点火开关

图 3-2 交流发电机的外形

根据国家汽车行业标准 QC/T 73—2009《汽车电气设备产品型号编制方法》的规定，国产汽车交流发电机型号主要由下列五部分组成，即

第一部分为产品名称代号。交流发电机产品名称代号为 JF，整体式交流发电机产品名称代号为 JFZ，带泵的交流发电机产品名称代号为 JFB，无刷交流发电机产品名称代号为 JFW。

第二部分为分类代号，即电压等级代号，用一位阿拉伯数字表示，其中 1 表示 12V，2 表示 24V，6 表示 6V。

第三部分为分组代号，用一位阿拉伯数字表示，各代号表示的电流等级见表 3-1。

表 3-1 各代号表示的电流等级

分组代号	1	2	3	4	5	6	7	8	9
电流/A	≤19	20~29	30~39	40~49	50~59	60~69	70~79	80~89	≥90

第四部分为设计序号，按产品设计先后顺序，用 1~2 位阿拉伯数字表示。

第五部分为变形代号，用字母表示，交流发电机是以调整臂位置作为变形代号。从驱动端看：Z 表示左边，Y 表示右边，无字母则表示在中间。

例如：桑塔纳轿车所用的 JFZ1913Z 型交流发电机，其含义是电压等级为 12V，输出电流大于 90A，第 13 次设计，调整臂位于左边的整体式交流发电机。

(2) 交流发电机分类

1) 交流发电机按总体结构的不同，可分为普通式、整体式、带泵式、无刷式和永磁式等多种形式。

2) 按励磁绕组搭铁形式不同，交流发电机可分为内搭铁式和外搭铁式两种。内搭铁式励磁绕组的两端通过电刷分别引至发电机端盖上的接线柱，分别为 F 和 E 接线柱，如图 3-3a 所示。

外搭铁式励磁绕组的两端通过电刷分别引至发电机端盖上的接线柱，分别为 F_1 和 F_2 接线柱，且两个接线柱均与发电机的后端盖绝缘，励磁绕组需经过调节器才能搭铁，如图 3-3b 所示。

3) 按整流板二极管数目不同，分为六管式交流发电机、八管式交流发电机、九管式交

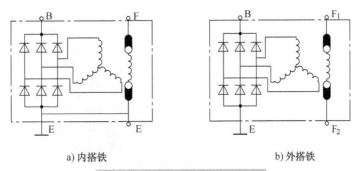

a) 内搭铁　　　　　　　　　　　b) 外搭铁

图 3-3　交流发电机的搭铁形式

流发电机和十一管式交流发电机，如图 3-4 所示。

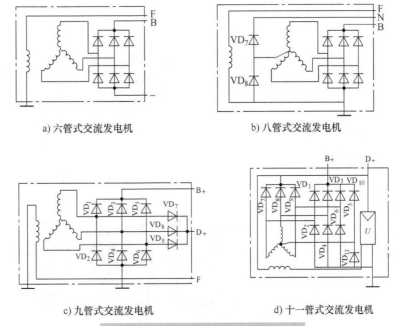

a) 六管式交流发电机　　　　　　b) 八管式交流发电机

c) 九管式交流发电机　　　　　　d) 十一管式交流发电机

图 3-4　二极管数目不同的交流发电机

2. 交流发电机的构造

普通硅整流交流发电机由三相同步交流发电机和六只硅二极管组成的三相桥式全波整流器组成，结构原理如图 3-5 所示。交流发电机主要的组成零件有前后端盖、电刷及电刷架总成、二极管元件板、转子总成、定子总成、风扇及带轮等，如图 3-6 所示。

（1）转子　转子是交流发电机的磁场部分，主要由两块爪极、磁场绕组、转子轴和集电环等组成，如图 3-7 所示。两块爪极各具有六个鸟嘴形磁极，压装在转子轴上，在爪极的空腔内装有磁轭，其上绕有磁场绕组（又称为励磁绕组或转子线圈）。磁场绕组的两引出线分别焊在与轴绝缘的两个集电环上，由两个电刷分别压装在集电环上。当两电刷与直流电源接通时，电流流向磁场绕组，产生轴向磁通，使得一块爪极被磁化为 N 极，另一块爪极为 S 极，从而形成了六对相互交错的磁极。

（2）定子　定子又叫作电枢，由铁心和三相绕组组成，其功用是产生感应电动势。定

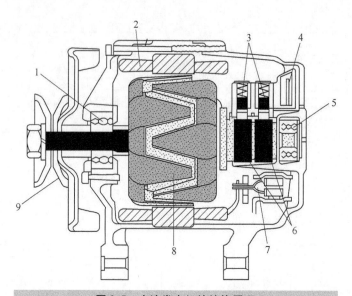

图 3-5　交流发电机的结构原理
1—前轴承　2—定子　3—电刷及电刷架　4—电压调节器　5—后轴承
6—集电环　7—整流二极管　8—转子　9—带轮

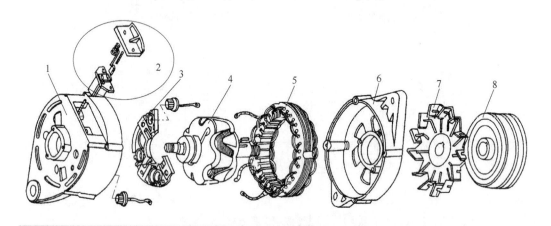

图 3-6　交流发电机的零件组成
1—后端盖　2—电刷及电刷架　3—二极管元件板　4—转子总成　5—定子总成　6—前端盖　7—风扇　8—带轮

子铁心由相互绝缘的内圆带槽的环状硅钢片叠成，定子槽内置有三相电枢绕组，如图 3-8 所示。

为了使三相电枢绕组中产生大小相等、相位上互差 120°（电角度）的对称电动势，三相电枢绕组的连接方法有星形联结（也称Y联结）和三角形联结（也称△联结）两种，如图 3-9 所示。星形联结即将三相绕组的三个末端 X、Y、Z 连接在一起，将三相绕组的首端 A、B、C 作为交流发电机的交流输出端。三角形联结是将一相绕组的首端和另一相绕组的末端依次相连接，因而有三个接点，这三个接点即为交流发电机的交流输出端。车用交流发电机大多采用星形联结，只有少数大功率交流发电机采用三角形联结。

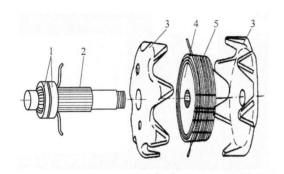
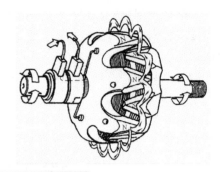

图 3-7 转子总成
1—集电环 2—转子轴 3—爪极 4—磁轭 5—磁场绕组

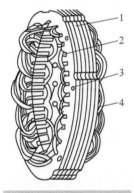
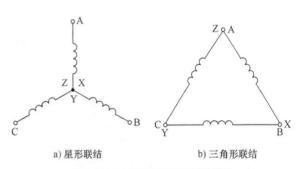

图 3-8 定子总成
1—定子铁心 2—定子槽
3—铆钉 4—定子绕组

图 3-9 三相绕组的连接方法

（3）整流器 整流器的功用是将发电机定子绕组产生的交流电变换为直流电。一般由六个整流硅二极管和安装二极管的散热板组成，如图 3-10 所示。三个负极管压装在负极散热板上，并发电机的外壳接在一起成为发电机的负极（搭铁极）。压装在正极散热板上的二极管，其引线为二极管的正极，俗称正极管子，壳体上涂有红色标记。三个正极管子的外壳压装在正极散热板的三个孔中，与正极散热板接在一起成为发电机的正极，经螺栓引至后端盖的外部作为发电机的电枢接线柱，标记"电枢"或"＋"。正极散热板与后端盖之间用尼龙或其他绝缘材料制成的垫片隔开，并固定在后端盖上。

（4）前后端盖 前后端盖均由铝合金压铸或砂模铸造而成，这是因为铝合金为非导磁性材料，可减少漏磁，并具有轻便、散热性好的优点。为了提高轴承孔的机械强度，增加其耐磨性，在端盖的轴承座孔内镶有钢套。

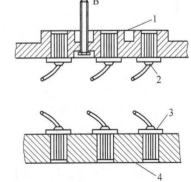

图 3-10 整流器
1—正极散热板 2—正极管 3—负极管
4—负极散热板

在发电机转子轴上装有风扇，后端盖上有进风口，前端盖上有出风口。当发电机轴旋转

（5）电刷组件 电刷组件由电刷、电刷弹簧和电刷架组成。电刷装在电刷架的内孔中，借电刷弹簧的压力与转子总成上的集电环保持接触，用于给转子绕组提供励磁电流。电刷架安装在发电机的后端盖上。电刷架有外装式和内装式两种，如图 3-11 所示。外装式是指从发电机的外部直接拆下电刷弹簧盖板后，即可拆下电刷。内装式是指需拆开发电机后，才能拆下电刷。

时，风扇也一起旋转，使空气高速流经发电机内部，对发电机进行强制冷却。

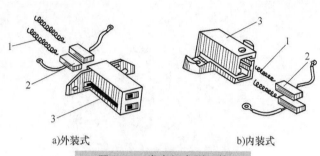

图 3-11 发电机电刷组件
1—电刷弹簧 2—电刷 3—电刷架

3. 交流发电机的工作原理

（1）三相交变电动势的产生 汽车用交流发电机的工作原理如图 3-12 所示。

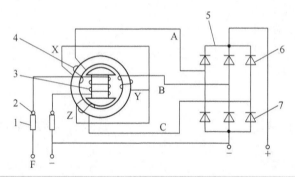

图 3-12 汽车用交流发电机的工作原理
1—电刷 2—集电环 3—励磁绕组 4—定子绕组 5—整流器 6—正二极管 7—负二极管

当转子旋转时，磁力线和定子绕组之间产生相对运动，在三相定子绕组中产生交流电动势。交流电动势的频率 f（Hz）为

$$f = \frac{np}{60}$$

式中 p——磁极对数；

n——发电机转速（r/min）。

在交流发电机中，其磁场的分布近似正弦规律，所以交流电动势也近似正弦波形。三相电枢绕组在定子槽中是对称绕制的，因此，三相交流电动势 e_A、e_B、e_C 大小相等，相位差互为 120°。

（2）整流原理 定子绕组中感应出的交流电动势通过六个硅二极管组成的三相桥式整流电路改变为直流电。二极管具有单向导电性。当给二极管加上正向电压（正极电位高于负极电位）时导通，即呈现低电阻状态；当给二极管加上反向电压（正极电位低于负极电位）时截止，即呈现高电阻状态。利用二极管的这种单向导电特性，就可以把交流电变为直流电。

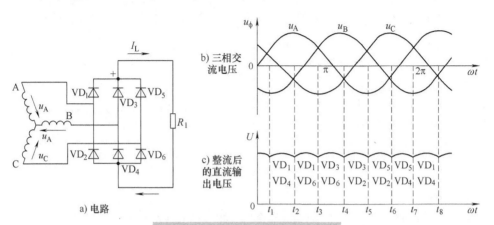

图 3-13 三相桥式整流电路的原理

在三相桥式整流电路中，三个正极管子 VD_1、VD_3、VD_5 的负极连接在一起，在某一瞬间，正极电位最高的管子导通。而三个负极管子 VD_2、VD_4、VD_6 的正极连接在一起，在某一瞬间，负极电位最低的管子导通。根据上述原理，其整流过程如下：

在 $t=0$ 时，$u_A=0$，u_B 为负值，u_C 为正值，则二极管 VD_5、VD_4 处于正向电压作用下而导通，电流从 C 相流出，经 VD_5 负载、VD_4 回到 B 相构成回路。由于二极管内阻很小，所以此时 B、C 之间的线电压几乎都加在负载上。

在 $t_1 \sim t_2$ 时间内，A 相电压最高，而 B 相电压最低，VD_1、VD_4 处于正向电压而导通，A、B 之间的线电压加在负载上。

依次下去，周而复始，在负载上得到一个比较平稳的直流脉动电压，其电压波形如图 3-13c 所示。

发电机输出直流电压的平均值为

$$星形联结：U = 1.35 U_L = 2.34 U_\phi$$

$$三角形联结：U = 1.35 U_L = 1.35 U_\phi$$

式中　U_L——线电压的有效值（V）；
　　　U_ϕ——相电压的有效值（V）。

当三相定子绕组采用星形联结时，三相绕组三个末端的公共接点称为三相绕组的中性点，中性点对发电机的搭铁端是有电压的，称为中性点电压。它是通过三个负极管子整流后得到的直流电压，故该点的直流电压等于发电机直流输出电压的 1/2，即

$$U_N = \frac{1}{2} U$$

式中　U_N——中性点直流电压（V）；
　　　U——发电机直流输出电压（V）。

有些交流发电机用导线将中性点引出，接线柱标记为 N，如图 3-14 所示。中性点通常用来控制各种用途的继电器，如磁场继电器、充电指示灯继电器等。

（3）**励磁方法** 在发电机转速较低，发电机电压低于蓄电池电压时，由蓄电池通过电源开关供给磁场电流，进行他励，使电压很快上升。当发电机转速升高，发电机电压超过蓄电池电压时，进行自励，并对外输出。励磁方法是先他励，后自励。

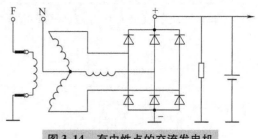

图 3-14　有中性点的交流发电机

（二）交流发电机的工作特性

交流发电机的工作特性包括空载特性、输出特性和外特性。

1. 空载特性

当发电机空载时，发电机端电压 U 与发电机转速率 n 的函数关系，即 $U=f(n)$，称为发电机的空载特性，其曲线如图 3-15 所示。随着转速的增加，端电压将不断上升，当由他励转入自励时，即能向蓄电池充电。空载特性是判断硅整流发电机性能是否良好的重要依据。

2. 输出特性

交流发电机的输出特性也称为负载特性，是指发电机向负载供电时，发电机输出电压保持一定，而输出电流 I 与发电机转速 n 之间的函数关系，即 $I=f(n)$，称为发电机的输出特性，其曲线如图 3-16 所示。

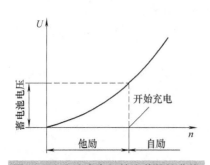

图 3-15　交流发电机的空载特性曲线

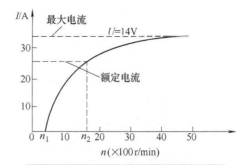

图 3-16　交流发电机的输出特性曲线

由发电机输出特性曲线分析可知：

1）当发电机端电压保持不变时，当 $n>n_1$ 时，其输出电流随着转速增加而逐渐增大；当 $n<n_1$ 时，因发电机端电压低于额定值，发电机不能对外输出电流，车用电器只能由蓄电池供电，故 n_1 称为空载转速。n_1 常用来作为选择发电机与发动机传动比的主要依据。

2）当发电机达到额定功率（或电流）时的转速 n_2，称为额定转速（或满载转速）。空载转速 n_1 和满载转速 n_2 是发电机的主要性能指标。使用中，只要测得这两个数据，即可判断发电机性能是否良好。

3）当转速 n 达到一定值后，发电机的输出电流不再随转速升高而增加，此时的电流称为发电机的最大输出电流。

3. 外特性

当发电机转速不变时，发电机的端电压 U 与输出电流 I 的函数关系，即 $U=f(I)$，称为发电机的外特性，如图 3-17 所示。

发电机外特性曲线表明：随着负载即输出电流的增加，发电机的端电压会很快下降，且转速越高，下降的斜率越大。因此，当发电机在高转速下运转时，如果突然失去负载，则其端电压会急剧升高，这时发电机中的二极管以及调节器中的电子元器件将有被击穿的危险。

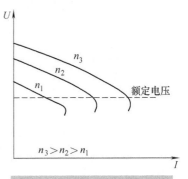

图 3-17 交流发电机的外特性

（三）电压调节器的工作原理

汽车发动机转速变化较大，当交流发电机工作时，其转速变化范围也很大。若对发电机不加以调节，其端电压将随发动机转速的变化而变化，会引起用电设备故障。因此，发电机必须要有一个自动的电压调节装置。交流发电机电压调节器的作用就是当发动机转速变化时，自动对发电机的电压进行调节，使发电机的电压稳定，以满足车用电器设备的要求。汽车采用的电压调节器都为电子式电压调节器，分为晶体管电压调节器和集成电路电压调节器两种。

1. 晶体管电压调节器

晶体管电压调节器控制电路如图 3-18 所示，VT_1 为小功率开关管，用来放大控制信号；VT_2 为大功率开关管，用以接通或断开励磁电路；VS 为稳压二极管，以感受发电机的输出电压；R_1 与 R_2 组成分压器，两端电压 U_{AB} 为总电压。R_1 两端的电压为：

$$U_{AC} = \frac{R_1}{R_1+R_2}U_{AB}$$

其值的确定方法是，当发电机端电压 U_{AB} 达到规定的调整电压时，U_{AC}

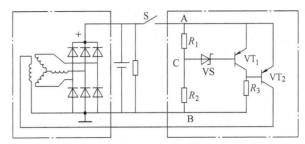

图 3-18 晶体管电压调节器控制电路

正好等于稳压管的反向击穿电压。当发电机未转动时，接通点火开关 S，蓄电池加在 R_1 两端的电压小于稳压管的反向击穿电压，VS 处于截止状态，VT_1 基极无电流也处于截止状态，VT_2 导通，产生励磁电流，R_3 既是 VT_2 的偏流电阻，也是 VT_1 导通时的负载电阻。励磁电流回路为：蓄电池正→开关 S→VT_2→励磁绕组→蓄电池负极。

起动发动机后随着转速的升高，发电机端电压迅速上升。当电压稍高于调整值时，R_1 上的检测电压 U_{AC} 达到稳压管的反向击穿电压，VS 导通，随即 VT_1 导通，VT_2 截止，励磁电流降至零，使电压急剧下降；当电压下降到低于调整值时，VS 又恢复到截止状态，VT_1 截止，VT_2 导通。如此反复，就使发电机端电压维持在规定的调整值上。所以 VT_1、VT_2 在组成双稳态电路中起开关作用。

JFT201 型晶体管电压调节器（图 3-19）是在基本电路上增加一些元件，其调节特性得到了改善。JFT201 型晶体管电压调节器中主要组成元件及作用如下：

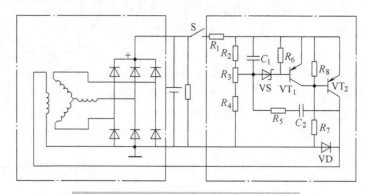

图 3-19　JFT201 型晶体管电压调节器电路

1）R_2、R_3、R_4 组成分压电路，电位器 R_3 用于调整调节器的调节电压，使之达规定值。

2）二极管 VD 与励磁绕组并联，用以保护大功率晶体管 VT_2。由于并联 VD 后，励磁绕组中会产生很高的自感电势，便自成回路，从而避免击穿 VT_2。

3）C_1 用来降低 VT_1 的开关频率，减小 VT_1 的损耗。

4）C_2、R_5 组成正反馈电路，以提高晶体管调节器的灵敏度，使调节电压更加稳定，同时也减小了 VT_2 晶体管的过度损耗。

5）在分压器前设置 R_1，可改善发电机的负载特性。

6）R_6、R_7、R_8 为 VT_1、VT_2 的偏置电阻，用以调节 VT_1、VT_2 的工作点。JFT201 型晶体管电压调节器适用于 14V、500W 以下的交流发电机。

2. 集成电路电压调节器

集成电路电压调节器是通过汽车电源电压变化的检测，利用晶体管的开关特性控制发电机的励磁电流，达到稳定发电机输出电压的目的。按检测电源电压的方式不同，分为发电机电压检测式和蓄电池电压检测式两种。

（1）发电机电压检测　发电机电压检测法的电路如图 3-20 所示。加在分压器 R_1、R_2 上的电压是磁场二极管输出端 L 的电压 U_L，而交流发电机输出端 B 的电压为 U_B，因为 $U_L = U_B$，所以调节器检测点 P 加到稳压管 VS 两端的反向电压 U_P 与发电机的端电压 U_B 成正比，所以该电路称为发电机电压检测法。

（2）蓄电池电压检测　蓄电池电压检测法的电路如图 3-21 所示。加在分压器 R_1、R_2 上的电压为蓄电池端电压，由于检测点 P 加到稳压管 VS 上的反向电压与蓄电池的端电压成正比，所以该电路称为蓄电池电压检测法。

在发电机电压检测法电路中，如果 B 点到蓄电池正极之间的电压降较大时，会出现蓄电池充电不足会偏低；在蓄电池电压检测法电路中，如果 B 点与蓄电池正极之间或 S 点与蓄电池正极之间断线时，由于不能检测出发电机的端电压，发电机电压将会失控。但若在电路上采取一些措施，如图 3-22 所示，即为实际的蓄电池电压检测法电路。方法是在调节器的分压器与发电机 B 之间增加了一个电阻 R_6 和一个二极管 VD_2，这样当 B 点与蓄电池正极之间或 S 点与蓄电池正极之间出现断线时，由于 R_6 的存在，仍然能检测出发电机的端电压 U_B，使调节器正常工作，可以防止发电机电压过高。

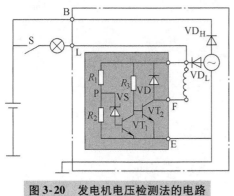

图 3-20 发电机电压检测法的电路　　图 3-21 蓄电池电压检测法的电路

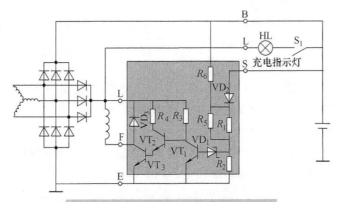

图 3-22 实际的蓄电池电压检测法电路

3. 典型集成电路电压调节器

以 JFT151 型集成电路电压调节器为例，其内部电路如图 3-23 所示。工作原理是当发电机电压低于规定值时，稳压管 VD_1 截止，VT_1 也截止，VT_2 在 R_4 的偏置作用下导通，励磁电路接通，发电机电压上升；当发电机电压高于规定值时，稳压管 VD_1 被击穿导通，VT_1 也导通，则 VT_2 被短路截止，励磁电路被切断，发电机电压下降。如此反复使发电机电压保持恒定。

4. ECU 控制发电机电压调节电路

ECU 控制发电机电压调节是由 ECU 向磁场提供一个固定频率的电流脉冲，通过改变占

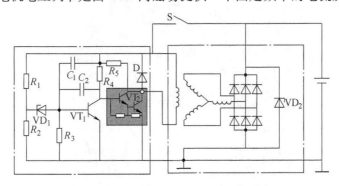

图 3-23 JFT151 型集成电路电压调节器

空比，得到正确的励磁电流平均值，从而使发电机发出适当的输出电压。ECU控制发电机电压调节电路如图3-24所示，工作时，ECU可使发电机励磁电路间歇性地搭铁，以保持发电机的电压在规定值范围内。

发电机正常工作时励磁电路为发电机"＋"→继电器→发电机磁场接线柱B→励磁绕组→磁场接线柱C→ECU发电机励磁接线柱20→搭铁。

如果ECU检测到发电机的输出电压低于规定电压值，它会使励磁电路搭铁的相对时间增长，即励磁电路的相对导通率增大，平均励磁电流增大，形成较强的磁场，提高发电机的

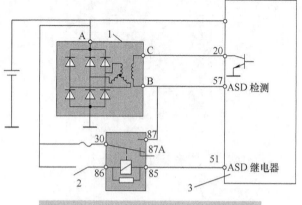

图3-24　ECU控制发电机电压调节电路
1—发电机　2—继电器　3—ECU

电压或增大发电机的输出功率。如果ECU检测到发电机的输出电压高于规定电压值，它就会使励磁电路搭铁的相对时间缩短，即晶体管的相对导通率减小，平均励磁电流减小，形成较弱的磁场，降低发电机的电压。

ECU控制发电机电压调节的特点是能根据车辆的需求和环境温度的变化而改变输出电压，还能利用ECU的诊断能力，来诊断充电系统中输出电压过低或过高的故障。

任务二　交流发电机及调节器性能检测

一、任务描述

部分交流发电机的故障通过维修是可以达到使用要求的。如何正确分解交流发电机？对

交流发电机零件进行哪些检修？要掌握这些内容，应进入下面的学习任务：
1）交流发电机的拆装。
2）交流发电机零件的检测。
3）电压调节器的检测。
4）交流发电机性能的检测。

二、相关知识及技能

（一）交流发电机拆卸与安装

以大众新宝来1.6L汽油发动机的三相交流发电机为例进行拆卸与安装，如图3-25所示。为了能正确拆卸与安装，按照维修手册规定使用专用工具和维修设备，在拆卸之前标记多楔带的上侧和转动方向，在安装时注意多楔带转动方向和安装位置是否正确。

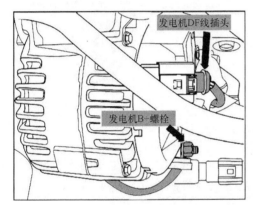
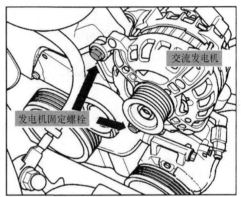

图3-25 大众新宝来1.6L汽油发动机的三相交流发电机

1. 交流发电机拆卸
1）断开蓄电池接地线。
2）脱开L和DFM导线插头。
3）拆下B+导线的固定螺栓，并脱开导线。
4）旋下发电机的固定螺栓。
5）将发电机从支架上脱开。
6）取出发电机。

2. 交流发电机安装
安装以倒序进行，安装过程中要注意以下几点：
1）在安装时注意拆卸时所标注的传动方向。
2）全部机组（发电机、转向助力叶片泵和空调压缩机）都安装固定后，再安装多楔带。
3）注意多楔带在皮带盘中的位置是否正确。

（二）发电机零件检测

发电机拆解后，先用布或棉纱蘸适量清洗剂擦洗转子绕组、定子绕组、电刷及其他机件。然后再检测转子、定子的电阻值及绝缘电阻。为了取得较准确的测量数值,建议使用数字万用表测量。

1. 转子总成的检查

(1) 转子表面检查 转子表面不得有刮痕。若有刮痕则表明轴承松旷,应更换前后轴承。集电环表面应光洁平整,两集电环之间的槽内不得有油污和异物。

(2) 磁场绕组短路与断路检查 用万用表检测两集电环之间的电阻,如图3-26a所示。若阻值为"∞",则说明断路;若阻值过小,则说明短路。

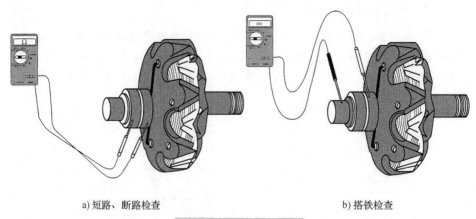

a) 短路、断路检查 b) 搭铁检查

图3-26 转子绕组检查

(3) 转子绕组搭铁检查 即检查转子绕组与铁心(或转子轴)之间的绝缘情况。用万用表检测,电阻应为∞,如图3-26b所示。若两集电环与铁心(或转子轴)之间有阻值显示,则说明有搭铁故障。

例如,JFZ1813Z发电机两集电环之间的电阻,其数值应为2.6~3Ω。大于此值,表明有断路故障;当小于2Ω时,说明有短路故障。

(4) 转子轴的检查 检查转子轴弯曲度,可用百分表检测转子径向圆跳动,如图3-27所示。例如JFZ1813Z发电机转子径向圆跳动不得超过0.01mm,否则应予以校正;还应检查爪形磁极在转子轴上是否固定牢靠、间距相等。

(5) 集电环的检查 检查集电环表面应平整光滑,无明显烧损,两集电环之间的槽内不得有油污和异物。如表面烧蚀严重或失圆,可用车床进行修整,例如JFZ1813Z发电机集电环最大偏摆量应不超过0.05mm,集电环圆度误差不超过0.025mm,厚度不小于1.5mm。最后用"00"号细砂布抛光并吹净粉屑。

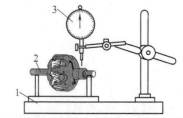

图3-27 检测转子轴的径向圆跳动
1—测试仪 2—电枢 3—百分表

2. 定子总成的检查

(1) 定子表面检查 检查定子表面,不得有刮痕,导线表面不得有碰伤、绝缘漆剥落的现象。

(2) 定子绕组短路与断路检查 用万用表检测定子绕组三个接线端,两两相测,如

图3-28a所示。正常时阻值应小于1Ω且相等；若阻值为无穷大，说明断路；若阻值过小，说明短路。

（3）定子绕组搭铁检查　即检查定子绕组与定子铁心间的绝缘情况。用万用表电阻档检测定子绕组接线端与定子铁心间的电阻，如图3-28b所示。若阻值显示≤100kΩ，则说明有搭铁故障。若阻值显示"∞"，说明正常。

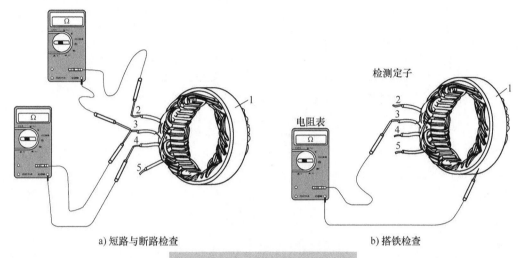

a）短路与断路检查　　　　　　　　b）搭铁检查

图3-28　定子绕组的检查
1—定子铁心　2～5—定子绕组接线端

3. 整流器二极管的检查

可以在不解体的情况下，用示波器测试二极管波形，也可进行解体检测。下面介绍用万用表测试整流器二极管的方法。

（1）用指针万用表测量　将万用表的红、黑表笔分别接在被测二极管的两极上，读取测试阻值，如图3-29所示，然后再将红、黑表笔交换位置再接被测二极管的两极上，再一次读取测试阻值。如果两次测试阻值一大一小，说明该二极管性能良好；如果两次测试阻值都为"∞"，说明该二极管断路；如果两次测试阻值都为0，说明该二极管短路。

（2）用数字万用表测量　先将万用表选档开关置于二极管测试档，再将万用表的红、黑表笔分别接在被测二极管的两极上，读取测试电压值，如图3-30所示，然后再将红、黑表笔交换位置再接被测二极管的两极上，再一次读取测试电压值。如果两次测试数值一大（显示为1V——即超量程）一小（0.3～0.8V），说明该二极管性能良好，否则，说明二极管有短路或断路故障。

4. 电刷组件的检查

（1）电刷高度的检查　电刷表面不得有油污，且应在电刷架中活动自如；电刷架不得有裂纹、弹簧折断或锈蚀现象，否则应更换。

电刷磨损不得超过原高度的1/2（或电刷磨损到磨损极限标记线时），否则更换电刷，如图3-31所示。例如JFZ1813Z发电机新电刷的长度为13mm，允许磨损极限为5mm，超过此极限值时应予更换。

（2）电刷弹簧压力的检测　用天平秤检测电刷弹簧弹力，如图3-32所示。当电刷从电

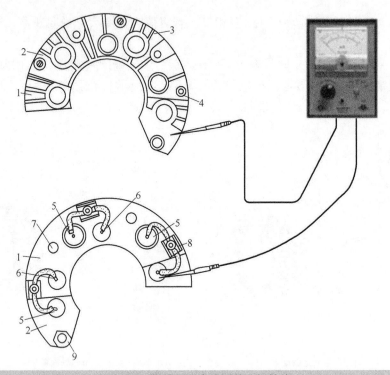

图3-29 指针万用表检测整流板性能
1—负整流板 2—正整流板 3—散热片 4—连接螺栓 5—正极管 6—负极管 7—安装孔
8—绝缘垫 9—电枢接线柱安装孔

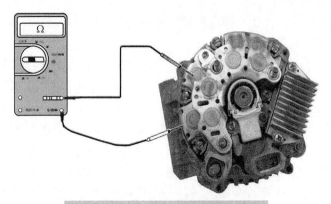

图3-30 数字万用表测量整流板性能

刷架中露出长度为2mm时,天平秤上指示的读数即为电刷弹簧压力,其值应为2~3N,当弹簧弹力过小时,应更换新电刷。

(3) 电刷的更换 先将电刷弹簧和新电刷装入电刷架内,然后用钳子夹住电刷引线,使电刷露出的高度符合规定数值(13mm),再用电烙铁将电刷引线与电刷架焊牢即可。

5. 其他零件检查

1) 检查轴承轴向和径向游隙均不应大于0.02mm,检查滚珠、滚道有无斑点。

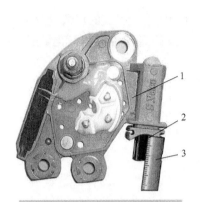

图 3-31 检查电刷组件
1—电刷架 2—电刷 3—钢直尺

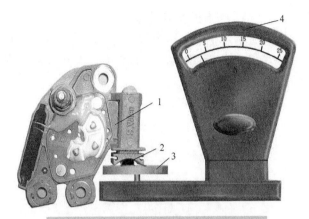

图 3-32 电刷弹簧压力的检测
1—电刷架 2—电刷 3—压力盘 4—天平秤

2）使发动机怠速运转，通过听诊器或螺钉旋具诊断轴承转动时有无异响，如图 3-33 所示。

3）检查发电机前后端盖、V 带轮等是否有裂损、变形，绝缘垫是否完好。

4）V 带槽内不能有毛刺，以免损伤 V 带。V 带轴孔与轴的配合过盈量为 0.01 ~ 0.04mm。若配合松旷时，应加工修复。

（三）电压调节器的检测

1. 晶体管电压调节器的检测

对晶体管电压调节器进行检测前，应先了解调节器的电路搭铁类型，再确定相应的测试方法。

图 3-33 用听诊器或螺钉旋具检查轴承异响

（1）内搭铁式晶体管电压调节器　当内搭铁式晶体管电压调节器检测时，首先将按图 3-34a 所示的电路接好，再逐渐提高电源电压。当电压达到 6V 左右时，指示灯点亮。继续提高电源电压，当电压达到 13.5 ~ 14.5V 时，指示灯应熄灭，此时电压即为调节器的调节电压。若试灯不亮或发电机电压超过规定值后，灯仍不熄灭，则调节器有故障。

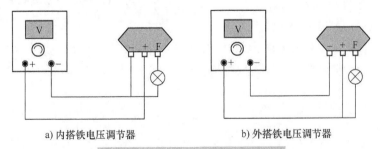

a) 内搭铁电压调节器　　　　　　　　b) 外搭铁电压调节器

图 3-34 晶体管电压调节器的检测

（2）外搭铁式晶体管电压调节器　当外搭铁交流发电机工作时，磁场绕组通过调节器搭铁，其电路连接如图 3-34b 所示。由于其测试方法与内搭铁式晶体管电压调节器的测试方法完全相同，可参考内搭铁晶体管电压调节器的测试方法。

2. 集成电路电压调节器的检测

在检查集成电路电压调节器时，应首先分清集成电路电压调节器引线的根数以及接线方法，以防将电源极性接错。集成电路调节器常见引线有三根和四根两种，其电路连接如图 3-35 所示。

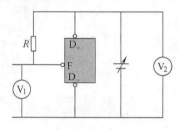
a) 三根引线电压调节器的电路连接

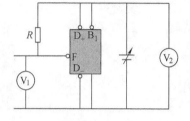
b) 四根引线电压调节器的电路连接

图 3-35　集成电路电压调节器的检测

三根引线电压调节器的电路连接如图 3-35a 所示。首先逐渐增加直流电源电压，该直流电压值由电压表 V_2 指示。当 V_2 指示值小于调节器调节电压值时，V_1 电压表上的电压值应在 $0.6 \sim 1V$ 的范围内；当 V_2 指示值大于调节器调节电压值时，V_1 表上的电压值应为 V_2 的值。

> **注意：**V_1 调节电压值不能超过 30V，R 为 $3 \sim 5\Omega$，可变直流电源的调节范围为 $0 \sim 30V$。

四根引线电压调节器的电路连接如图 3-35b 所示，测试方法同上。当 V_2 读数小于调节电压值时，V_1 读数为 $0.6 \sim 1V$；当 V_2 读数大于调节电压值时，V_1 读数与 V_2 相同。

（1）电压调节器短路检测　电压调节器短路检测也称为全励磁测试，即用蓄电池给发电机内的转子磁场绕组供电，使磁场绕组处于满励磁状态，进一步判断电压调节器是否失效。以 JFZ1813Z 发电机调节器检测为例，如

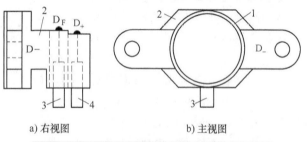

a) 右视图　　　　b) 主视图

图 3-36　IC 调节器与电刷组件
1—IC 调节器　2—电刷架　3—负电刷　4—正电刷

图 3-36 所示。根据汽车行业标准 QC/T 729—2005《汽车用交流发电机技术条件》规定，12V 系列调节器调节电压值为 $14.5V \pm 0.25V$，24V 系列调节器调节电压值为 $28.5V \pm 0.3V$。

> **注意：**
> ① 当进行全励磁测试时，必须按各个汽车制造商的指定步骤。并不是所有的调压器都可以达到满励磁状态。在进行此项测试之前，查看制造商的相关要求。
> ② 为了保护电气元件和电路，不允许电压输出高于 16V。如果输出电压在参数范围内，电压调节器就是坏的。

如果发动机转速高于怠速，充电指示灯仍不熄灭时，可通过短路检测判断电压调节器是否正常。首先把电压调节器拆下，并在"F"接头和"－"接头之间，使用短路线连接，如图 3-37 所示，然后，再将电压调节器装回，此时电压调节器处于不工作状态，进行测试。起动发动机，并提高转速，如果电流输出在参数范围内，则表示电压调节器失效。

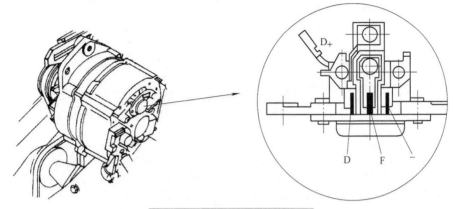

图 3-37　电压调节器短路检查

（2）调节器调节电压检测　可使用可调直流稳压电源和试灯试验其性能，其接线方法如图 3-38 所示。当连接 12V 的蓄电池和直流试灯时，试灯应亮；当连接 16~18V 电压时，试灯应不亮。否则应更换调节器。

（3）调节器管压降的检测　调节器管压降的检测电路如图 3-39 所示。接通开关 S，调节可变电阻 R，使电流表（A）的读数为 4A 时，电压表的读数应不大于 1.5V。

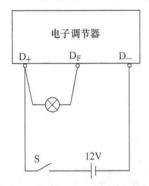

图 3-38　检查调节器和工作状态

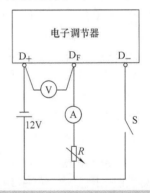

图 3-39　调节器管压降的检测电路

（四）发电机整机性能检测

1. 发电机空载试验

发电机空载试验即检测发电机发电能力，以 JFZ 1813Z 发动机为例，接线方法如图 3-40 所示。试验时应先用蓄电池对发电机进行励磁，其方法是当发电机转速提高时，闭合一下开关 S_1，然后再断开。将发电机转速逐渐提高，当电压表的读数达到 12.4~14.5V 时，发电机的转速应不高于 1050r/min，如读数不符合要求，说明调节器或发电机有故障。

2. 发电机输出电流的检查

1）把点火开关转到"OFF"位置，拆下蓄电池的负极电缆。

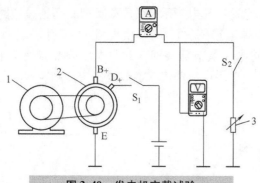

图3-40　发电机空载试验
1—可调速电动机　2—发电机　3—可变电阻

> 注意：首先应保证蓄电池的技术状态正常，发电机带的张紧力正常，发电机运转时无异响等。

2）从发电机的"B_+"端子拆下输出线，在"B_+"端子和已拆下的输出线之间串联一个量程为100A的测试用直流电流表。

> 注意：由于有大电流通过，因此，各连接部分需用螺栓和螺母牢牢固紧。切勿使用夹子固定。最好采用即使不拆下交流发电机输出线也能测量的钳形电流表。

3）把一个电压表接到端子"B_+"和搭铁之间。
4）连接蓄电池的负极电缆，如图3-41所示。
5）检查电压表的读数是否为蓄电池电压12V。若电压为0，则认为发电机"B_+"端子与蓄电池（+）极间的接线脱开或易熔线烧断。
6）将照明开关置于"ON"位置，使前照灯点亮后，起动发动机。
7）把前照灯调到远光束位置，取暖器送风机开关调到大风量位置，然后将发动机转速升高到2500r/min，观察该电流表上的最大输出电流值。极限值应为额定输出电流的70%。JFZ1813Z发电机的额定输出电流为90A。

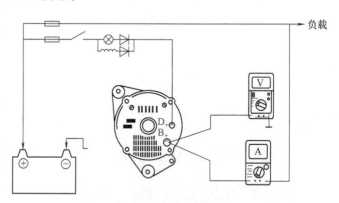

图3-41　输出电流检查连接示意图

> 注意：额定输出电流值在交流发电机的铭牌上。发动机起动后，由于充电电流急剧下降，因此必须快速地读取最大电流值。当交流发电机本身或周围环境温度过高时，也往往达不到规定的输出电流。在此情况下，待交流发电机冷却后再进行试验。

8）电流表的读数值应大于极限值。若低于极限值而交流发电机的输出线也正常时，说明交流发电机本身有故障，需要分解检测。

9）试验结束后，把点火开关转到"OFF"位置，拆下蓄电池的负极电缆。

10）拆下测试用电流表、电压表。

11）将发电机的输出线接到发电机"B_+"端子上，再连接蓄电池负极电缆。

三、实训内容

1. 实训准备

1）准备好试验用各种交流发电机、常用工具、万用表、稳压电源和试灯等。

2）强调实训中的安全注意事项。

2. 实训流程

1）硅整流发电机分解与组装。

2）硅整流发电机零件检测。

3）电压调节器检测。

4）交流发电机整机性能检测。

> 注意：在操作过程中，注意操作程序与规范，注意设备的正确使用，防止出现事故。

3. 实训记录

完成实训记录单，见实训任务单3.2。

任务三　充电指示灯电路及故障诊断

一、任务描述

对于交流发电机首先要有外来电源进行励磁控制，发电后进行自己励磁。发电机的发电状态要在仪表进行显示，即充电指示灯控制。那么，目前充电指示灯如何控制？励磁电路又有哪些控制功能和控制方式？充电系统基本检查及故障诊断方法有哪些？要掌握这些内容，应进入下面的学习任务：

1）充电指示灯控制电路。
2）励磁电路控制内容。
3）充电系统基本检查及故障诊断方法。

二、相关知识及技能

（一）充电指示灯控制电路

1. 中性点控制

CA1091 货车充电系统采用中性点控制的充电指示灯控制电路（图 3-42），当点火开关置于"ON"档时，充电指示灯控制电流路径为蓄电池→电流表→充电指示灯→常闭触点 K_2→搭铁。当发电机发电，中性点 N 的电压加到 L_2，常闭触点 K_2 断开，充电指示灯因电路断路而熄灭。

2. 继电器控制

继电器控制的充电指示灯控制电路如图 3-43 所示。当点火开关置于"ON"档时，充电指示灯控制电流路径为蓄电池→点火开关→线圈 L→二极管 VD→励磁线圈→调节器→搭铁，触点 K 闭合。当触点 K 闭合后电流路径为蓄电池→点火开关→充电指示灯→触点 K→搭铁，充电指示灯亮起。当发电机发电，励磁二极管的电压经 D 接线柱加到二极管 VD 一端，这时由于二极管两端电位相等，线圈 L 吸力消失，触点 K 断开，充电指示灯因电路断路而熄灭。

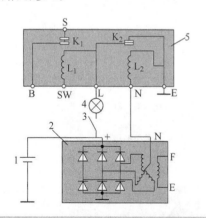

图 3-42 中性点控制的充电指示灯控制电路
1—蓄电池 2—交流发电机 3—点火开关
4—充电指示灯 5—组合继电器

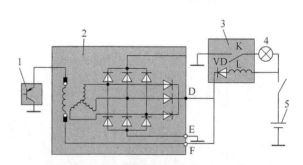

图 3-43 继电器控制的充电指示灯控制电路
1—调节器 2—交流发电机 3—继电器
4—充电指示灯 5—蓄电池

3. 励磁电路控制

励磁电路控制的充电指示灯控制电路如图 3-44 所示。当点火开关置于"ON"档时，充电指示灯控制电流路径为蓄电池→点火开关→充电指示灯→调节器→励磁线圈→搭铁，充电指示灯亮起。当发电机发电，励磁二极管的电压经 D 接线柱加到充电指示灯一端，这时由于充电指示灯两端电位相等，充电指示灯因无法获得电流而熄灭。

奥迪、红旗、桑塔纳等轿车的发电机电路如图 3-45 所示。该发电机是整体式发电机，采用 11 只硅二极管，其中有六只整流二极管，三只励磁二极管，两只中性点二极管，调节器为集成电路并与电刷架制成一体，在发电机的外部有两个接线柱，分别为相线接线柱 B_+ 和磁场接线柱 D_+。

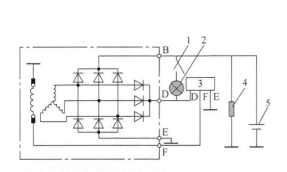

图 3-44 励磁电路控制的充电指示灯控制电路
1—点火开关 2—充电指示灯 3—调节器
4—用电设备 5—蓄电池

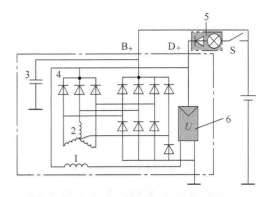

图 3-45 奥迪、红旗、桑塔纳等轿车的发电机电路
1—励磁绕组 2—定子绕组 3—防干扰电容器
4—励磁二极管 5—充电指示灯 6—电压调节器

当点火开关置于"ON"档时，充电指示灯控制电流路径为蓄电池→点火开关→充电指示灯→VD→接线柱 D_+→励磁线圈→调节器→搭铁，充电指示灯亮起。当发电机发电，电流经三只励磁二极管→接线柱 D_+，加到充电指示灯一端，这时由于充电指示灯两端电位相等，充电指示灯因无法获得电流而熄灭。

4. 二极管控制

二极管控制的充电指示灯控制电路如图 3-46 所示。当点火开关置于"ON"档时，充电指示灯控制电流路径为蓄电池→点火开关→充电指示灯→调节器→励磁线圈→搭铁，充电

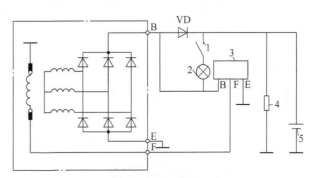

图 3-46 二极管控制的充电指示灯控制电路
1—点火开关 2—充电指示灯 3—调节器
4—用电设备 5—蓄电池

指示灯亮起。当发电机发电，整流二极管的电压经 B 接线柱加到充电指示灯一端，这时由于充电指示灯两端电位相等，充电指示灯因无法获得电流而熄灭。

5. ECU 控制的调压电路

目前，越来越多的汽车发电机电压采用 ECU 或组件来控制，如图 3-47 所示。ECU 可以使发电机励磁电路间歇性地搭铁，来保持发电机的电压在规定值范围内。图中 K_1 为充电指示灯，K_2 故障警报灯，K_1、K_2 由 ECU 控制。12V 系列的电压调节规定值为 14.5V + 0.25V，24V 系列的电压调节规定值为 28.5V + 0.3V。ECU 检测发电机输出电压并与规定值比较，通过

控制励磁电路导通时间来调节发电机输出电压。当 ECU 检测到发电机输出电压超出允许值时，将点亮故障警报灯；当 ECU 检测到发电机输出电压过低或没发电时，将点亮充电指示灯。

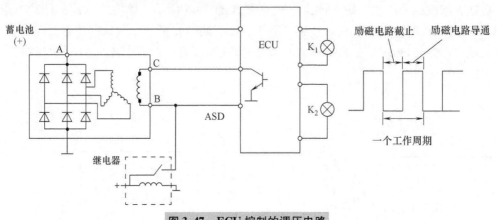

图 3-47　ECU 控制的调压电路

（二）典型充电系统控制电路

1. 桑塔纳 2000 系列轿车充电系统电路

桑塔纳 2000 系列轿车充电系统电路如图 3-48 所示，充电指示灯及发电机励磁绕组电流路径为蓄电池正极→中央线路板单端子插座 P 端子→中央线路板内部线路→中央线路板单端子插座 P 端子→点火开关 30 端子→点火开关 15 端子→电阻和充电指示灯（发光二极管）→中央线路板 A_{16} 端子→中央线路板内部线路→中央线路板 D_4 端子→插接器→交流发电机 D 端子→发电机的励磁绕组→调节器功率晶体管→搭铁→蓄电池负极。

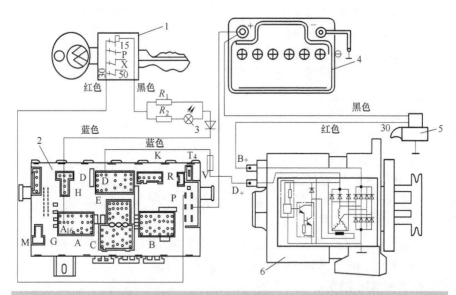

图 3-48　桑塔纳 2000 系列轿车充电系统电路
1—点火开关　2—中央线路板　3—充电指示灯　4—蓄电池　5—起动机　6—整体式交流发电机

当发电机电压高于蓄电池电压时，则由三只励磁二极管直接向励磁绕组提供电流，发电机进入自励状态。

2. 丰田威驰轿车充电系统电路

丰田威驰轿车充电系统电路如图3-49所示。发电机上有四个端子，即"B""IG""S"和"L"，四个端子的含义如下：

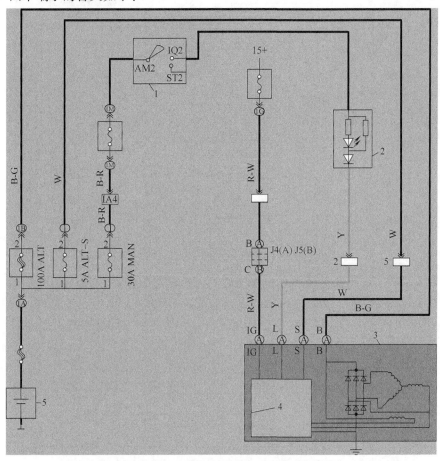

图3-49 丰田威驰轿车充电系统电路
1—点火开关 2—充电指示灯 3—整体式发电机 4—电压调节器 5—蓄电池

1）发电机端子B与蓄电池正极相连，此电路为充电电路，用于发电机给蓄电池和用电设备提供电源。

2）蓄电池正极（+）→点火开关IG端子→发电机IG端子，用于给电压调节器提供工作电源。

3）蓄电池正极（+）→点火开关IG端子→充电指示灯→发电机L端子，用于电压调节器充电指示灯。

4）蓄电池正极（+）→发电机S端子，用于检测蓄电池的端电压，提供给电压调节器，以便及时控制励磁电流。

3. 大众新宝来轿车充电系统电路

以大众新宝来轿车充电系统电路如图3-50所示，交流发电机设有三条电路，相关控制单元有车载电网控制单元J519、发动机控制单元J623、仪表板控制单元J285，交流发电机三个接线柱为B+、L、DFM，B+与蓄电池正极连接，L与J519连接，DFM与J623连接，充电指示灯由仪表控制单元 J285 控制。

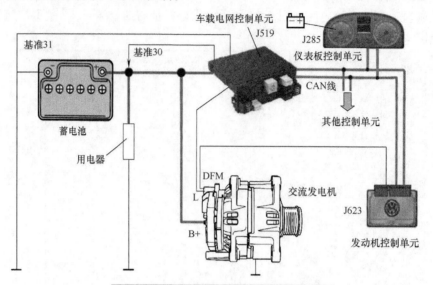

图 3-50　大众新宝来轿车充电系统电路

大众新宝来轿车交流发电机内部机构主要有三相绕组（交流发电机部分）、励磁绕组、整流部分、电压调节器等，交流发电机的电路如图 3-51 所示。电压调节器具有自动控制功能，通过 DFM 线向发动机控制单元发送电负荷信号，然后由发动机控制单元 J623 控制发动机转速，控制发电机在安全电负荷下运行，保证电源管理系统稳定的电压输出。L 线与车载网络控制单元 J519 连接，在发电机与车载网络控制单元 J519 之间传递信号。通过 CAN 线车载网络控制单元 J519 将发电机工作信号输入到仪表板控制单元 J285，然后控制组合仪表内充电指示灯的亮、灭。

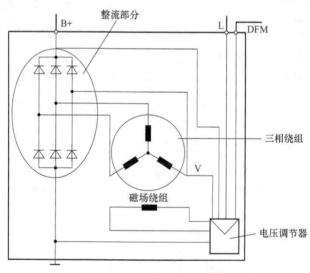

图 3-51　交流发电机电路

发电机的励磁电流由 B+提供，电压调节器通过 L 和转速 V 信号控制励磁电路。若 L 线信号中断，电压调节器可通过发电机转速 V 信号控制励磁电流，使发电机进入正常发电模式。

（三）充电系统常见故障诊断

充电系统常见故障现象有：当点火开关打到 ON 时，组合仪表上充电指示灯不亮；或发动机怠速运转正常，充电指示灯一直亮，蓄电池电压为 12V 左右（与发动机工作前电压一样或略低）时，说明充电系统不工作。以新宝来车充电系统故障现象为例进行诊断分析。诊断流程如图 3-52 所示。

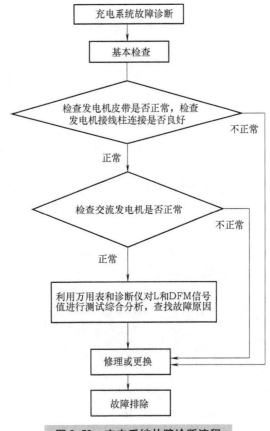

图 3-52 充电系统故障诊断流程

1. 常规检查

（1）蓄电池技术状况检查　充电系统不能对损坏的蓄电池充电，为防止误导检查思路，要做好蓄电池检查。

（2）发电机胶带检查　检查胶带是否有撕裂、磨光、浸油、裂缝等情况，如图 3-53 所示；检查胶带张紧度是否合适，如图 3-54 所示。以上任何情况均会造成充电系统故障，会

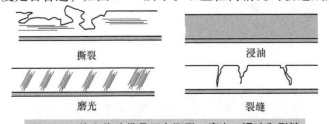

图 3-53 检查传动带是否有撕裂、磨光、浸油和裂缝

误导检查思路。

（3）电器电缆接头检查　电器电缆接头松动、腐蚀、断开会造成充电系统故障，会误导检查思路。

2. 读取故障码

用诊断仪读取相关故障码，如果有发电机相关故障码，按照故障码提示检查相关线路及部件。

3. 综合测试及分析

（1）确认交流发电机是否正常

1）起动发动机并怠速运转，蓄电池电压为 12V 左右，当将发动机转速提升 2400r/min 左右（不同的车转速不同）时，蓄电池电压应升高到 14V 左右，此时发动机维持在高怠速下运转，否则说明交流发电机本身有故障。

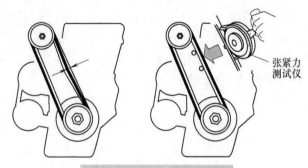

图 3-54　传动带张紧力检查

2）关闭点火开关，拔下交流发电机的 B+ 及 L/DFM 连接线。用万用表检查整流二极管的正反向电阻，即红、黑表笔分别与 B+ 与外壳接触，应符合正向导通，反向截止，否则说明交流发电机本身有故障。

（2）万用表检测线路　在确认充电系统故障出现在控制电路上时，应参照对应车型的电路图，大众新宝来 1.6L 自动档轿车充电系统电路，如图 3-55 所示。

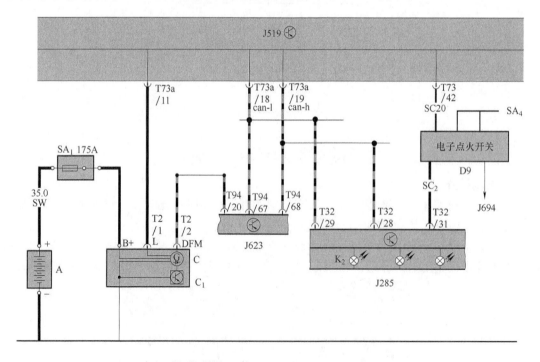

图 3-55　大众新宝来 1.6L 自动档轿车充电系统电路

1）拆下 B+、L/DFM 连接插头。用万用表检查三条线路与相应模块的连接导线，如果有断路、短路情况应更换或维修。

2)将用万用表测量 B+线束端电压,应为蓄电池电压;L 及 DFM 线束端电压,点火开关 ON 状态下为蓄电池电压,否则检查保险、线路及 J519、J623 控制模块。

(3)用诊断仪读取发电机负荷信号 大众新宝来车发电机具有负荷监控功能,即 DFM 线为负荷监控线,其输出的信号为 0~100% 脉宽调制信号,且随用电负载变化及发动机转速变化而变化,见表 3-2。当诊断仪读取的负荷率与表中不符时,应检查 DFM 控制线路及 J519、J623 发动机控制电脑。

表 3-2 不同负荷及发动机转速下的发电机负荷值

发电机用电负荷变化(%)	发动机不同的工作转速			
	700r/min	1400r/min	2000r/min	3000r/min
发电机空载	38~47	23~27	18~20	16.9
只开大灯	50~60	29~31	25~27	16.9
只开空调	45~60	32~34	25~30	16.9
同开大灯、空调	74~99	49~51	47~50	20

说明:不同的检测仪测量的数据可能会不同,但应符合表中数字之间所示关系。

在电子管理系统中,DFM 输入信号丢失后,系统会采用某个确定的值来替代。如大众新宝来发电机负荷值始终显示 5% 时,说明 DFM 线断路;如果负荷值始终为 99.99%,说明 DFM 线短路,不同车型数据会有所不同。

(四)充电系统检修注意事项

1)汽车交流发电机均为负极搭铁,蓄电池搭铁极性必须与发电机一致。否则蓄电池电压将正向加在整流二极管上,使二极管烧坏。

2)发电机运转时,不能用旋具或导线短接交流发电机的"B"与接地端子,否则发电机会烧坏。

3)发电机高速运转时,如果断开蓄电池会导致系统电压突然升高,严重的会烧坏发电机及正在工作的控制模块。

三、实训内容

1. 实训准备

1)准备好试验车、万用表、跨接线及试灯、故障元件。
2)试验车维修手册。
3)强调实训中的安全注意事项。

2. 实训流程

1)充电系统基本检查。
2)充电指示灯电路检测。
3)元件的检查与更换。

根据维修手册了解该车充电指示灯电路控制原理,找到各部件安装位置。首先由教师进行充电指示灯不亮、不灭、V 带过松、V 带过紧等故障设置,然后让学生进行故障现象确认,进行故障诊断流程的制定。最后由学生分组完成故障检测分析,同时完成任务单。

> **注意**：在操作过程中，注意操作程序与规范，注意设备的正确使用，防止出现事故。

3. 实训记录

完成实训记录单，见实训任务单3.3。

【项目总结】

1. 交流发电机由转子、定子、电刷、整流器及风扇等组成。
2. 转子的作用是产生旋转磁场；定子的作用是产生交流电动势；整流器为三相桥式整流电路，其作用是将交流电变成直流电。
3. 交流发电机的定子绕组有星形联结和三角形联结。
4. 交流发电机的励磁方式为先他励、后自励。
5. 交流发电机的工作特性包括输出特性、空载特性和外特性。
6. 发电机输出电压的调节是通过改变励磁电流的大小来实现的。
7. 调节器类型有晶体管调节器和集成电路调节器。
8. 晶体管调节器分为内搭铁和外搭铁两种形式。
9. 发电机常见的故障包括不发电、发电电压不足和发电电压过高等故障。
10. 充电指示灯控制电路有中性点控制、继电器控制、励磁电路控制和二极管控制。

【思考与练习】

1. 单选题

(1) JFZ1913Z型发电机转子绕组电阻为( )。
A. 8~10Ω　　B. 5~8Ω　　C. 2.6~3Ω　　D. 1~3Ω

(2) 甲说：汽车充电系统由蓄电池、交流发电机、点火开关、充电指示灯及电路组成。乙说：充电指示灯监控充电系统的工作情况，充电指示灯亮，说明发电机工作正常。( )正确。
A. 甲正确　　B. 乙正确　　C. 甲乙都正确　　D. 甲乙都错误

(3) 轿车所用的JFZ1913Z型发电机，其中数字13的含义是( )。
A. 产品序号　　B. 设计序号　　C. 电压等级　　D. 电流等级

(4) JFZ1913Z型发电机新电刷的长度为13mm，允许磨损极限为( )。
A. 9mm　　B. 7mm　　C. 5mm　　D. 3mm

(5) JFZ1913Z型发电机两集电环之间的电阻值应为( )。
A. 1~2Ω　　B. 2.6~3Ω　　C. 5~8Ω　　D. 10~15Ω

2. 多选题

(1) 下列零件中属于交流发电机结构的有( )。
A. 转子　　B. 电刷组件　　C. 单向离合器　　D. 整流板

(2) 充电指示灯电路的控制形式有（　　）。
A. 二极管控制　　　B. 励磁电路控制　　　C. 继电器控制　　　D. 中性点控制
(3) 充电系统充电不足的原因有（　　）。
A. 发电机有故障　　B. 调节器有故障　　　C. 电路连接松动　　D. 发电机V带过紧
(4) 交流发电机的工作特性包括（　　）。
A. 满载特性　　　　B. 外特性　　　　　　C. 输出特性　　　　D. 空载特性
(5) 发电机常见故障包括（　　）。
A. 发电电压过高　　B. 输出电流过大　　　C. 不发电　　　　　D. 发电电压不足

3. 判断题

(1) JFZ1913Z型发电机两集电环之间的电阻值小于2Ω时，说明有短路故障。（　　）
(2) 发电机输出电压的调节是通过改变电枢绕组电流的大小来实现的。（　　）
(3) 当发电机运转时，不能用螺钉旋具或导线短接交流发电机的"B""D"端子。（　　）
(4) 交流发电机的励磁方式为先自励、后他励。（　　）
(5) JFZ1913Z型发电机转子径向圆跳动不得超过0.1mm。（　　）

4. 问答题

(1) 交流发电机由哪几部分组成？各起什么作用？
(2) 何谓交流发电机的输出特性、空载特性和外特性？
(3) 简述交流发电机的工作原理。
(4) 交流发电机中性点输出有何作用？
(5) 电压调节器有何作用？举例说明其控制过程。
(6) 如何对晶体管电压调节器进行测试？
(7) 充电指示灯控制电路有哪些？是如何控制的？
(8) 交流发电机及其调节器使用应注意些什么问题？有何意义？
(9) 充电系统常见故障有哪些？如何诊断？
(10) 发电机的性能测试有哪些内容？

项目四 起动系统及控制电路

↘ 目标及要求

教学目标	(1) 了解起动系统的组成及作用 (2) 了解起动机的工作原理和工作特性 (3) 掌握起动机的性能检测内容和方法
能力要求	(1) 能正确将起动机从车上拆下，并能正确将起动机安装到车上 (2) 能拆装起动机总成，以及正确对起动机组成零件进行检测 (3) 能正确分析起动系统的工作电路，并能诊断和排除故障

↘ 项目概述

汽车起动系统已从原始的人工手摇起动发展成为现代的电力起动。起动机控制方式发生了巨大变化，从简单的点火开关控制发展成分为智能一键起动。本项目将围绕传统及现代起动系统的原理、检测等内容进行介绍。本项目设置三个学习任务。任务内容如下：

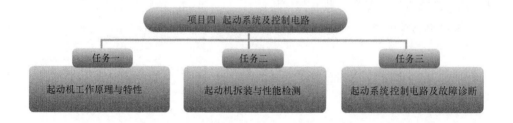

任务一　起动机工作原理与特性

一、任务描述

汽车起动机类型较多，其结构原理也有较大差异。为进一步掌握汽车起动机的结构原理及工作特性，应进入下面的学习任务：
1）起动机的作用及结构组成。
2）起动机的工作原理及工作特性。

二、相关知识及技能

（一）起动系统的作用及组成

1. 起动系统的作用

汽车发动机靠外力转动使之着火燃烧，开始运转的过程称为起动。起动系统就是通过起动机将蓄电池的电能转化为机械能，通过传动装置将电磁转矩传递给发动机飞轮，驱动飞轮旋转，实现发动机的起动。

常用起动方式如图4-1所示，有人力起动和电力起动两种。人力起动简单，但不方便，且劳动强度大；电力起动操作简便，起动速度快而可靠，且重复起动能力强，所以在现代汽车上广泛采用。

2. 起动系统的组成

起动系统主要由蓄电池、起动机、起动继电器和点火开关等组成，如图4-2所示，图中粗线表示起动机供电电路，细线表示起动机控制电路。

3. 起动机类型

汽车用起动机均采用直流电动机。起动机有多种类型，不同结构的起动机特点及应用见表4-1。

a) 人力起动

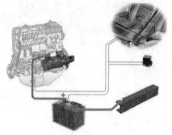

b) 电力起动

图 4-1 常用起动方式

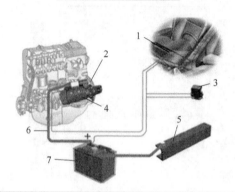

图 4-2 起动系统的组成

1—点火开关 2—飞轮 3—起动继电器 4—起动机 5—车架 6—蓄电池火线 7—蓄电池

表 4-1 不同结构的起动机特点及应用

分类方式	起动机类型	特点及应用
按直流电动机磁场产生的方式不同分类	励磁式起动机	汽车上的起动机普遍都采用直流串励式电动机,如桑塔纳轿车用的 QD 225 型、东风 EQZ120 型汽车用的 QD2623 型起动机
	永磁式起动机	电动机结构简单、体积小、重量轻。永磁式起动机是近年来出现的新型起动机,但目前在汽车上使用还比较少
按控制装置不同分类	直接操纵式起动机	由脚踏或手拉杠杆联动机构直接控制起动机上的电路开关来接通或切断主电路,也称为机械式起动机。其结构简单,工作可靠,但由于受安装布局的限制,操作不便,因此已很少采用
	电磁操纵式起动机	由按钮或点火开关控制继电器,再由继电器控制起动机的主开关来接通或切断主电路,也称为电磁操纵式起动机。可实现远距离控制,操作方便,在现代汽车上广泛采用
按传动机构啮合方式不同分类	强制啮合式起动机	利用电磁力拉动杠杆机构,使驱动齿轮强制啮入飞轮齿圈的起动机。其主要优点是工作可靠性高,因此被现代汽车广泛采用
	电枢移动式起动机	利用磁极产生的电磁力使电枢产生轴向移动,从而将移动齿轮啮入飞轮齿圈的起动机。其结构比较复杂,主要用于大功率发动机的汽车,如太脱拉 T138、斯柯达 706R 等
	齿轮移动式起动机	靠电磁开关推动安装在电枢轴孔内的啮合杆而使驱动齿轮与飞轮齿圈啮合
	减速式起动机	也是靠电磁吸力推动单向离合器,使小齿轮啮入飞轮齿圈的。特点是在电枢和驱动齿轮之间装有一级减速齿轮,提高了起动机的起动转矩

4. 起动机型号

根据汽车行业标准 QC/T 73—1993《汽车电气设备产品型号编制方法》规定，起动机的型号由以下五部分组成：

1	2	3	4	5
↓	↓	↓	↓	↓
产品代号	电压等级	功率等级	设计序号	变型代号

第一部分为产品代号：起动机的产品代号，QD 表示起动机，QDJ 表示减速起动机，QDY 表示永磁起动机。

第二部分为电压等级：用阿拉伯数字表示，1 表示 12V，2 表示 24V，6 表示 6V。

第三部分为功率等级：用阿拉伯数字表示，其含义见表 4-2。

第四部分为设计序号：按产品设计先后顺序，以 1~2 位阿拉伯数字表示。

第五部分为变型代号：指电器某些非主要结构的改变，以汉语拼音大写字母 A、B、C 等表示。

表 4-2 起动机功率等级

功率等级代号	功率/kW	功率等级代号	功率/kW
1	≤1	6	5~6
2	1~2	7	6~7
3	2~3	8	7~8
4	3~4	9	≥8
5	4~5	—	—

例如：QD1225 起动机，表示额定电压 12V，功率为 1~2kW，第二次设计，第五次变型。

（二）起动机工作原理

1. 直流电动机

直流电动机是将电能转变为机械能的装置，是以通电导体在磁场中受磁场力作用这一原理为基础制成的。单匝电枢绕组的直流电动机工作原理如图 4-3 所示。

将通电线圈置于磁场中，直流电通过电刷和换向器铜片引入。当电流 I_s 从 A 电刷经 a-b-c-d 到 B 电刷时，根据左手定则判定，匝边 ab 和 cd 受到磁场力 F 作用，方向如图 4-3a 所示，这个电磁力将形成力矩，使线圈逆时针转动。当线圈转到换向片 A 与负电刷接触，换

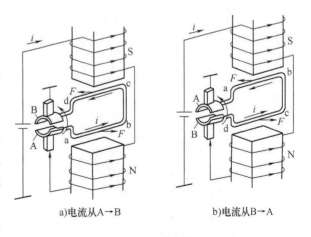

a) 电流从 A→B   b) 电流从 B→A

图 4-3 单匝电枢绕组的直流电动机工作原理

向片 B 与正电刷接触时如图 4-3b 所示，电流方向改变为 d-c-b-a，同时匝边 ab 和 cd 的位置也改变，电磁转矩的方向保持不变，使线圈继续逆时针旋转。直流电动机的电磁转矩 M 可用下式表示：

$$M = C_m \phi I_s$$

式中　C_m——电动机结构常数，$C_m = PN/(2\pi\alpha)$；
　　　P——磁极对数；
　　　N——电枢导线总根数；
　　　α——电枢绕组的并联支路对数；
　　　ϕ——磁极磁通；
　　　I_s——电枢电流。

由以上分析可知，直流电动机能通过增加磁极对数、增多电枢导线总根数和减少并联支路对数、增大电枢和磁场电流来增大电磁转矩。实际的直流电动机电枢都用多匝并联绕成，电枢电流和磁场电流也很大（起动电流达 600A 以上），使起动机有足够转矩起动发动机。

直流电动机一般由电枢总成、磁极、电刷与电刷架及其他附件组成，如图 4-4 所示。

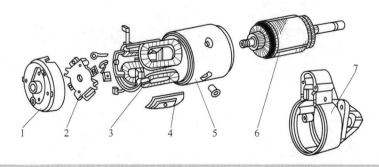

图 4-4　直流电动机的构造
1—前端盖　2—电刷及电刷架　3—励磁绕组　4—铁心　5—壳体　6—电枢总成　7—后端盖

（1）电枢总成　电枢总成由电枢轴、电枢铁心、电枢绕组及换向器组成，如图 4-5 所示。在电枢绕组上压有铁心，铁心的作用是增加磁力，它是由互相绝缘的薄硅钢片叠成，采用叠片是为了减小铁心内感应的涡流电流的损失。每片叠片有槽，叠在一起形成沟槽，电枢绕组分多条支路嵌在铁心的沟槽内，并分别接到固定在电枢轴上互相绝缘的换向器各铜片

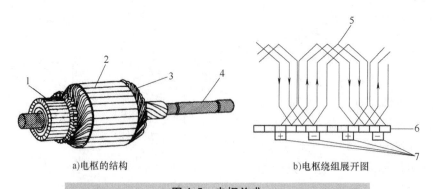

a) 电枢的结构　　　　　　　　　b) 电枢绕组展开图

图 4-5　电枢总成
1、6—换向器　2—铁心　3、5—电枢绕组　4—电枢轴　7—电刷

上。为了获得较大起动转矩，电枢绕组采用大截面的铜导线制成，以便几百安的起动电流通过。

(2) *磁极总成* 磁极由铸钢铁心及励磁绕组构成，如图 4-6 所示，固定在起动机壳体的内壁上。为了产生足够强的磁场来使电枢产生足够的起动转矩，磁极的数量一般为两对，功率较大的起动机也有采用三对的。励磁绕组也采用大截面的铜导线制成。

a)磁极的结构 b)磁路

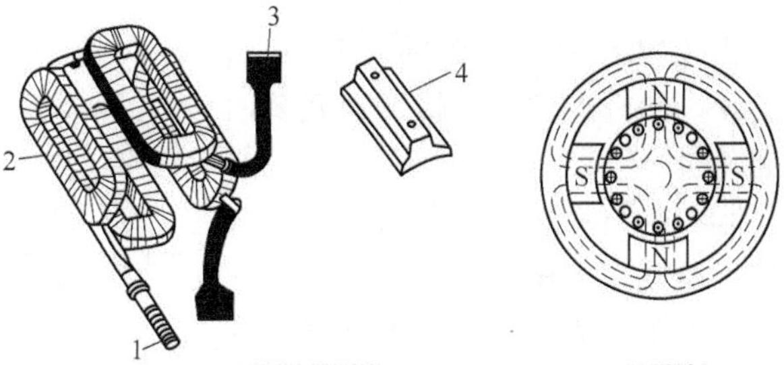

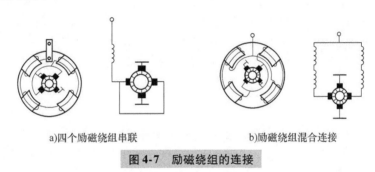

图 4-6 磁极总成

1—接线柱 2—励磁绕组 3—电刷 4—铁心

四个励磁绕组的连接方法有串联和并联两种。无论采用何种连接，其产生的磁极需相互交错，如图 4-7 所示。励磁绕组与电枢绕组的连接方式有串励、并励和复励三种方式，如图 4-8 所示。大多数电动机均采用串励，大功率的起动机也有的采用复励。串励电动机的特点是电枢绕组和励磁绕组串联，电枢电流与励磁电流相等。

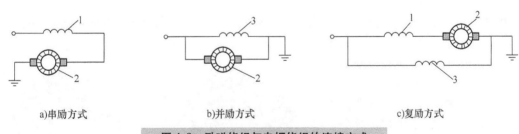

a)四个励磁绕组串联 b)励磁绕组混合连接

图 4-7 励磁绕组的连接

a)串励方式 b)并励方式 c)复励方式

图 4-8 励磁绕组与电枢绕组的连接方式

1—串联励磁绕组 2—电枢绕组 3—并联励磁绕组

(3) *电刷与电刷架* 由于起动机电流较大，所用电刷是用铜与石墨粉压制而成。电刷置于电刷架中，由盘形弹簧压紧到换向器上，电极引线接电源或搭铁，如图 4-9 所示。

(4) *壳体及轴承* 壳体主要起支承和保护作用。起动机轴承由于结构限制一般采用滑动轴承，用于支承电枢轴，轴承配合间隙应适当，间隙过大会引起电枢轴旋转时跳动量过大，进而引起电枢轴与定子铁心之间出现摩擦，造成起动机运转无力。

2. 传动机构

普通起动机的传动机构主要是单向离合器。其作用是将电动机的动力传递给发动机飞轮，以起动发动机，而发动机起动后则断开发动机对起动机的逆向驱动，以防止发动机带动起动机高速旋转而使起动机"飞散"。

起动机中常见的单向离合器有滚柱式、摩擦片式和扭簧式等。

（1）滚柱式单向离合器 滚柱式单向离合器是汽车起动机中使用最多的一种传动方式，如图4-10所示。其外壳与驱动小齿轮连为一体，十字块与传动套筒经滑动花键与电枢轴相接，外壳与十字块之间的间隙是宽窄不等的楔形槽结构。

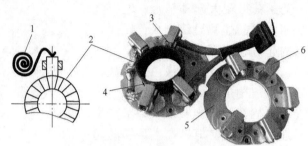

图4-9 电刷与电刷架
1—螺旋弹簧 2—换向器 3—正电刷
4—负电刷 5—绝缘垫 6—电刷架

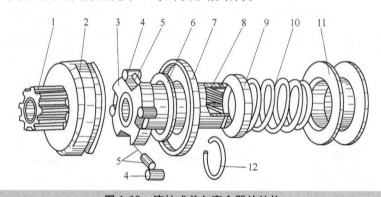

图4-10 滚柱式单向离合器的结构
1—驱动齿轮 2—外壳 3—十字块 4—滚柱 5—滚柱弹簧 6—垫圈 7—护冒 8—花键套筒
9—弹簧座 10—缓冲弹簧 11—移动衬套 12—卡环

工作过程：起动时，电枢缓慢旋转，电磁开关通过拨叉，推动驱动齿轮与发动机飞轮相啮合。当起动机主电路接通，电枢快速旋转时，转矩由传动套筒传到十字块，滚柱在外壳摩擦和弹簧作用下便滚入楔形槽的窄处被卡死，如图4-11a所示，于是将转矩传给驱动齿轮，带动飞轮使发动机起动。

当发动机起动后，曲轴转速高于起动机，飞轮带动驱动小齿轮旋转，在外壳摩擦作用下，滚柱克服弹簧弹力，滚入楔形槽的宽处而打滑，如图4-11b所示，防止发动机的转矩传给小齿轮，从而避免电枢超速"飞散"的危险。

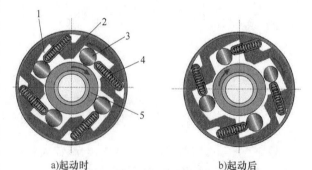

a）起动时 b）起动后

图4-11 滚柱式单向离合器的工作过程
1—楔形槽 2—单向离合器外壳 3—滚柱
4—滚柱弹簧 5—传动套筒

起动后，由于拨叉回位弹簧的作用，使离合器退回，驱动轮退出飞轮齿环。缓冲弹簧具有缓和驱动齿轮与飞轮间的冲击，保护驱动齿轮的作用。

滚柱式单向离合器结构简单而紧凑，在中小功率的起动机上被广泛使用，如桑塔纳、奥迪、捷达等轿车上均采用这种类型。但在大功率起动机上，由于滚柱容易变形而卡死，因此，大功率起动机上不适用滚柱式单向离合器。

（2）摩擦片式单向离合器　摩擦片式单向离合器多用于大功率柴油机的起动机上。摩擦片式单向离合器主要由主动摩擦片、被动摩擦片和内外接合鼓等组成，其结构如图4-12所示。离合器的外接合鼓固定在起动机轴上，内接合鼓旋在驱动齿轮柄的螺纹上，齿轮柄则自由套在起动机轴上，用螺母锁住防止脱落。主动摩擦片以其外凸齿装入外接合鼓的切槽中，内接合鼓上的两个弹簧轻压摩擦片，使摩擦片具有传力作用。

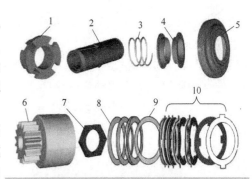

图4-12　摩擦片式单向离合器
1—内接合鼓　2—花键套筒　3—弹簧　4—拨叉套
5—防尘罩　6—驱动齿轮　7—螺母　8—弹簧圈
9—垫片　10—摩擦片

工作过程：起动时，经外接合鼓摩擦片带动内接合鼓转动，驱动小齿轮与飞轮啮合后，由于内接合鼓和驱动小齿轮柄之间的螺旋结构，使得内接合鼓向右移动，压紧摩擦片，电枢的转矩传递给飞轮。发动机起动后，飞轮带动驱动小齿轮，由于内接合鼓和驱动小齿轮的螺旋结构，使得内接合鼓向左移动，摩擦片松开，飞轮不能带动电枢，避免了电枢超速"飞散"的危险。

（3）扭簧式单向离合器　扭簧式单向离合器主要由扭力弹簧、驱动齿轮和传动套筒等组成，如图4-13所示。驱动齿轮空套在电枢轴前端的光滑部分，传动套筒压套在电枢轴的花键部分，扭力弹簧两端各有1/4圈内径较小的部分，箍紧驱动齿轮与套筒。扭簧式单向离合器一般用于大功率发动机的起动机上。

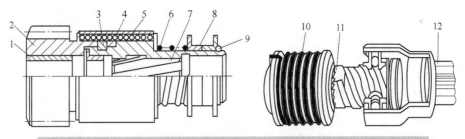

图4-13　扭簧式单向离合器
1—衬套　2、12—驱动齿轮　3—月形键　4、10—扭力弹簧　5—护套　6—缓冲弹簧
7、11—传动套筒　8—接合套　9—卡环

起动时，电磁开关铁心经拨叉带动拨环，推动离合器使驱动齿轮与发动机飞轮啮合。当电枢旋转时，通过花键带动传动套筒，在弹簧与驱动齿轮和套筒之间摩擦力的作用下，将传动套筒和齿轮柄抱死，电枢转矩便由此传给飞轮。起动后，飞轮带动驱动齿轮，扭力弹簧被放松而打滑，保护电枢不致被飞轮带动而"飞散"，同时拨叉在回位弹簧的作用下，使驱动小齿轮回位。

3. 控制装置

起动机的控制装置一般是电磁开关，有的还采用了中间继电器。

（1）电磁开关　电磁开关安装在直流电动机壳体上方，用于控制起动机驱动齿轮与飞轮的啮合与分离及电动机电路的通断。电磁开关主要由吸引线圈、保持线圈、接触盘和铁心等组成，如图4-14所示。吸引线圈与保持线圈的匝数相同，绕向也相同，都绕在套筒外侧。吸引线圈与电动机串联，保持线圈与电动机并联。当电磁开关通电时产生吸力，吸引铁心，铁心的移动通过拨叉将驱动齿轮推向飞轮，同时通过电枢中的较小电流使电枢轴较缓慢地旋转，因而有利于啮合。当驱动齿轮与飞轮齿圈完全啮合时，动触点与接触盘也刚好完全闭合。此时，吸引线圈被短路，只靠保持线圈吸力将触点与定触点保持在接通状态，强大的起动电流通过励磁绕组和电枢绕组使电动机快速转动。

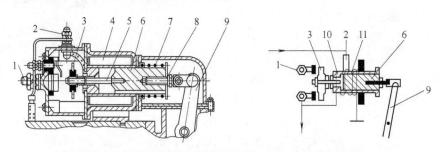

图4-14　电磁开关的结构与工作原理
1—主接线柱　2—起动接线柱　3—接触盘　4—线圈　5—推杆　6—活动铁心
7—回位弹簧　8—调整螺钉　9—拨叉　10—吸拉线圈　11—保持线圈

发动机起动后，从起动开关到保持线圈的电流被切断，但在断开起动开关的瞬间，接触盘使触点仍在闭合位置，电流从触点到吸引线圈，再经保持线圈搭铁。这时，两线圈产生的电磁力大小相同，方向相反，相互抵消。在回位弹簧的作用下，铁心返回原位，触点断开，起动机因断电而停转，同时驱动齿轮退回。

（2）起动继电器　由于起动机电磁开关的电流较大（一般为35~40A），直接由起动开关控制，起动开关会因通过的电流过大而容易烧坏。因此，一些汽车的起动机控制电路中装有起动继电器，如图4-15所示，由起动继电器触点的开闭控制起动机电磁开关电路的通断。起动开关只是控制起动继电器线圈电路的通断，因而减小了通过起动开关的电流。

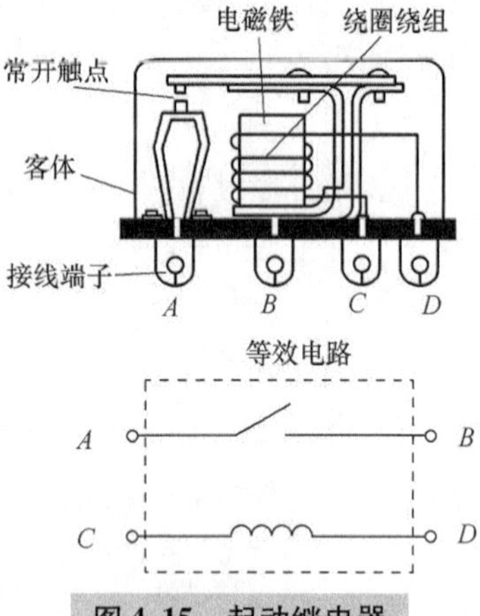

图4-15　起动继电器

（三）工作特性及影响因素

1. 工作特性

要使发动机顺利起动，必须克服运转阻力，尤其是压缩行程的压缩气体阻力和各运动件的摩擦阻力。克服这些阻力所需的转矩称为起动转矩。柴油机压缩比较汽油机大得多，起动更困难，需要的起动转矩也更大。

当起动发动机时，还要求有一定的曲轴转速，称为起动转速。汽油机起动转速要求不低于50~70r/min，柴油机的起动转速要求不低于150~300r/min。

汽车起动机所用的电动机多为串励式直流电动机，其工作特性如图4-16所示，其中曲线M、n、P分别表示转矩特性、转速特性和功率特性。

（1）转矩特性　电动机电磁转矩 M 随电枢电流 I 的变化关系称为转矩特性。在起动机起动的瞬间，发动机的阻力矩很大，起动机处于完全制动状态，此时电枢转速为零，电枢电流达到最大值，转矩与电枢电流的平方成正比，所以制动电流所产生的转矩很大，足以克服发动机的阻力矩，使发动机的起动容易。

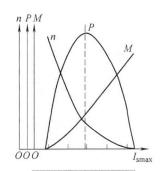

图 4-16　直流电动机的工作特性

（2）转速特性　电动机的转速 n 随电磁转矩 M 而变化的关系称为机械特性。当电动机的输出转矩较大时，电枢电流较大，电流随电动机转速的增加而急剧下降；反之，在输出转矩较小时，电枢电流又随电动机转速的减小而快速上升。

所以直流串励电动机具有轻载转速高、重载转速低的特性。重载转速低的特性可以保证电动机在起动时不会超出允许的功率而烧毁，使起动时安全可靠。轻载转速高的特性容易使起动机在轻载或空载时，出现飞车现象，所以直流串励电动机不可在轻载或空载情况下使用。

（3）功率特性　电动机的功率可用下面公式确定：

$$P = \frac{Mn}{9550}$$

式中　M——电动机输出转矩（N·m）；

　　　n——电动机的转速（r/min）；

　　　P——电动机功率（kW）。

由公式可知：起动机在全制动（$n=0$）和空载（$M=0$）时，其功率均为 0，而在电枢电流接近全制动电流一半时其输出功率最大。由于起动机工作时间短，允许以最大功率状态工作，因此起动机的额定功率一般是电动机的最大功率或接近最大功率。

2. 起动机工作特性的影响因素

由于起动机的工作特性曲线是在某一环境温度下、蓄电池技术状况一定及起动机电路连接良好的情况得出的，如果这些条件发生变化，则特性曲线也会发生变化。所以影响起动机工作特性的因素有蓄电池容量、电路接触电阻和环境温度等。

（1）蓄电池容量　蓄电池容量越大，充电越足，则内阻越小，供给起动机的电流就越大，而起动机的输出功率、转速和起动转矩就增加。否则，会使起动机的功率下降。

（2）电路接触电阻　接触电阻主要是指起动电路导线与蓄电池极柱、起动机接线柱以及电动机内部电刷与换向器之间的接触电阻。电路的接触电阻越大，起动机的输出功率、转速和起动转矩等均会下降。

（3）环境温度　当环境温度下降时，蓄电池的容量也会下降，则蓄电池的内阻增加，所以，也会使起动机的功率下降。

（四）典型起动机的结构

1. 电磁操纵式起动机

目前汽车广泛采用电磁操纵式起动机，起动机一般由直流电动机、控制装置和传动机构三部分组成，如图 4-17 所示。

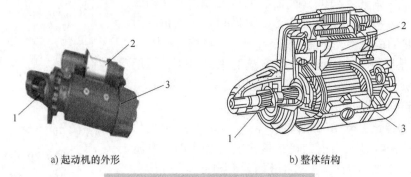

a) 起动机的外形　　　　　　　　b) 整体结构

图 4-17　起动机的结构
1—驱动齿轮　2—电磁开关　3—直流电动机

2. 减速起动机

普通起动机电枢转速与驱动齿轮的转速相同。减速起动机在电枢与驱动齿轮之间装有一级减速齿轮（一般速比为 3~4），它的优点是采用了高速低转矩的电动机，可使起动机重量减轻和体积减小，且便于安装；提高了起动机的起动转矩而有利于发动机起动；电枢轴较短而不易弯曲等。减速齿轮有外啮合式、内啮合式和行星轮式三种，如图 4-18 所示。

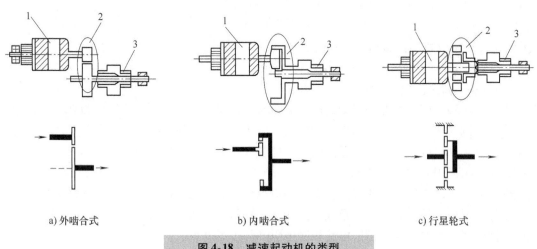

a) 外啮合式　　　　　　b) 内啮合式　　　　　　c) 行星轮式

图 4-18　减速起动机的类型
1—直流电动机　2—减速机构　3—驱动齿轮

（1）外啮合式　外啮合式减速起动机有的用惰轮作为过渡传动，电磁开关铁心与驱动齿轮同轴，直接推动驱动齿轮进入啮合，无须拨叉。也有一些外啮合式减速机构不设惰轮，驱动齿轮进入啮合通过拨叉来拨动。丰田皇冠轿车采用的外啮合式起动机，是用惰轮作为过渡传动，而没有拨叉，如图 4-19 所示。

（2）内啮合式　内啮合式减速起动机传动中心距小，一般为 20mm 左右，有较大的传动比，传动效率高，适合于较大功率的起动机。国产 QD254 型为内啮合式减速起动机，其结构原理如图 4-20 所示。

（3）行星轮式　行星轮式减速起动机输出轴与电枢轴同心，行星轮减速器在电枢与驱动齿轮之间传递动力。行星轮总成由太阳轮、三个行星轮和内齿圈组成，如图 4-21 所示。

太阳轮装在电枢轴上,三个行星轮装在行星轮架上,内齿圈固定不动。当电枢旋转时,太阳轮带动三个行星轮绕内齿圈的内齿旋转,行星轮绕内齿圈的运动,带动行星轮架旋转,行星轮架与输出轴连接。动力传递路线为:电枢轴(太阳轮)→行星轮及支架(与输出轴一体)→滚柱式单向离合器→驱动齿轮→飞轮。减速起动机在电枢与驱动齿轮间增加一级减速齿轮,以起减速增矩作用。

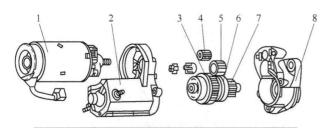

图 4-19　外啮合式减速起动机
1—电动机　2—电磁开关　3—从动齿轮　4—主动齿轮
5—惰轮　6—单向离合器　7—驱动齿轮　8—外壳

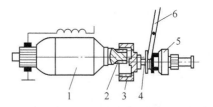

图 4-20　内啮合式减速起动机
1—电枢　2—主动齿轮　3—内啮合减速齿轮
4—螺旋花键轴　5—单向离合器　6—拨叉

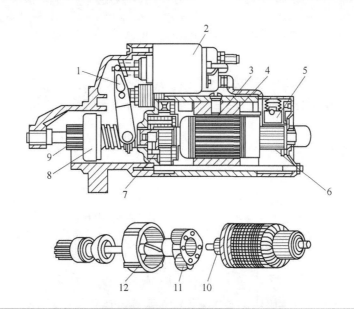

图 4-21　行星轮式减速起动机
1—拨叉　2—电磁开关　3—电枢总成　4—永久磁铁磁极　5—电刷　6—换向器　7—行星减速齿轮
8—单向离合器　9—驱动齿轮　10—电枢轴　11—行星轮架　12—内齿圈

3. 永磁起动机

定子磁场采用永磁体的起动机称为永磁起动机。起动机的其他部分结构基本不变,工作特性与并励电动机相近,一般多用作小功率起动机。这种电动机空载转速小,使用安全性较串励电动机好。现在轿车所用的永磁起动机通常与减速器结合使用,永磁式减速起动机体积和重量指标都更好。图 4-22 所示为捷达轿车所用的永磁式减速起动机结构。该起动机除用永久磁铁作为磁极外,其他结构特点与行星轮减速起动机类似。

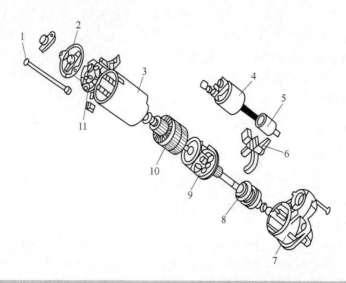

图 4-22 捷达轿车所用的永磁式减速起动机结构
1—穿钉 2—调整垫片 3—机壳 4—电磁开关 5—活动铁心 6—拨叉 7—端盖
8—单向离合器 9—行星轮减速器 10—转子 11—电刷架

任务二　起动机拆装与性能检测

一、任务描述

发动机无法起动大多与起动机故障有关。如何确定是起动机故障？起动机性能如何检测？零部件又如何检测？要掌握这些内容，应进入下面的学习任务：

1) 起动机分解与组装。
2) 起动机零件检测、整机性能检测。

二、相关知识及技能

（一）起动机的分解与组装

> 注意：当拆卸起动机时，应首先拆下蓄电池搭铁线，然后再拆下起动机的各连接线和紧固螺钉，以防发生短路事故。

安装时，检查起动机的紧固螺钉是否正常，调整起动机到最佳位置，最后以标准力矩拧紧紧固螺钉，最后安装起动机的各连接线和搭铁线。

1. 起动机的分解

以 QD1229 起动机为例介绍起动机分解组装步骤和检测方法，QD1229 起动机为直流 12V 串励电动机，分解过程如下：

1）用扳手旋下电磁开关的接线柱 "30" 及 "50" 的螺母，取下导线，如图 4-23 所示。

2）旋下起动机贯穿螺钉和衬套螺钉，如图 4-24 所示，取下衬套座和端盖，取出垫片组件和衬套。

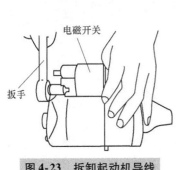

图 4-23 拆卸起动机导线

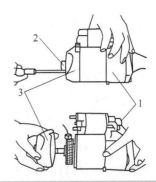

图 4-24 拆卸衬套及端盖
1—起动机　2—衬套座　3—端盖

3）用尖嘴钳将电刷弹簧抬起，拆下电刷架及电刷，如图 4-25 所示。

4）取下励磁绕组后，用扳手旋下螺栓，从驱动端端盖上取下电磁开关总成，如图 4-26 所示。

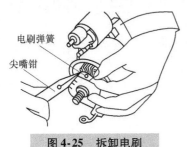

图 4-25 拆卸电刷

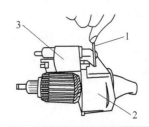

图 4-26 拆卸电磁开关
1—扳手　2—驱动端盖　3—电磁开关

5）在取出转子后，从端盖上取下传动叉，如图 4-27 所示，然后取出驱动齿轮与单向离合器，再取出驱动齿轮端衬套。

2. 起动机的组装

1) 对分解的零部件进行清洗。清洗时，对所有的绝缘部件，只能用干净布蘸少量汽油擦拭，其他机械零件均可放入汽油、煤油或柴油中洗刷干净并晾干。

2) 按解体的相反顺序进行安装，在将电枢轴装入电刷架时，应使用专用工具安装。

3) 安装时，衬套中应涂上润滑脂。

4) 装配完毕后，应检查转子转动是否灵活，有无碰擦或卡滞现象。

5) 用螺钉旋具沿轴向拨动驱动齿轮，应能伸出并能自动回位。

6) 用止推垫圈调整驱动齿轮的轴向间隙（推到极限位置），如图 4-28 所示，标准值请查阅相关车型维修手册。

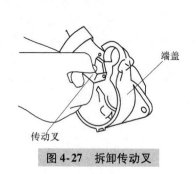

图 4-27　拆卸传动叉

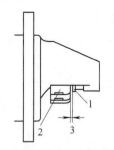

图 4-28　起动机驱动齿轮轴向间隙的调整
1—止推垫圈　2—驱动齿轮　3—驱动齿轮轴向间隙

（二）起动机主要零件检测

1. 电枢轴的检测

用百分表检查电枢轴是否弯曲，如图 4-29 所示。若铁心表面摆差超过 0.15mm 或电枢轴颈摆差大于 0.05mm 时，均应进行校正或更换。另外，还应检查电枢轴上的花键齿槽，如严重磨损或损坏，则应修复或更换。

2. 换向器的检测

（1）换向器最小直径的检查　用游标卡尺检测换向器外径尺寸，如图 4-30a 所示，换向器外径标准值要查找相关车型技术手册获得，测量值一般不小于标准值的 1mm，否则应更换电枢。

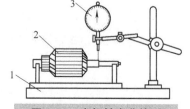

图 4-29　电枢轴弯曲检测
1—测试仪　2—电枢　3—百分表

（2）换向器表面径向圆跳动量的检修　用砂纸打磨换向器表面后，用百分表检查换向器表面的径向圆跳动量，如图 4-30b 所示，一般不应大于 0.05mm，否则应进行修整或更换。

（3）换向器磨损的检修　检查换向器绝缘云母片的深度，如图 4-30c 所示，标准值为 0.5~0.8mm，使用极限值为 0.2mm，若云母槽深度低于极限值，可用锉刀修整，再用细砂纸打磨。

3. 电枢绕组（转子）的检查

（1）电枢绕组搭铁的检查　如图 4-31a 所示，用一根表笔接触电枢，另一根表笔依次接触换向器铜片，即电阻无穷大，说明正常，否则说明电枢绕组与电枢轴之间绝缘不良，有搭铁部位。

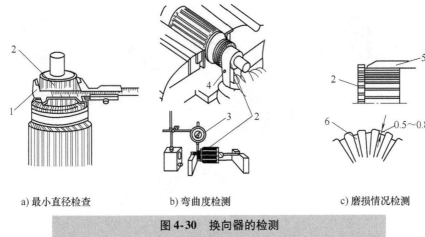

a) 最小直径检查　　　　b) 弯曲度检测　　　　c) 磨损情况检测

图4-30　换向器的检测

1—卡尺　2—换向器　3—百分表　4—砂纸　5—锉刀　6—绝缘云母片

(2) 电枢绕组断路的检查　如图4-31b所示,测量每相邻两换向片间是否相通。如电阻为"0",说明电枢绕组无断路故障;若电阻值为无穷大,说明此处有断路故障,应更换电枢。

4. 磁场绕组(定子)**的检查**

(1) 磁场绕组断路的检查　接线方法如图4-32a中A表所示,两表笔分别接触起动机外壳引线(即电流输入接线柱)与磁场绕组绝缘电刷插头是否导通。如果测得的阻值为无穷大,说明磁场绕组断路,应予以检修或更换。

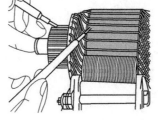

a) 电枢绕组搭铁的检查

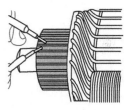

b) 电枢绕组断路的检查

图4-31　电枢绕组的检查

(2) 磁场绕组搭铁的检查　检测磁场绕组电刷插头与起动机外壳之间的电阻。接线方法如图4-32a中B表所示。如果测得的阻值为∞,说明绝缘情况良好;如果测得的阻值为0,说明磁场绕组绝缘不良而搭铁;如果测得的阻值较小,说明有绝缘不良处,应检修或更换磁场绕组。

(3) 磁场绕组短路的检查　可用12V直流电源与磁场绕组串联,如图4-32b所示。电路接通后,将螺钉旋具放在每个磁极上,检查磁极对螺钉旋具的吸引力是否相同。若某一磁极吸力太小,就表明该磁场绕组有匝间短路故障存在。

5. 电刷架总成的检测

(1) 检查电刷的高度　电刷高度应不低于新电刷高度的2/3,否则应换新件。

(2) 检查电刷架的接触面积　电刷与整流子表面之间的接触面积应达到75%以上,否则应研磨电刷。

(3) 电刷架检查　用欧姆表检查电刷架正极(+)与负极(-)之间的导通性,应不导通,如图4-33a所示。若导通,应修理或更换电刷架。

(4) 电刷弹簧检修　检修电刷弹簧,可按如图4-33b所示,读取电刷弹簧从电刷分离瞬间的拉力计读数。标准弹簧安装载荷为17~23N,最小安装载荷为12N。若安装载荷小于

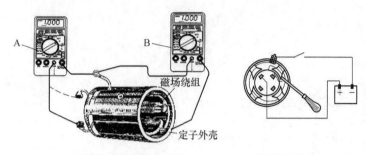

a) 磁场绕组断路及搭铁的检查　　b) 磁场绕组短路的检查

图 4-32　磁场绕组的检查

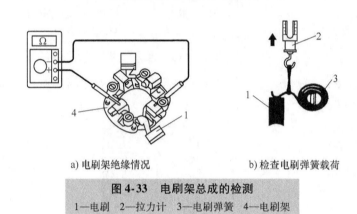

a) 电刷架绝缘情况　　b) 检查电刷弹簧载荷

图 4-33　电刷架总成的检测
1—电刷　2—拉力计　3—电刷弹簧　4—电刷架

规定值，应更换电刷弹簧。

6. 传动机构的检查

1）检查拨叉。拨叉应无变形、断裂和松旷等现象，回位弹簧应无锈蚀、弹力正常，否则应更换。

2）驱动齿轮的检查。驱动齿轮的齿长不得小于全齿长的 1/3，且不得有缺损、裂痕，否则应予更换；当齿轮磨损严重或扭曲变形时，也应更换。

3）单向离合器的安装与检查。将单向离合器及驱动齿轮总成装到电枢轴上，握住电枢，当转动单向离合器外座圈时，驱动齿轮总成应能沿电枢轴自如滑动，如图 4-34a 所示。

4）握住单向离合器外座圈，转动驱动齿轮，应能自由转动；反转时不应转动，否则，单向离合器有故障，应更换单向离合器，如图 4-34b 所示。

5）检查离合器是否打滑。现将离合器驱动齿轮夹在台虎钳上，在花键套筒中套入花键轴，将扳手接在花键轴上，如图 4-34c 所示，测得力矩应大于规定值（QD1229 型号起动机为 24~26N·m，其他车型详见维修手册），否则说明离合器打滑。反向转动离合器应不卡滞，否则应修理或更换离合器总成。

7. 电磁开关的检测

用万用表测量吸拉线圈和保持线圈的电阻，吸拉线圈的电阻值一般在 0.6Ω 以下，而保持线圈的阻值一般在 1Ω 左右。如阻值为无穷大，说明线圈断路；若电阻值小于规定值，说明线圈匝间有短路。线圈断路或短路均需更换电磁开关。电磁开关的检测如图 4-35 所示。

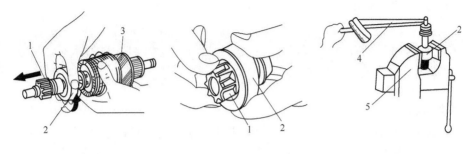

a) 单向离合器的安装　　　　b) 单向离合器的检查　　　　c) 离合器打滑检查

图 4-34　单向离合器的安装与检查

1—驱动齿轮　2—单向离合器外座圈　3—电枢　4—扭力板　5—台虎钳

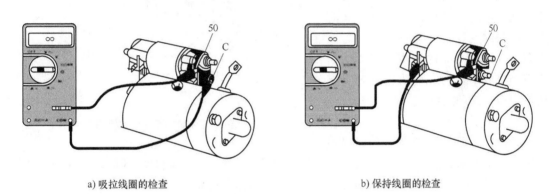

a) 吸拉线圈的检查　　　　　　　　　b) 保持线圈的检查

图 4-35　电磁开关的检测

（三）起动机整机性能检测

起动机性能试验包括空载性能试验、电磁开关试验和全制动性能试验。下面以 QD1229 起动机的检测为例，介绍试验内容及方法。

1. 起动机空载试验

1) 将起动机与蓄电池、电流表（量程为 0～100A 以上的直流电流表）连接。

2) 蓄电池正极与电流表正极连接，电流表负极与起动机 "30" 端子连接，蓄电池的负极与起动机外壳连接。

3) 用带夹电缆将 "30" 端子与 "50" 端子连接起来，如图 4-36 所示。此时驱动齿轮应向外伸出，起动机应平稳运转。

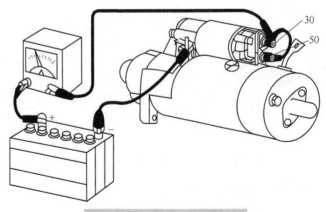

图 4-36　起动机空载试验接线

QD1229 起动机空载试验时，蓄电池电压大于或等于 11.5V，消耗电流应不超过 55A。如电流大于 55A，说明起动机装配过紧或电枢绕组和磁场绕组有短路或搭铁故障。如电流低于55A，说明电动机电路接触不良。

> **注意**：当空载试验时，先将蓄电池充足电，每项试验应在3~5s内完成，以防线圈被烧坏。

2. 电磁开关试验

（1）吸拉动作试验 将起动机固定到台虎钳上，拆下起动机端子"C"上的磁场绕组电缆引线端子，用带夹电缆将起动机"C"端子和电磁开关壳体与蓄电池负极连接，如图4-37所示。用带夹电缆将起动机"50"端子与蓄电池正极连接，此时驱动齿轮应向外移动，同时用塞尺测量驱动齿轮与止推垫圈之间应有1.5~2.5mm的间隙。如驱动齿轮不动或间隙不够，说明电磁开关有故障，应予修理或更换。

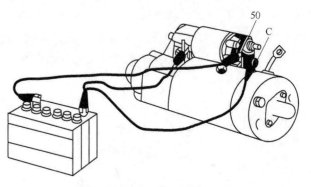

图4-37 吸拉线圈性能检测

（2）保持动作试验 在吸拉动作的基础上，当驱动齿轮保持在伸出位置时，拆下电磁开关"C"端子上的电缆夹，如图4-38所示，此时驱动齿轮应保持在伸出位置不动。如驱动齿轮回位，说明保持线圈断路，应予修理。

（3）铁心复位检测 当蓄电池的正极接起动机的接线柱50时，在保持动作的基础上，当拆下蓄电池与起动机外壳的负极接线后，驱动齿轮能迅速返回原来位置，则表示铁心复位功能正常，如图4-39所示。如果驱动齿轮不能回位，说明回位弹簧失效，应更换弹簧或电磁开关总成。

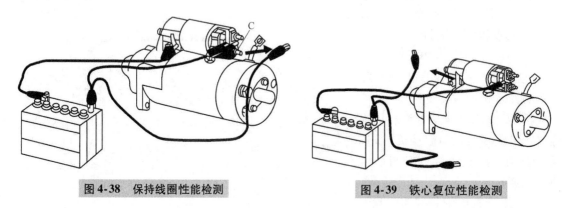

图4-38 保持线圈性能检测　　　　图4-39 铁心复位性能检测

3. 起动机全制动试验

起动机全制动试验，以检验起动机的转矩和单向离合器的工作状态。以QD1229起动机为例进行全制动试验。首先将起动机固定在台虎钳上，按图4-40所示连接线路。

用弹簧秤测出其发出的力矩，当制动电流小于480A时，输出最大转矩不小于13N·m。

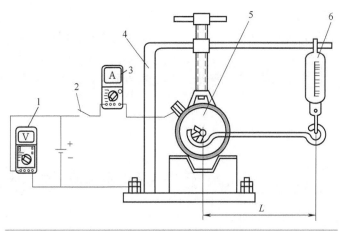

图4-40 起动机的全制动试验
1—电压表 2—开关 3—电流表 4—试验台 5—起动机 6—弹簧秤

> 注意：当全制动试验时，要求动作迅速，每次试验通电时间不应超过5s，以免损坏起动机及蓄电池。试验人员应避开弹簧夹具，以防受到伤害。

（四）使用注意事项

使用注意事项如下：

1）手动档车辆起动前应将变速器挂上空档，起动的同时踩下离合器踏板（自动档车辆应将变速杆置于P位或N位）。

2）每次接通起动机的时间不得超过5s，两次之间应间歇15s以上。

3）当发动机起动后应立刻松开点火开关，切断起动档，使起动机停止工作。

4）经过三次起动，发动机仍没有起动着火，应停止起动，进行简单的检查，如蓄电池的容量、极柱的连接和油电路等，否则蓄电池的容量将严重下降，起动发动机变得更加困难。

三、实训内容

1. 实训准备

1）准备好试验用各种型号的起动机和检测工具。

2）强调实训中的安全注意事项。

2. 实训流程

1）起动机的分解。

2）起动机主要零件检测。

3）起动机的组装。

4）起动机整机性能检测。

实训教师可根据实训条件设置起动机故障。比如可设计起动机定子短路、转子弯曲、电磁开关故障和单向离合器打滑等故障。然后在实训教师的监督下，由学生独立完成检测任务，或者由教师充当客户模拟一或几个场景，让学生分组完成检测任务。

> **注意**：在操作过程中，注意操作程序与规范，注意设备的正确使用，防止出现事故。

3. 实训记录

完成实训记录单，见实训任务单4.2。

任务三　起动系统控制电路及故障诊断

一、任务描述

不同的车型可能有不同的起动机控制电路。起动机的电磁开关与电磁拨叉合装在一起，有的车系是由点火开关直接控制起动机的电磁开关；有的车系在起动电路中加装了起动继电器，由起动继电器控制电磁开关；还有些汽车的起动控制电路具有起动保护功能，即起动系统中具有防误操作功能。下面主要介绍几种典型起动机控制电路。

二、相关知识及技能

（一）起动机控制电路

1. 点火开关直接控制电路

桑塔纳轿车的起动机是由点火开关直接控制的，其控制电路如图4-41所示。工作过程：当点火开关打到起动档时，电磁开关中的吸引线圈和保持线圈电路被接通，产生电磁吸力将拨叉拉动，小齿轮与飞轮啮合，接触盘将主电路接通，起动机工作。电流由蓄电池正极→中央电路板 P_2 端子→中央电路板内部电路→中央电路板 P_1 端子→点火开关30端子→点火开关50端子→中央电路板 B 接口→中央电路板 C 接口→起动机电磁开关50接线柱。

2. 起动继电器控制电路

为了产生足够的吸力，起动机电磁开关的电流较大（一般为35～40A），如果用点火开关直接控制如此大的电流，会影响点火开关的寿命，同时也不安全。为此，有些汽车在控制

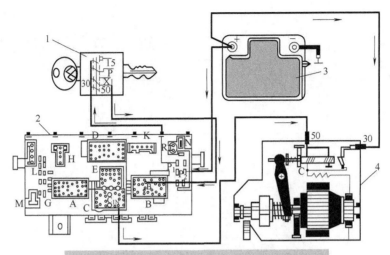

图 4-41　桑塔纳轿车起动机控制电路
1—点火开关　2—中央电路板　3—蓄电池　4—起动机

电路中装有起动继电器，由起动继电器触点的开闭控制电磁开关的通断，而起动开关（或点火开关）只控制起动继电器线圈电路的通断，因而减小了点火开关通过的电流。起动继电器控制的起动机电路如图 4-42 所示。

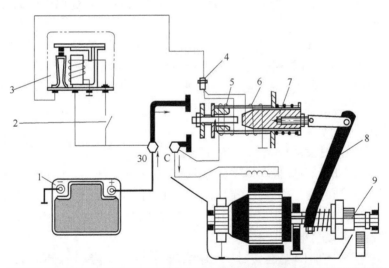

图 4-42　起动继电器控制的起动机电路
1—蓄电池　2—点火开关　3—起动继电器　4—起动机 50 接线柱　5—吸引线圈
6—保持线圈　7—铁心　8—拨叉　9—驱动齿轮

当起动时，接通点火开关，起动继电器线圈通电，触点闭合，起动机电磁开关被接通，起动机工作。

3. 保护继电器控制电路

CA1091 货车起动机保护电路就是典型的保护继电器控制的起动机控制电路，如图 4-43 所示。

当起动时，点火开关接通，充电指示灯亮，组合继电器中的起动继电器 L_1 通电，其电

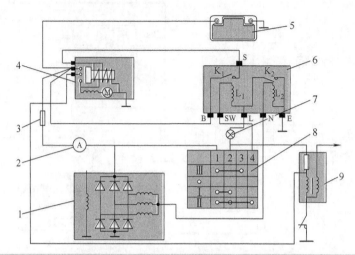

图 4-43 CA1091 货车起动机保护电路
1—交流发电机 2—电流表 3—熔断器 4—起动机 5—蓄电池 6—组合继电器
7—充电指示灯 8—点火开关 9—点火线圈

路为蓄电池正极→起动机电源接线柱→电流表→点火开关→"SW"→线圈 L_1→触点 K_2→"E"搭铁→蓄电池负极。起动机线圈 L_1 通电，使触点 K_1 闭合，接通起动机电磁开关电路，起动机通电工作。

起动后，发电机正常发电，其中性点电压使 L_2 有电，K_2 断开，起动继电器线圈 L_1 断电，其触点 K_1 断开，起动机电磁开关断电，起动机停止工作。

当发动机工作时，即使点火开关误拨至起动档，由于发电机中性点电压的作用而使充电指示灯继电器触点保持 K_2 断开，因此起动机也不会通电工作，起到保护起动机的目的。

4. 空档起动开关控制电路

为防止挂行驶档位时发动机起动，自动变速器的汽车利用多功能开关对起动机进行控制。图 4-44 所示为丰田卡罗拉自动档轿车起动机控制电路。

自动变速器的空档起动开关串联在起动继电器控制电路中，仅在 P、N 位时空档起动开关接通，即起动机仅在 P、N 位时才能起动。电流控制过程如图 4-44 中箭头所示。

5. ECU 控制的起动机电路

当点火开关置于"START"位置时，此信号送给车身控制模块（BCM），然后，车身控制模块发送信息至发动机控制模块（ECM）。当发动机控制模块确认变速器位于驻车位或者空位时，发动机控制模块向起动继电器提供闭合电压，使起动继电器闭合，随后接通蓄电池至起动机电磁开关的电路，使起动机工作。ECU 控制起动机的电路如图 4-45 所示。

（二）起动系统常见故障分析

起动机常出现的故障有不工作、起动机运转无力或工作时有异响等。出现这些故障的原因可能是蓄电池、起动机、起动继电器、点火开关和起动系统电路等引起的。起动系统故障检查包括基本检查和电路检查。

1. 基本检查

1）检查蓄电池火线、搭铁线是否有松动、腐蚀现象。

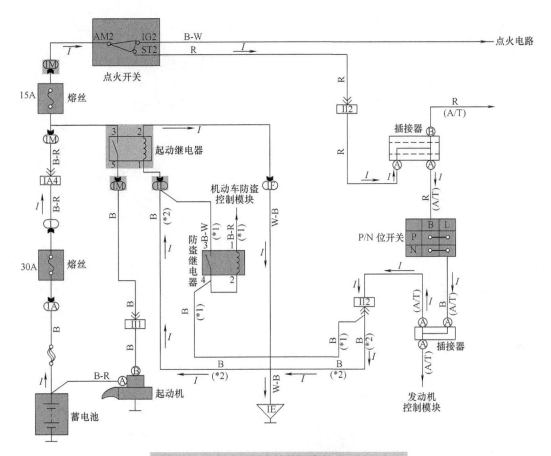

图 4-44 丰田卡罗拉自动档轿车起动机控制电路

2）检查起动机控制线路是否有松动、腐蚀现象。

3）检查蓄电池电压是否正常。

2. 起动机系统电路检查

以大众新宝来 1.6L 自动档轿车起动系统电路故障为例进行分析，起动机与相关控制元件之间的电路如图 4-46 所示，起动系统作用是通过导线及控制元件将蓄电池的电能转换为机械能并传递给发动机，发动机实现运转。起动系统常见故障现象有起动机不工作和起动机运转无力，导致发动机不工作或着火困难。

起动系统出现故障时，为了能迅速排除故障，首先要掌握确定的诊断思路。起动系统故障流程如图 4-47 所示。

（1）**基本检查**

对起动系统线路连接情况进行检查，重点检查蓄电池极柱的导线连接是否紧固（蓄电池电压应 12V 以上），起动机接线柱的导线连接是否正常。

（2）**诊断仪读取故障码**

诊断仪选用通用或专用的均可，按要求正确连接诊断仪，并读取故障码，如果有故障码提示，就按所示故障码逐一排查。

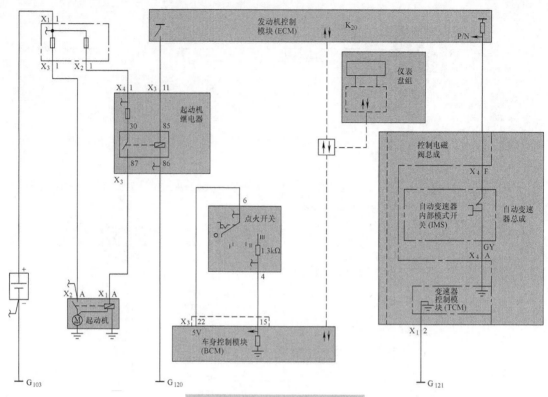

图4-45 ECU控制起动机的电路

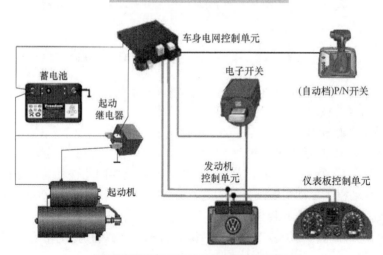

图4-46 新宝来车起动机系统元件组成

(3) 综合测试及分析

1) 确认起动机是否正常。将起动机上的50接线柱的插头拔下,用万用表测量导线端电压值,应为蓄电池电压;若低于蓄电池电压时,用一个导线起动机上的50接线柱与蓄电池正极跨接,如果起动机运转,说明故障不在起动机本身,而是在控制电路上。

2) 检查控制电路。大众新宝来1.6L自动档轿车起动系统电路如图4-48所示。起动机电磁开关由起动继电器J906控制,起动继电器J906由车载电网控制单元J519控制。车载电网控

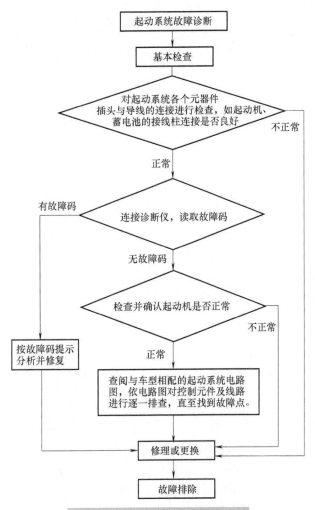

图 4-47 起动系统故障诊断流程

制单元 J519 通过驱动总线 CAN-l 和 CAN-h 与发动机控制单元 J623、仪表板控制单元 J285、自动变速器控制单元 J217 等模块通信。根据驾驶人的起动意图，起动系统控制电路将自动档车 P/N 信号通过多功能开关 F125 的给 J519、起动信号通过电子点火开关 D9 和熔丝 SC38 给 J519，最终由车载电网控制单元 J519 控制起动继电器 J906 完成起动任务。检测步骤和内容见表 4-3。

表 4-3 综合检测步骤和内容

在确定起动机 50 接线柱无蓄电池电压的情况进行下面检测		
第一步：读取 J519 控制电脑数据流	P/N 信号	变速器档位 P/N，读取档位信号是否正常，如果不正常检查自动档车 P/N 信号多功能开关 F125
	起动 50 信号	点火开关起动档，读取起动 50 信号是否正常，如果不正常检查自 D9 点火开关
第二步：检查 J906 及控制电路	检查 J906 起动继电器	按照电路插脚测试继电器 J906 线圈阻值及触点导通状态
	检查 J906 控制线路	如果 J906 检查正常，检查 J906 控制线路

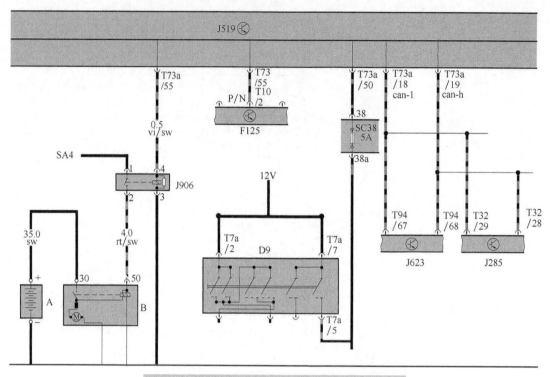

图 4-48　大众新宝来 1.6 自动档轿车起动系统电路

当起动机出现运转无力故障时，常见原因是起动电流过小。当起动电流过小时，无法使电枢绕组产生驱动发动机的转矩，起动电流一般温度下为 150~200A 之间，低温时为 250~300A 之间，不同车型起动机最低温度起动电流值有所不同。检测时常用的工具有电流钳和蓄电池高率放电计。如果起动机运转无力，首先用蓄电池高率放电计检查蓄电池性能是否正常，如果蓄电池正常，使用电流钳连接电路如图 4-49 所示。

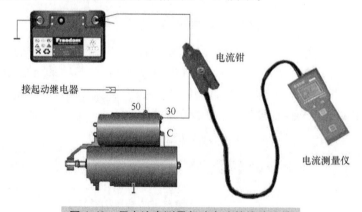

图 4-49　用电流表测量起动电流的线路连接

三、实训内容

1. 实训准备

1）准备好试验用实训车辆、万用表、导线和试灯。

2）实训车型维修手册。

2. 实训流程

1）对起动系统进行基本检查。

2）起动机不工作时的故障检测。

3）起动机运转无力时的故障检测。

实训教师可根据实训条件设置起动系统故障。比如可设计起动机不转，或起动机运转无力，或起动机打齿等故障。然后在实训教师的监督下，由学生独立完成故障的诊断与排除，或者由教师充当客户模拟一或几个场景，让学生分组完成故障排除。

> **注意**：在操作过程中，注意操作程序与规范，注意设备的正确使用，防止出现事故。

3. 实训记录

完成实训记录单，见实训任务单4.3。

【项目总结】

1. 起动系统主要包括蓄电池、起动机、起动继电器、点火开关、安全开关（有的汽车采用）和低温起动预热装置等。

2. 起动机一般由直流电动机、控制装置和传动机构组成。

3. 直流电动机是将电能转变为机械能的设备，它是根据通电导体在磁场中将受到电磁力作用而产生运动的原理进行工作的，由电枢总成、磁极、电刷与电刷架及其他附件组成。根据励磁绕组和电枢绕组连接方式分有串励、并励和复励三种方式。

4. 普通起动机的传动机构主要组成部分是单向离合器。作用是将电动机的动力传递给发动机飞轮，以起动发动机，而发动机起动后断开发动机对起动机的逆向驱动。常见的单向离合器有滚柱式、摩擦片式及扭簧式。

5. 起动机的控制装置一般是电磁开关，有的还采用了一些中间继电器。作用是控制起动机驱动齿轮与发动机飞轮的啮合与分离以及电动机电路的通断。为了防止误操作而使起动机损坏，在有些汽车的起动系统中采用了起动保护电路。

【思考与练习】

1. 单选题

（1）QD1225起动机，其中数字5的含义是（　　　　）。

A. 电压等级　　　　B. 功率等级　　　　C. 变型代号　　　　D. 产品代号

（2）实际的直流电动机电枢都用多匝（　　　　）绕成，电枢电流和磁场电流也很大。

A. 串联　　　　B. 并联　　　　C. 三角形联结　　　　D. 星形联结

（3）检查换向器的绝缘云母片的深度标准值为0.5~0.8mm，使用极限值为（　　　　）。

A. 0.2mm　　　　B. 0.5mm　　　　C. 0.8mm　　　　D. 1.0mm

(4) 励磁绕组电刷插头与起动机外壳之间的电阻值为( )，说明绝缘情况良好。
A. 阻值较小　　　　B. 零　　　　　　C. 阻值较大　　　　D. 无穷大
(5) (　　)控制起动机驱动齿轮与发动机飞轮的啮合与分离以及电动机电路的通断。
A. 点火开关　　　　B. 电磁开关　　　C. 拨叉　　　　　　D. 单向离合器

2. 多选题

(1) 关于起动机换向器，下列(　　)的描述是正确的。
A. 相邻两个换向片之间是绝缘的
B. 测量相邻两个换向片之间的电阻值应为无穷大
C. 测量相邻两个换向片之间的电阻值应很小
D. 测量任意两个换向片之间的电阻值都很小
(2) 当起动发动机时，起动机内发出周期性的敲击声且无法转动，可能原因(　　)。
A. 电磁开关内吸拉线圈断路　　　　B. 电磁开关内保持线圈断路
C. 接触盘与触点结合过早　　　　　D. 以上的情况都存在
(3) 在起动机中，单向离合器的作用是(　　)。
A. 单向传递转矩　　　　　　　　　B. 防止起动机过载
C. 防止起动后发动机反拖起动机　　D. 以上说法都对
(4) 常见的单向离合器有(　　)等。
A. 双扭曲簧式　　　B. 扭簧式　　　　C. 摩擦片式　　　　D. 滚柱式
(5) 电磁开关试验包括(　　)等检查项目。
A. 铁心复位　　　　B. 吸拉动作　　　C. 励磁线圈　　　　D. 保持动作

3. 判断题

(1) 直流串励式电动机的工作特性指转矩、转速、功率与电流之间的关系。(　　)
(2) 起动机励磁绕组的一端接在电源接线柱上，另一端与两个绝缘电刷相连。(　　)
(3) 起动机的传动装置只能单向传递转矩。(　　)
(4) 减速起动机中的减速装置可以起到减速增扭的作用。(　　)
(5) 在起动过程中，电磁开关内的保持线圈被短路，由吸拉线圈维持起动状态。(　　)

4. 问答题

(1) 起动系统有哪些作用？由哪些零件组成？
(2) 发动机起动有哪些方式？各有何特点？
(3) 起动机由哪三大部分组成？各部分的作用是什么？
(4) 电磁开关的作用是什么？吸引线圈和保持线圈分别起什么作用？
(5) 说明起动机电磁开关的结构及工作过程。
(6) 单向离合器的作用是什么？滚柱式单向离合器是如何工作的？
(7) 如何诊断起动机不工作的故障？
(8) 影响起动机运转无力的因素有哪些？并做出分析。
(9) 在使用起动机时应注意哪些事项？
(10) 拆装起动机时应注意哪些问题？

项目五 照明与信号系统

↘ 目标及要求

教学目标	(1) 掌握照明系统的组成及控制电路 (2) 掌握喇叭装置的组成及控制电路 (3) 掌握灯光信号系统的组成及控制电路
能力要求	(1) 学会照明系统电路检测及故障诊断方法 (2) 学会喇叭装置电路检测及故障诊断方法 (3) 学会灯光信号系统电路检测及故障诊断方法

↘ 项目概述

现代汽车为了保证行驶安全,装备了多种照明与信号设备。照明系统不但要符合交通法规的要求,还要满足运行安全的要求。不同汽车照明与信号系统不完全相同,但一般包括照明系统、灯光信号系统及声响报警系统。照明系统包括前照灯、雾灯、倒车灯、牌照灯和内部照明系统等,灯光信号系统包括转向信号灯、危险报警信号灯、制动灯、示廓灯和高位制动灯等。本项目主要学习前照灯及控制电路、喇叭控制电路和灯光信号控制电路等。本项目设置三个学习任务,任务内容如下:

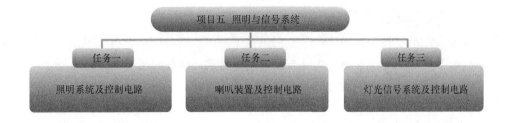

任务一　照明系统及控制电路

一、任务描述

随着汽车技术的不断发展，汽车照明技术越来越完善，从传统的固定前照灯发展到前照灯随转系统，从传统的卤钨灯泡发展到目前的氙气前照灯。那么，当前汽车前照灯有哪些控制功能？常见的故障有哪些？要掌握这些内容，应进入下面的学习任务：

1）前照灯结构、控制电路及故障检修。
2）雾灯控制电路及故障检修。
3）典型照明系统控制电路。
4）照明系统常见故障分析。

二、相关知识及技能

（一）照明与信号装置种类

为了保证汽车行驶安全，现代汽车上都装备了多种照明与信号设备，但不同汽车的照明与信号系统是不同的，除了美观实用外，还必须符合交通法规要求并保证行车安全。汽车照明与信号系统包括照明灯和信号灯两大类，如图5-1所示。

1. 照明灯

1）前照灯。前照灯用于夜间行车道路的照明，是照亮汽车前方道路的主要灯具。有四灯制和两灯制，功率一般为40~60W，轿车通常采用两灯制。

2）雾灯。雾灯用于雨雪天气行车时道路照明，有前雾灯和后雾灯两种。前雾灯装于汽车前部且比前照灯稍低的位置。交通管理部门规定，为保证雾天高速行驶的汽车向后方车辆或行人提供本车的位置信息，运行车辆应在车辆后部加装功率较大的后雾灯，以降低交通事故的发生率。雾灯的光色为黄色、橙色或红色。

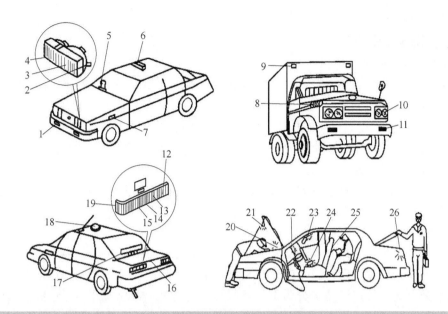

图5-1 汽车照明灯和信号灯的种类
1—前转向灯 2—前示位灯 3、10—前照灯 4、11—前雾灯 5—出租车空车灯 6—出租车标志灯 7—转向示宽灯 8—转向示位组合灯 9—示廓灯 12—倒车灯 13—后雾灯 14—后示位灯 15—制动灯 16—牌照灯 17—高位制动灯 18—警告灯 19—后转向灯 20—发动机罩下灯 21—工作灯 22—仪表照明灯及报警指示灯 23—顶灯 24—门灯 25—阅读灯 26—行李箱灯

3）仪表灯。仪表灯用于仪表照明,以便于驾驶人获取行车信息和进行正确操作。仪表灯数量依车型而定。

4）顶灯。顶灯用于车内照明,有的车辆顶灯还具有门灯的作用,即当车门关闭不严时灯会亮,以便提醒驾驶人注意。

5）牌照灯。牌照灯安装在汽车尾部的牌照上方,用于夜间照亮汽车牌照。

6）工作灯。工作灯用于排除汽车故障或检修时提供照明。

2. 信号灯

1）转向信号灯。在汽车转弯时,转向信号灯发出明暗交替的闪光信号,以示汽车向左或向右转向行驶。转向灯一般有四只或六只,光色为橙色。

2）危险警告灯。危险警告灯与转向信号灯共用。当车辆出现故障停止在路面上时,按下危险警告开关,全部转向灯同时闪亮,提醒其他车辆避让。

3）制动灯。制动灯安装在汽车后面,当踩下制动踏板时,便发出较强的红光,以示本车制动或减速停车,向后车或行人发出灯光信号,以便提醒。制动灯多为组合灯具,一般与尾灯共用灯泡,功率为20W左右。

4）倒车灯。倒车灯安装在汽车尾部,灯光为白色。用于照亮车后路面,并提醒后面车辆或行人,表示本车正在倒车。

5）示宽灯。示宽灯安装在汽车前后两侧边缘,灯光为白色,以示汽车夜间行驶或停车时的宽度轮廓。

6）尾灯。尾灯安装在汽车尾部,左右各一只,灯色为红色,用于提醒后面的车辆,以便保持一定的距离。

(二) 前照灯类型与结构

1. 对前照灯的要求

为了保证车辆夜间行驶安全，世界各国交通管理部门都以法律形式规定了汽车前照灯的照明标准，其基本内容如下：

1) 前照灯应保证夜间车前 100m 以内路面上有明亮而均匀的照明，使驾驶人能看清车前的路面情况。随着汽车行驶速度的提高，要求汽车前照灯的照明距离也相应地增长，现代有些汽车的前照灯照明距离已达到 200~250m。

2) 前照灯应具有防止眩目的装置，确保夜间两车迎面相遇时，不使对方驾驶人因眩目而造成事故。

2. 前照灯的类型

前照灯按照反射镜的结构不同，分为可拆式、半封闭式和封闭式；按照形状不同，分为圆形、矩形和异形；按照发射的光束类型不同，分为远光灯、近光灯；按安装方式不同，分为内装式和外装式；按灯泡结构分为有灯丝式和无灯丝式（弧光式）前照灯。可拆式前照灯由于反射镜和配光镜分别安装而构成组件，因此气密性差，反射镜易受湿气和尘埃污染而降低反射能力，严重降低照明效果，目前已很少采用。下面主要介绍几种目前尚在使用的前照灯结构特点。

（1）半封闭式前照灯　半封闭式前照灯的结构如图 5-2 所示，其配光镜由反射镜边缘上的齿簧固定在反射镜上，两者之间垫有橡胶密封圈，灯泡只能从反射镜后端装入。这种灯具结构简单，维修方便，因此得到广泛使用。

（2）全封闭式前照灯　全封闭式前照灯的结构如图 5-3 所示，其反射镜和配光镜用玻璃制成一体，形成灯泡，里面充以惰性气体。灯丝焊在反射镜底座上，反射镜的反射面经真空镀铝。全封闭式前照灯反射效率高，照明效果好，使用寿命长，得到了很快的普及。当灯丝烧断后，需要更换整个总成。

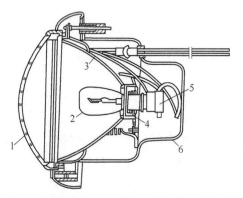

图 5-2　半封闭式前照灯的结构
1—配光镜　2—灯泡　3—反射镜　4—插座　5—界线盒　6—灯壳

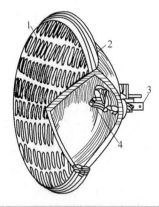

图 5-3　全封闭式前照灯的结构
1—配光镜　2—反射镜　3—插片　4—灯丝

（3）高亮度弧光灯　高亮度弧光灯的结构如图 5-4 所示，这种灯的灯泡里没有灯丝，管内充有氙及微量金属（或金属卤化物）。它有两个电极，在电极上加 5000~12 000V 的电压后，气体开始电离而导电。由气体原子激发电极间少量水银蒸气弧光放电，最后转入卤化物弧光灯工作。采用多种气体是为了加快起动。弧光式前照灯由弧光灯组件、ECU 和升压器三大部分组成。其灯泡的光色和日光灯相似，亮度是目前卤钨灯泡的 2.5 倍，寿命是卤钨灯泡的 5 倍，灯泡的功率为 35W，可节能 40%。

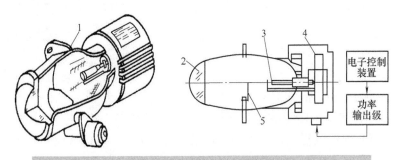

图 5-4　高亮度弧光灯的结构
1—弧光灯总成　2—透镜　3—弧光灯　4—引燃及稳弧部件　5—透光灯

3. 前照灯的结构

前照灯一般由灯泡（光源）、反光镜和配光镜三部分组成，如图 5-5 所示。

（1）灯泡　灯泡是前照灯的光源部分，一般有两种类型，即充气灯泡和卤钨灯泡，如图 5-6 所示。

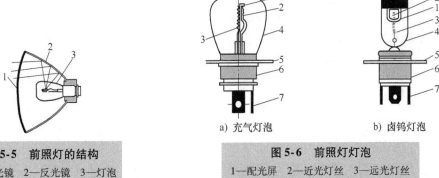

图 5-5　前照灯的结构
1—配光镜　2—反光镜　3—灯泡

图 5-6　前照灯灯泡
1—配光屏　2—近光灯丝　3—远光灯丝
4—泡壳　5—定焦盘　6—灯头　7—插片

1）充气灯泡。把玻璃泡内的空气抽出后，再充满惰性混合气体。一般充入的惰性气体为体积分数 96% 的氩气和体积分数 4% 的氮气。充入灯泡的惰性气体可以在灯丝受热时膨胀，增大压力，减少钨的蒸发，提高灯丝的温度和发光效率，节省电能，使用寿命长。

2）卤钨灯泡。卤钨灯泡是利用卤钨再生循环反应的原理制成的灯泡。其原理是从灯丝蒸发出来的气态钨与卤族气体反应生成卤化钨，卤化钨再受热分解，使钨重新回到灯丝上。如此反复地循环下去，从而防止了钨的蒸发和灯泡的发黑现象。

卤钨灯泡尺寸小，灯泡内充入惰性气体的压力较高，工作温度高，故钨的蒸发也得到更为有力的抑制。卤钨灯泡发光效率高，亮度是充气灯泡的 1.5 倍，使用寿命是充气灯泡的 2~3 倍。

(2) 反射镜 反射镜的作用是尽可能多地收集灯泡发出的光线，并将其聚合而导向远方。反射镜一般用 0.6～0.8mm 的薄钢板冲压而成，反射镜的表面形状呈旋转抛物面，如图 5-7a 所示。灯泡的光线经反射镜反射后射向远方，如图 5-7b 所示，使光度增强几百倍，甚至上千倍，从而使车前 150m 甚至更远的路面清晰可见。

a) 反射镜的外形

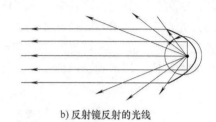
b) 反射镜反射的光线

图 5-7 反射镜

(3) 配光镜 配光镜也称为散光玻璃，用透光玻璃压制而成，是很多块特殊的棱镜和透镜的组合。其作用是将反射镜反射出的平行光束进行折射，以扩大光线的照射范围，使车前路面的照明更均匀而良好。配光镜还能有效减小对面车辆驾驶人的炫目效应。

（三）前照灯的控制电路

1. 普通式控制电路

前照灯控制电路由灯光开关、变光开关、远光指示灯和前照灯等组成。普通前照灯控制电路如图 5-8 所示，其特点是采用灯丝搭铁，其前照灯都为并联。

当变光开关位于 L_0 档（近光档）时，如图 5-8a 所示，电路为：电流由蓄电池→灯光开关（Head）→变光开关 L_0→左近光灯灯丝→搭铁。

　　　　　　　　└→右近光灯灯丝 → 搭铁。

当变光开关位于 H_i 档（远光档）时，如图 5-8b 所示，电路为：电流由蓄电池→灯光开关（Head）→变光开关 H_i→左远光灯灯丝→搭铁。

　　　　　　　　└→右远光灯灯丝 → 搭铁。
　　　　　　　　└→远光指示灯 → 搭铁。

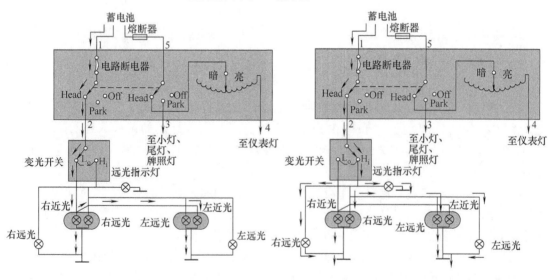

a) 变光开关位于 L_0 档　　　　　　　　b) 变光开关位于 H_i 档

图 5-8 普通前照灯控制电路

2. 自动控制电路

目前，很多汽车的前照灯采用了自动控制系统，以减轻驾驶人的劳动强度，保证夜间行车照明的安全性和方便性。前照灯自动控制一般包括自动点亮控制、光束自动调整和延时自动控制等。

（1）自动点亮/延时关灯控制　自动点亮/延时关灯系统的功能：一是当环境亮度暗到预定程度时，自动点亮前照灯；二是前照灯延时控制电路可使前照灯在电路被切断后，仍继续照明，过一段时间后，才自动熄灭，这样为驾驶人离开黑暗的停车场所提供短时照明。

前照灯自动点亮系统控制电路如图5-9所示。当车门关闭，打开点火开关时，触发器控制VT_1导通，为灯光自动控制器提供电源。控制器中检测电路会根据周围环境的明亮程度自动点亮或熄灭前照灯。

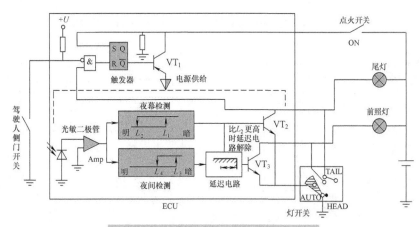

图 5-9　前照灯自动点亮系统控制电路

1）当周围环境的亮度较强时，检测电路输出低电平，VT_2和VT_3截止，所有灯不亮。

2）当周围环境的亮度较暗时，夜幕检测电路输出高电平，VT_2导通时，尾灯电路接通；当环境更暗时，夜间输出高电平，使VT_3导通，前照灯继电器动作，点亮前照灯。

3）在夜间行车，当前照灯点亮时，尽管路灯能使周围环境变亮，但由于延时电路的作用，VT_3在时间t内，仍保持导通状态，所以前照灯不熄灭。

4）当点火开关断开时，触发器处于低电平，但触发器仍由$+U$供电，使VT_2继续导通；当打开驾驶室门时，VT_1截止，之后VT_2和VT_3截止，所有灯熄灭。这样，在夜晚黑暗等处下车前，因为有车灯照亮周围，给驾驶人下车提供了方便。

美国德克萨斯仪表公司研制的前照灯延时控制电路如图5-10所示，其工作原理：当点火开关关闭时，晶体管VT_1截止，电容C_1开始充电；当C_1电压升高到VT_2导通时，C_1开始放电，于是晶体管VT_3导通，使晶闸管VT关断；随后很快VT_3截止，前照灯继电器触点打开，使前照灯断路，即实现了自动延时关灯。

（2）光束调整　当车辆的载荷发生变化时，前照灯光束的照射位置也随之发生变化，因而不能适当地照亮前方路面。前照灯光束调整包括降低光束照射位置调整和升高光束照射位置调整，其控制电路如图5-11所示。

1）降低光束照射位置调整过程。将控制开关拧到"Ⅲ"档时，如图5-11a所示，电路

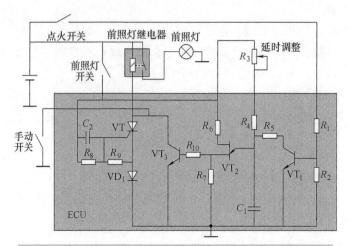

图 5-10　美国德克萨斯仪表公司研制的前照灯延时控制电路

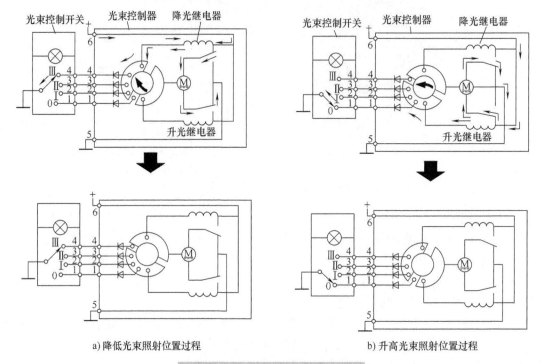

a) 降低光束照射位置过程　　　　b) 升高光束照射位置过程

图 5-11　前照灯光束自动调整电路

为：电流由控制器 6→降光继电器线圈→控制器 4→控制开关→搭铁，构成回路，使降光继电器的触点闭合。于是电流由控制器 6→降光继电器的触点→电动机→升光继电器触点→控制器 5→搭铁，电动机工作，使前照灯光束照射位置降低。

2) 升高光束照射位置调整过程。将控制开关打至"0"时，如图 5-11b 所示。电路为：电流由控制器 6→升光继电器的线圈→控制器 1→控制开关 1→控制开关搭铁，构成回路，使升光继电器的触点闭合。于是电流从控制器 6→升光继电器触点→电动机→降光继电器触点→控制器 5→搭铁，电动机工作，使光束照射位置升高。

(3) 动态转弯控制　具有动态转弯调整（图 5-12）功能的前照灯，在转弯时对灯光进行动态调节，即在前照灯的投射模块内装有一个电动机，该电动机可在车辆转弯时，在水平方向上改变灯光照射方向，灯光转动的角度在转弯方向的内侧可达 15°左右，在外侧可达 7.5°，这时灯光转弯内模块的转动角是外模块的 2 倍。角度变化可使车辆在转弯时得到更好的照明效果，且得到最大的照亮范围。

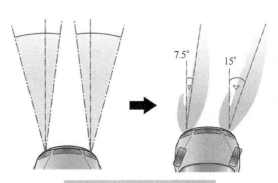

图 5-12　灯光动态转弯调整

当车辆在静止时不回转、车速小于 6km/h 时，前照灯内的投射模块不会回转；当车速超过 10km/h 时，灯光回转的角度主要取决于转向盘转动的角度。这样就可以满足在车辆静止时不得摆动前照灯灯光的法律规定。同时，当车在这种低速状态进行加速时，在转向角度不变的情况下，可以使得前照灯的偏转均匀过渡。上海通用科鲁兹汽车的前照灯电路如图 5-13 所示。

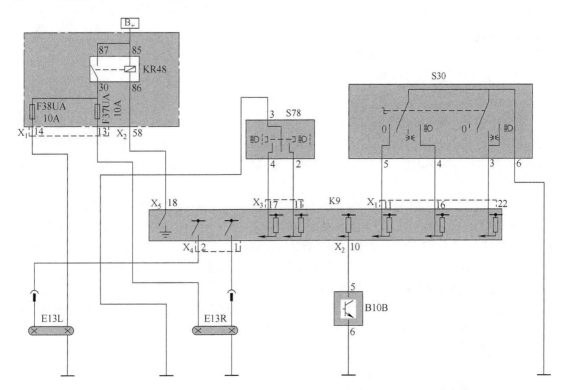

图 5-13　上海通用科鲁兹汽车的前照灯电路
KR48—前照灯远光继电器　S30—前照灯开关　S78—多功能开关　K9—车身控制 ECU
E13L—左前照灯组件　E13R—右前照灯组件　B10B—环境光照/日照传感器

3. 前照灯的调整

当更换灯泡或汽车每行驶 6000km 时，要进行灯光调整。下面以桑塔纳 2000 轿车前照灯和雾灯的调整为例,介绍其调整方法和步骤。

1)将汽车停在平坦路面上,按规定充足轮胎气压,并擦净配光镜,车上负载为后座 1 人或 70kg 重物或空载(油箱加满,备齐备用轮胎、千斤顶、灭火器和常用工具等)。

2)在离前照灯 10m 处挂一个幕布(或利用一块白墙),在屏幕上画出两条水平线,高位水平线 H-H 与前照灯基准中心等高,低位水平线 D-D 与水平线 H-H 的距离为 10cm。

3)在屏幕上画出三条垂直线,中心垂直线 V-V 与左右前照灯等距中分线同面,另两条垂直线 V_1-V_1、V_2-V_2 分别与左右前照灯基准中心线同面,如图 5-14 所示。

4)先遮盖住一边的前照灯,然后打开前照灯的近光开关。

5)观察未遮盖住的前照灯的近光灯光束中心,应落在图中水平线 D-D 与垂直线 V_1-V_1(或 V_2-V_2)的交点上。否则,说明光束照射位置偏斜,应进行调整。

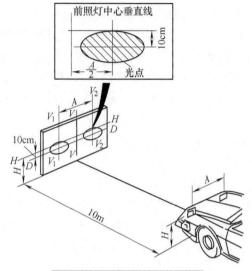

图 5-14 前照灯灯光的调整

(四)典型汽车照明系统

1. 前照灯及雾灯控制电路

大众新宝来车前照灯控制电路如图 5-15 所示,将车灯开关 E1 打到前照灯档位置,即可打开前照灯近光灯,控制电路为:J519→SC44→E1→SC46(和 SC47)→M29(和 M31)→(-);将变光开关 E4 抬起时,接通远光灯,控制电路为:D/30→E4→SC18→M30(和 M32)→(-)。

大众宝来车雾灯控制电路如图 5-16 所示。首先将点火开关接通,使雾灯继电器接通,再将车灯开关打到侧灯档或前照灯档,然后将车灯开关拉出一档则为前雾灯开关,拉出两档则为前后雾灯开关。前雾灯控制电路为:J519→SA4→SC43→E7→L22(和 L23)→(-);前后雾灯控制电路为:J519→SA4→SC43→E18(和 E7)→L46(和 L22、L23)→(-)。

2. 前照灯及雾灯拆装

大众新宝来 1.6 前照灯有双卤素大灯和气体放电大灯两种装配,以双卤素大灯装配为例介绍其拆装与调整,大众新宝来车前照灯及雾灯装配如 5-17 图所示。

(1)关闭点火开关及所有用电器,拔出点火钥匙。

(2)松开多芯连接插头,并将其拔下。

(3)拆卸前保险杠盖板。

(4)从前照灯上旋出固定螺栓并放置一旁。

安装以倒序进行,安装过程中要注意固定螺栓的拧紧力矩,重点检查大灯与车身上安装位置的间隙尺寸是否均匀,必要时需进行校正安装位置。

前雾灯灯泡的拆卸和安装,要求同前大灯的拆卸和安装。注意前雾灯的灯泡与灯座不能单独更换,安装后需要检查前雾灯功能,必要时进行调整。

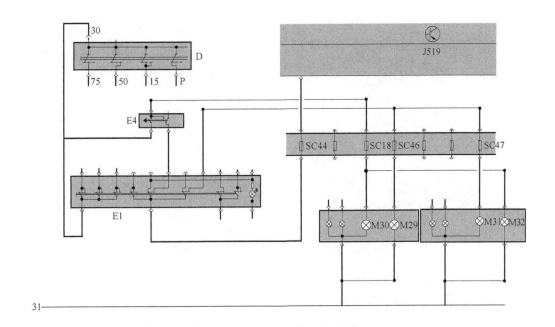

图 5-15 大众新宝来车前照灯控制电路
E1—车灯开关　E4—变光开关　J519—车身控制单元　D—点火开关
M29—左近光灯　M31—右近光灯　M30—左远光灯　M32—右远光灯

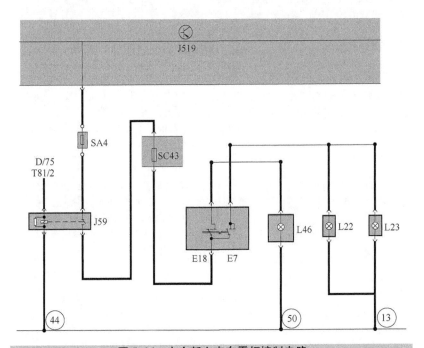

图 5-16 大众新宝来车雾灯控制电路
D—点火开关　J59—雾灯继电器　E18—后雾灯开关　E7—前雾灯开关　L46—后雾灯
L22、L23—前雾灯　⑬㊹㊾为搭铁点

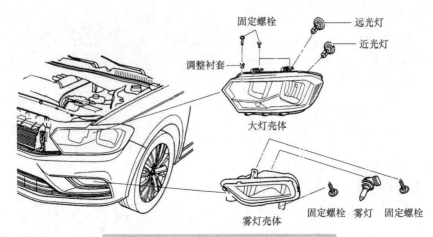

图 5-17　大众新宝来车前照灯及雾灯装配图

（五）前照灯和雾灯常见故障

轿车前照灯常见的故障现象有前照灯远光和近光都不亮，一侧远（近）光灯亮、另一侧远（近）光灯不亮，一侧远（近）光灯亮、另一侧远（近）光灯暗等。雾灯常见的故障现象有双侧雾灯不亮、单侧雾灯不亮和雾灯常亮等。不同的故障现象有不同原因，因此要仔细分析控制电路才能准确诊断故障部位，见表 5-1、表 5-2。

表 5-1　前照灯常见故障的现象、原因及诊断过程

故障现象	可能原因	诊断方法
前照灯远光和近光都不亮	（1）灯泡烧坏 （2）熔丝熔断 （3）灯开关及其导线连线不良、断路 （4）变光/超车开关有故障	（1）用目测方法检查灯丝是否烧断 （2）用万用表检测灯丝电阻是否正常，检测灯泡供电电压 （3）检测熔丝两端的搭铁电压。若两端均为电源电压，则熔丝正常；若一端为电源电压，另一端无电压，应更换熔丝 （4）用万用表检测灯开关在不同档位时各端子导通是否正常。若不导通，说明灯开关及其导线连接不良或断路 （5）用万用表检测变光/超车开关在不同档位时各端子导通是否正常。若不导通，说明变光/超车开关有故障
仪表板上的远光指示灯不亮	（1）指示灯烧坏 （2）中央电路板插接器及其导线连接不良、断路 （3）仪表板上的印制电路断路	（1）用目测方法检查灯丝是否烧断或用万用表检测灯丝电阻是否正常 （2）检测灯泡供电电压，如果供电电压正常，应更换灯泡 （3）用万用表检查中央电路板插接器及其导线连接情况，找出断点部位 （4）用万用表检查仪表板上的印制电路，找出断点部位
一侧远（近）光灯亮，另一侧远（近）光灯不亮	（1）灯泡烧坏 （2）熔丝熔断 （3）单侧供电或搭铁电路断路	（1）用目测方法检查灯丝是否烧断 （2）万用表检测灯丝电阻是否正常，检测灯泡供电电压，如果供电电压正常，应更换灯泡 （3）检测熔丝两端的搭铁电压，两端均为电源电压，熔丝正常。若一端为电源电压，另一端无电压，应更换熔丝 （4）用万用表电压档分别检测单侧不亮灯光电路供电或搭铁电路。若供电、搭铁端子搭铁电压均为电源电压时，说明搭铁线断路；若供电、搭铁端子搭铁电压均无电压时，说明供电线断路

(续)

故障现象	可能原因	诊断方法
一侧远（近）光灯亮，另一侧远（近）光灯暗	（1）插接器接触不良 （2）灯泡搭铁不良 （3）灯泡功率不足	（1）断开灯泡插接器，检查灯泡插接器是否有烧蚀、松动现象 （2）检查灯泡搭铁线是否松动，若松动，说明灯泡搭铁不良 （3）将两侧灯泡对调，观察亮度变化。若灯暗一侧随灯泡调换位置而移动，说明该灯泡功率不足，应更换新灯泡。否则，应进行电路检查

表 5-2 雾灯常见故障的现象、原因及诊断过程

故障现象	可能原因	诊断方法
双侧雾灯不亮	（1）雾灯开关故障 （2）熔丝损坏 （3）灯泡损坏 （4）电路故障	借鉴前照灯的检查方法和步骤
单侧雾灯不亮	（1）熔丝损坏 （2）灯泡损坏 （3）电路故障	
雾灯常亮	（1）雾灯开关故障 （2）电路故障	

三、实训内容

1. 实训准备

1）准备好试验用前照灯、雾灯及其他照明灯具、实训整车。
2）强调实训中的安全注意事项。

2. 实训流程

1）就车分析前照灯电路。
2）就车分析雾灯电路。
3）前照灯常见故障诊断。
4）前照灯和雾灯的调整。

教师提供相应车型电路图，对灯光控制电路进行简单讲解。可利用故障元件设置简单故障，让学生进行电路分析，并由学生制定检测流程，经教师核准后，由学生分组完成相关数据的检测和分析，同时完成任务单。

> 注意：在操作过程中，注意操作程序与规范，注意设备的正确使用，防止出现事故。

3. 实训记录

完成实训记录单，见实训任务单5.1。

任务二 喇叭装置及控制电路

一、任务描述

汽车上的喇叭是用来警告行人和其他车辆,以引起注意,保证行车安全。在下面的学习中重点掌握各种形式的喇叭结构及工作原理、喇叭控制电路及喇叭故障维护方法等。

二、相关知识及技能

(一) 喇叭结构及工作原理

1. 喇叭声响原理

汽车喇叭由振动机构和电路断续机构两部分组成,根据外形的不同分为筒形、螺旋形和盆形电喇叭。喇叭又可分为普通喇叭和电子喇叭。普通喇叭是靠触点的闭合和断开,控制电磁线圈激励膜片振动而产生音响的;电子喇叭中无触点,是利用晶体管电路激励膜片振动产生音响的。

汽车喇叭(图 5-18)靠电磁原理使得喇叭膜片振动,从而发出警报声音。喇叭主要由电磁铁、膜片、可移动的衔铁、励磁线圈和一对触点组成。内电阻的作用是当触点打开后弱磁场可以保持一会儿,从而缩短触点再次闭合时建立磁场的时间。

为了产生报警声,电流经过闭合的触点达到磁场线圈,产生一个电磁场,磁场吸引衔铁带动膜片向上移动,使触点打开。电路断开后,衔铁和膜片随即复位,又使电路再次闭合。这个过程每秒钟重复数次,从而使膜片发生振动,膜片的振动又带动喇叭内空气的振动,从而产生报警声。

2. 喇叭结构及工作过程

(1) 盆形喇叭 盆形喇叭具有尺寸小、重量轻等特点,因此被现代汽车广泛采用。盆形喇叭的结构如图 5-19 所示,其工作原理是:当按下喇叭按钮时,电流由蓄电池正极→线圈→触点→喇叭按钮→搭铁,构成回路。线圈通电后产生吸力,将衔铁吸下,使膜片向下拱曲，直至触点打开；触点打开后，线圈电路被切断，电磁力消失，衔铁和膜片回位，直至触点闭合。在如此反复过程中，膜片不断振动并与共鸣板一起作用产生音波。

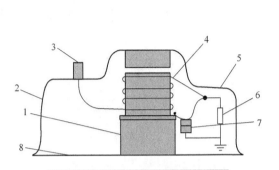

图5-18 喇叭的基本组成
1—衔铁 2—外壳 3—接线柱
4—磁场线圈 5—空气室 6—内电阻
7—触点 8—膜片

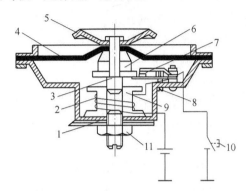

图5-19 盆形喇叭的结构
1—下铁心 2—线圈 3—上铁心 4—膜片
5—共鸣板 6—衔铁 7—触点 8—调整螺钉
9—铁心 10—喇叭按钮 11—紧固螺母

（2）电子喇叭 由于普通喇叭常出现触点烧蚀和氧化现象，使喇叭工作可靠性下降，因此现在汽车多采用电子喇叭，即无触点电喇叭。它利用晶体管控制电路来激励膜片振动产生声响，一般由多谐振荡电路和功率放大电路组成，电子喇叭电路如图5-20所示。

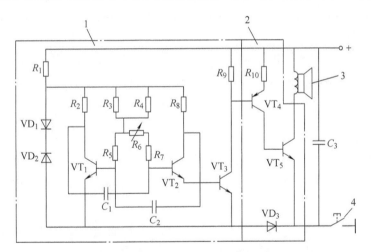

图5-20 电子喇叭电路
1—振荡电路 2—功率放大电路 3—喇叭 4—喇叭按钮

工作原理是：按下喇叭按钮，电路通电，多谐振荡电路通过 C_1、C_2 正反馈电路形成正反馈过程，使 VT_1 迅速饱和导通，而 VT_2 迅速截止，VT_3 也截止，电路进入暂时稳态。此时，C_1 充电使 VT_2 的基极电位升高，VT_2 开始导通，VT_3 也随之导通。然后，C_2 的充电又使 VT_1 导通，VT_1 迅速饱和导通后，VT_2、VT_3 迅速截止，如此反复形成振荡。此振荡电流信号经 VT_4、VT_5 的直流放大，控制喇叭线圈电流的通断，从而使喇叭发出声响。

电容 C_3 是喇叭的电源滤波电容，以防其他电路瞬变电压的干扰。可变电阻 R_6 可用于调节喇叭的音量。

（二）喇叭控制电路与调整

1. 喇叭控制电路

很多汽车装有两只不同音调（高、低音）的喇叭，两只喇叭工作时消耗电流较大，因此在电路中加设了喇叭继电器。喇叭控制电路如图 5-21 所示。

当按下喇叭按钮后，电流从蓄电池正极→熔断器→接线柱 B→线圈→按钮→搭铁，由于线圈通电产生吸力，使触点闭合，喇叭电路接通，则电流从蓄电池正极→接线柱 B→触点臂→触点→接线柱 H→喇叭→蓄电池负极，此时喇叭线圈通电，产生音波。放开喇叭按钮后，继电器线圈的电流切断，电磁铁的磁性消失，使触点分开，切断喇叭电流，喇叭停止发声。

普通汽车喇叭控制电路如图 5-22 所示，其控制电路是：点火开关打开，将喇叭按钮按下，电流由点火开关→熔丝 S_{18}→喇叭继电器线圈→喇叭按钮→搭铁，使继电器触点闭合，喇叭电路接通，并连续产生音波。

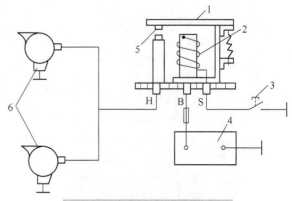

图 5-21　喇叭控制电路
1—触点臂　2—线圈　3—喇叭按钮
4—蓄电池　5—触点　6—喇叭

2. 喇叭的调整

喇叭的调整包括音调调整和音量调整。喇叭音调的高低取决于膜片振荡的频率，振荡越快，音调越高。不同形式的喇叭其调整方法不同，常见的喇叭调整方法如图 5-23 所示。

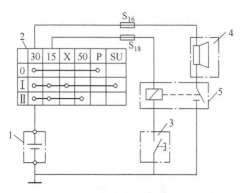

图 5-22　普通轿车喇叭控制电路
1—蓄电池　2—点火开关　3—喇叭按钮
4—双声喇叭　5—喇叭继电器

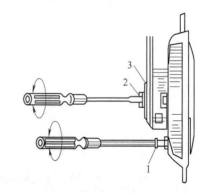

图 5-23　喇叭的调整
1—音量调整螺钉　2—音调调整螺钉　3—紧固螺母

（1）音调的调整　音调的高低取决于膜片振动的频率，改变铁心间隙可以改变膜片的振动频率，从而改变音调（有的在制造时已经调好，工作中不用调整）。当减小间隙时，则音调提高；当增大间隙时，则音调降低。音调调整可通过图 5-23 中音调调节螺钉即可完成。

（2）音量的调整 音量的大小与通过线圈的电流大小有关，当线圈通过电流大时，则喇叭音量就大；当线圈通过电流小时，则喇叭音量就小。线圈通过的电流大小，可以通过改变喇叭触点的接触压力来调整。音量调节可通过图 5-23 中音量调节螺钉即可完成。

（三）典型车喇叭控制电路

大众新宝来车喇叭控制电路如图 5-24 所示，H 为喇叭开关，F138 为气囊卷簧和带滑环的复位环，J519 为车载网络控制单元，H2 为高音喇叭，H7 为低音喇叭。喇叭开关在方向盘内，并串联在气囊卷簧和带滑环的复位环之间，喇叭开关给 J519 车载网络控制单元提供闭合信号，再由车载网络控制单元控制喇叭工作，控制电路为：J519→H2 和 H7→（-）。常见故障现象及诊断方法见表 5-3。

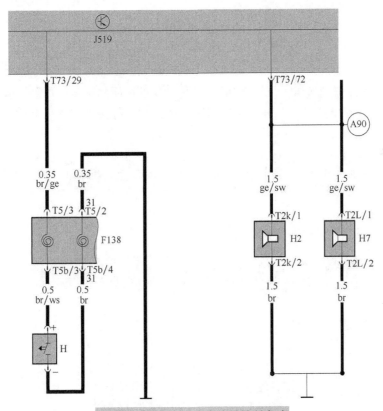

图 5-24 大众新宝来车喇叭控制电路

三、实训内容

1. 实训准备

1）准备好试验用各种类型的喇叭、实训整车和常用工具。
2）强调实训中的安全注意事项。

2. 实训流程

1）认识各种类型的喇叭。
2）调整喇叭音量和音调。
3）喇叭的控制电路检测。

表 5-3　喇叭电路常见故障现象及诊断方法

常见故障	可能原因	检修方法
高、低音喇叭都不响	喇叭接线柱上导线接触不良、断路	修理或更换导线
	熔丝熔断	更换熔丝
	喇叭有故障	更换喇叭
	喇叭按钮导线断路或接触不良	修理或更换喇叭按钮和导线
喇叭声音低哑	蓄电池电不足	充电或更换蓄电池
	喇叭有故障	更换喇叭
喇叭按钮放松后喇叭一直响	喇叭按钮短路	修理喇叭按钮
	喇叭继电器故障	更换喇叭继电器

故障原因确认方法：
1) 喇叭有故障。给喇叭直接供电，判断喇叭故障。
2) 喇叭按钮导线断路或接触不良。转动转向盘检查喇叭按钮是否可靠搭铁。
3) 喇叭按钮短路。按动喇叭按钮，检查触点是否通断正常。
4) 喇叭继电器故障。给喇叭继电器线圈通电，继电器吸合，且触点端子导通为正常。

实训教师提供相应车型电路图，对喇叭控制电路进行简单讲解，可利用故障元件设置简单故障，让学生进行电路分析，并由学生制定检测流程，经实训教师核准后，由学生分组完成相关数据的检测和分析，同时完成任务单。

注意：在操作过程中，注意操作程序与规范，注意设备的正确使用，防止出现事故。

3. 实训记录

完成实训记录单，见实训任务单 5.2。

任务三　灯光信号系统及控制电路

一、任务描述

汽车除了照明信号和喇叭信号装置外，还有一些信号系统，如转向信号系统、制动信号系统及倒车信号系统等。这些信号系统在汽车行驶中具有非常重要的作用，这些系统的控制电路及组成如何？其开关结构如何？要掌握这些内容，应进入下面的学习任务：

1) 转向信号系统的组成及控制电路。
2) 制动信号系统的组成及控制电路。
3) 倒车信号系统的组成及控制电路。

二、相关知识及技能

（一）转向信号系统

汽车转向信号系统一般由转向信号灯、转向指示灯、转向开关和闪光器等组成。转向信号灯一般应具有一定的频率，国家标准中规定为 60～120 次/min，而且要求信号效果良好，亮暗时间比（通电率）为 3∶2。控制频闪的装置为闪光器，根据结构不同分为热线式、翼片式、电容式和电子式等，目前轿车普遍采用电子闪光器。

1. 闪光器及转向灯电路

目前很多轿车采用集成电路电子闪光器，图 5-25 所示为桑塔纳轿车集成电路电子闪光器及转向灯电路。闪光器由 IC 集成电路和继电器组成，其电流电路是：当转向开关向左（右）闭合时，由 B_+ 给闪光器提供电源电压，由 IC 集成电路控制继电器线圈电路，使继电器触点反复开、闭，于是转向灯及转向信号灯就以 80 次/min 的频率闪烁。

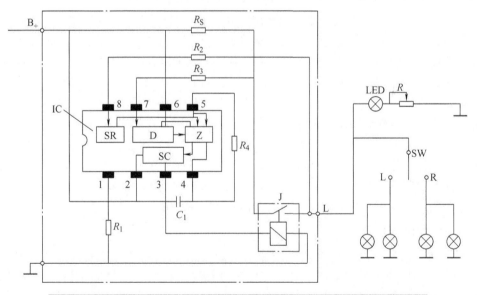

图 5-25 桑塔纳轿车集成电路电子闪光器及转向灯电路
IC—集成电路　R_S—取样电阻　J—继电器　LED—转向指示灯　SW—转向灯开关

若有一个转向灯损坏，则 R_S 的电流就减小，会使 IC 集成电路控制的闪光频率加快一倍，起故障自诊断作用。

2. 危险警告信号电路

当汽车出现危险情况时，只要接通危险警告开关，则汽车前后左右的转向灯同时闪烁，提示汽车有危险。危险警告信号电路由左、右转向灯、闪光器和危险警告开关等组成，如图 5-26 所示。当危险警告开关闭合时，电路为：蓄电池正极→危险警告开关→闪光器→危险警告开关→转向灯及转向指示灯→搭铁，这样转向灯及转向指示灯同时闪烁，发出危险警告信号。

3. 典型轿车转向信号系统控制电路

（1）大众新宝来车转向信号控制电路　大众新宝来车转向信号控制电路如图 5-27 所示，J519 为车身控制模块，M5 左前转向信号灯，M18 左前侧转向信号灯，M19 右前侧转向信号灯，M6 左后转向信号灯，M7 右前转向信号灯，M8 右后转向信号灯，E2 转向开关，E3 危险报警灯开关，K6 危险报警指示灯。

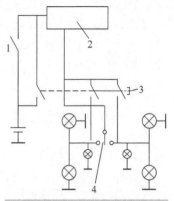

图 5-26　危险警告电路
1—点火开关　2—闪光器
3—危险警告开关　4—转向灯开关

打开右转向时，拨动转向开关 E2，向车身控制模块 J519 提供右转信号，由车身控制模块 J519 控制右转向信号灯及右侧信号灯工作。

打开左转向时，拨动转向开关 E2，向车身控制模块 J519 提供左转信号，由车身控制模块 J519 控制左转向信号灯及左侧信号灯工作。

当出现危险或对外界提供警报信号时，将 E3 开关合上，并向车身控制模块 J519 提供信号，由车身控制模块 J519 控制左右转向信号灯及左右侧信号灯同时工作。

（2）丰田威驰轿车转向灯电路　丰田威驰轿车转向灯电路如图 5-28 所示。当向右转向时，工作电路为：点火开关通过闪光继电器端子 1 供电，当转向开关向右转向时，闪光继电器接通右侧前、后转向灯及转向指示灯电路，使右侧转向灯及指示灯闪亮；当转向开关向左转向时，闪光继电器接通左侧前、后转向灯及转向指示灯电路，使左侧转向灯及指示灯闪亮；当危险警告灯开关闭合时，由蓄电池直接给闪光继电器端子 4 供电，闪光继电器同时接通所有转向灯电路及转向指示灯电路，使所有转向灯和指示灯都闪亮。

（3）转向开关检测　不同车型转向开关端子布置不同，但检查方法基本相同。可断开转向开关插接器，将万用表调整到欧姆档，丰田威驰车转向灯开关如图 5-29 所示。在左转向、右转向和直行三种状态下，测量转向开关相应接线柱间的导通状况是否符合电路导通规律，当左转向时，端子 5 与 7 应导通；当右转向时，端子 6 与 7 应导通。

（二）制动信号系统

汽车制动灯信号系统一般由制动信号灯、制动指示灯和制动开关等组成。制动信号灯安装在汽车的尾部，当汽车制动时，红色信号灯亮，给尾随其后的车辆发出制动信号，以避免造成追尾事故。很多轿车安装高位制动信号灯，对于防止发生追尾事故有相当好的效果。

1. 制动信号灯开关

制动信号灯由制动信号开关控制。常见的制动信号灯开关有液压式和弹簧式等类型。

（1）液压式制动信号灯开关　液压式制动信号灯开关用于液压制动系统的汽车上，其结构如图 5-30 所示，主要由膜片、动触点、弹簧和接线柱等组成。当踩下制动踏板时，由于制动系统的液压压力增大，液压使膜片向上弯曲，而动触点同时接通两个接线柱，使制动

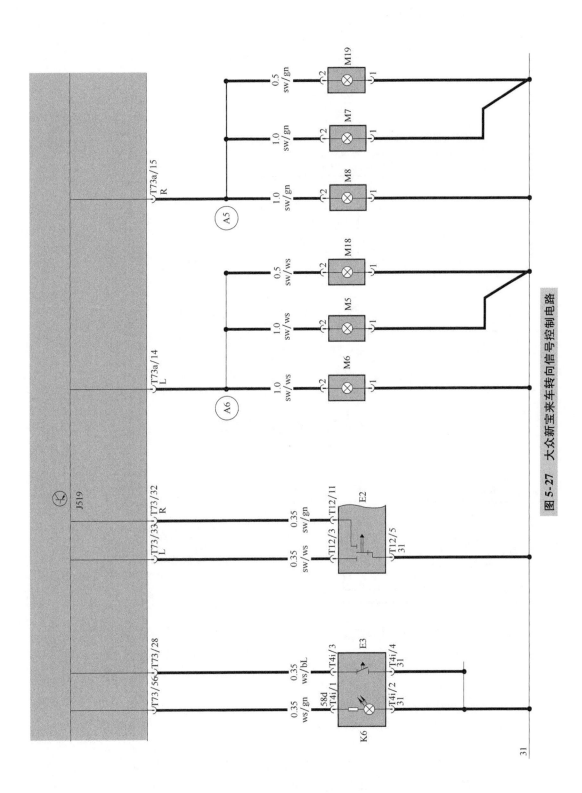

图 5-27 大众新宝来车转向信号控制电路

信号灯通电发亮。当松开制动踏板时，制动系统液压压力减小，动触点在回位弹簧的作用下复位，制动信号灯电路被切断。

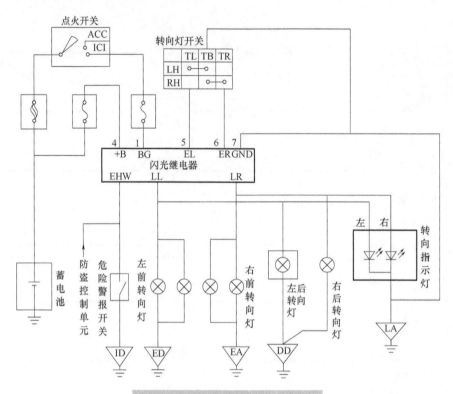

图 5-28　丰田威驰轿车转向灯电路

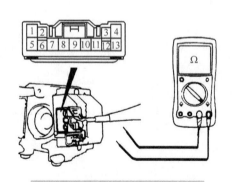

图 5-29　丰田威驰车转向灯开关

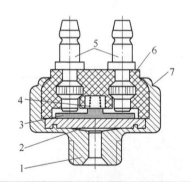

图 5-30　液压式制动信号灯开关
1—管接头　2—膜片　3—动触点　4—回位弹簧
5—接线柱　6—胶木　7—壳体

（2）弹簧式制动信号灯开关　弹簧式制动信号灯开关（图 5-31）是一种较为常用的制动开关，装在制动踏板的后面，当踏下制动踏板时，开关闭合，制动信号灯亮。

2. 制动信号灯电路

制动信号灯电路一般不受点火开关控制，直接由电源、熔丝到制动信号灯开关。制动信号灯电路根据尾灯的组合形式有以下几种情况：

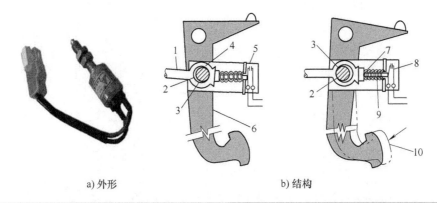

图 5-31 弹簧式制动信号灯开关
1—主缸推杆 2—推杆孔 3—轴衬 4—制动踏板臂销 5—制动开关总成 6—未制动踏板臂位置
7—开关触发销钉 8—开关触头 9—制动灯开关弹簧 10—制动时的踏板臂位置

（1）三灯组合式尾灯电路 采用单丝灯泡，每个灯泡只有一个功能，随着功能的增加，尾灯灯泡的数量还要增加，如图 5-32 所示。

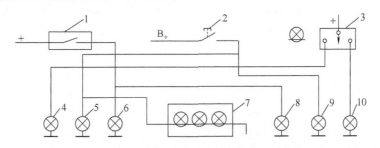

图 5-32 三灯组合式尾灯电路
1—灯光开关 2—制动信号灯开关 3—转向信号灯开关 4—左转向信号灯 5—左制动灯
6—左驻车灯 7—高位附加制动灯 8—右驻车灯 9—右制动灯 10—右转向信号灯

（2）双丝灯尾灯电路 大功率的灯丝既用于制动信号灯，也用于转向信号灯。美国福特汽车双丝灯尾灯的电路如图 5-33 所示，其工作原理如下：

当踏下制动踏板但不打转向时，电路为：电流经制动信号灯开关→转向灯开关→两个电刷 A、D 分别到尾灯灯丝 4、7→搭铁，构成回路，如图 5-33a 所示。

当打转向信号但不踏下制动踏板时，电路为：电流经闪光器→转向灯开关（左转）→B、C 电刷→左前转向信号灯和左后尾灯灯丝 7→搭铁，构成回路，如图 5-33b 所示。

当打左转向信号的同时，又踏下制动踏板，这时只有右侧尾灯灯丝 4 才起作用。

3. 制动开关检测

断开制动开关插接器，将万用表调整到欧姆档，在踏下制动踏板和放开制动踏板两种状态下测量断开制动开关接线柱间的电阻，检测方法如图 5-34 所示。踏下制动踏板时应为 0，放开制动踏板时应为无穷大。

（三）倒车信号系统

汽车倒车信号系统一般由倒车信号灯、倒车指示灯、倒车开关、蜂鸣器及语音提示器等组成。

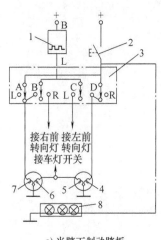
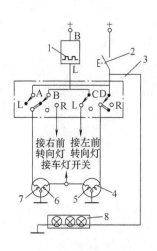

a) 当踏下制动踏板但不打转向时的电路
b) 当打转向信号但不踏下制动踏板时的电路

图 5-33　美国福特汽车双丝灯尾灯的电路
1—闪光器　2—制动信号灯开关　3—转向灯开关　4—右后转向及制动灯丝　5—右后驻车灯丝
6—左后驻车灯丝　7—左后转向及制动灯丝　8—高位附加制动灯

1. 倒车灯开关

倒车灯开关通过控制倒车灯来提示车后的行人或车辆注意安全。倒车灯开关常安装在变速杆上（图 5-35），主要由弹簧、触点、膜片和钢球等组成。钢球平时被倒车档叉轴顶起，当挂入倒档时，钢球被松开，使触点闭合，将倒车信号电路接通，倒车灯亮。

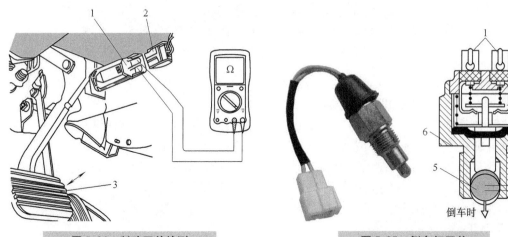

图 5-34　制动开关检测
1—制动开关插座　2—制动开关插头
3—制动踏板

图 5-35　倒车灯开关
1—接线柱　2—弹簧　3—触点
4—膜片　5—钢球　6—底座

当检测倒车灯开关时，首先将倒车灯开关插接器断开，用万用表调整到欧姆档。在倒档和空档两种状态下测量倒车灯开关接线柱间的电阻。倒档时应为 0，空档时应为无穷大。

2. 倒车信号电路

倒车信号电路（图5-36）主要包括继电器、蜂鸣器、倒车灯开关和熔丝等。其工作原理如下：

倒车时，倒车灯开关闭合，其电路为：电流由蓄电池正极→倒车灯开关→倒车灯→搭铁，倒车灯亮；同时，电流经继电器中的触点到蜂鸣器，使蜂鸣器发出响声。此时，线圈 L_1 和 L_2 中均有电流通过，流经 L_2 的电流同时向电容器充电。由于 L_1 和 L_2 的电流大小相等，方向相反，产生的磁通量互相抵消，故触点继续闭合。随着电容器两端电压逐渐升高，L_2 中的电流逐渐减小，当 L_1 中磁通量大于 L_2 的磁通量时，磁吸力使触点打开，蜂鸣器停止发响。

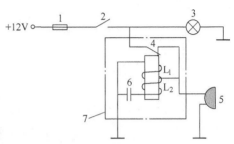

图5-36　倒车信号电路
1—熔断器　2—倒车灯开关　3—倒车灯　4—触点
5—蜂鸣器　6—电容器　7—继电器

当触点打开后，电容器经 L_1 和 L_2 放电。当电容器两端的电压下降到一定值时，磁吸力小于弹簧弹力，触点又重新闭合，蜂鸣器又发响，电容器又开始充电，如此反复蜂鸣器利用电容器的充电和放电，使触点时开时闭，从而控制蜂鸣器间歇发声，以警告行人和其他车辆的驾驶人注意。

在倒车时，倒车灯不受继电器控制，一直发亮。在夜间时，倒车灯还兼有倒车照明作用。

3. 倒车蜂鸣器与语音报警器

随着集成电路技术的发展，在汽车倒车电路中已广泛应用了集成电路蜂鸣器和语音报警器装置。当汽车倒车时，蜂鸣器能发出间歇的鸣叫，语音报警器能重复发出"请注意，倒车！"等声音，以此提醒过往行人避让车辆而确保车辆安全倒车。

4. 倒车雷达系统

倒车雷达系统在倒车时起到辅助报警作用，大大提高了倒车安全性。倒车雷达系统由倒车雷达侦测器、控制器和蜂鸣器等组成。倒车雷达侦测器安装在车辆后部保险杠上，如图5-37所示。

倒车雷达系统的工作原理如图5-38所示，侦测器向汽车后部发射超声波，并接收反射回来的超声波，经控制器计算判断障碍物离车尾的距离。如达到报警位置，就传送信号给蜂鸣器。

图5-37　倒车雷达安装位置

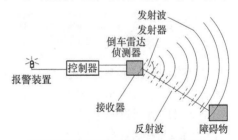

图5-38　倒车雷达系统的工作原理

倒车雷达系统可进行左右范围侦测和上下范围侦测（图5-39），当挂入倒档后，倒车雷达侦测器进入自我检测程序，然后再开始检测汽车后部障碍物。如风神Ⅱ号轿车装备的倒车雷达系统，在汽车后部50cm处检测到物体表面积为 $25cm^2$ 以上的障碍物，就会发出报警声,以提醒驾驶人注意。

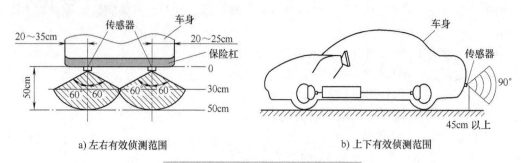

图 5-39 倒车雷达系统有效侦测范围

日产汽车倒车雷达系统电路如图 5-40 所示。当汽车挂入倒档时,系统电路接通,发射头发出的超声波碰到障碍物时有部分被反射回来,再被接收头接收,并转换成脉动电信号(一般有几个障碍物就有几个反射波,也就有几个脉动电信号)。这些信号经过处理后,ECU 根据发射、反射的时间差就可以判断障碍物与汽车尾部的距离,并根据距离判断是否需要报警。

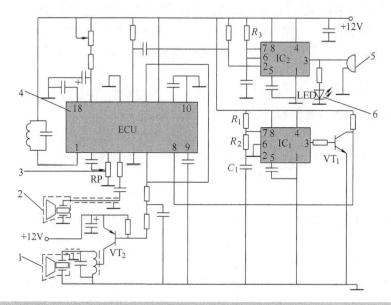

图 5-40 日产汽车倒车雷达系统电路
1—发射头 2—接收头 3—灵敏度调节器 4—ECU 5—电子蜂鸣器 6—发光二极管

日产汽车倒车雷达系统的超声波发射头和接收头并排安装在汽车的尾部,电路部分安装在驾驶室内,使用大约 5m 的带屏蔽导线连接,以防外界干扰。该系统的防撞距离为 3m 左右,报警灵敏度可通过电位器 RP 来调节。

(四) 其他照明及信号电路

在汽车上除了前照灯、雾灯、转向灯及喇叭外,还有制动信号灯、倒车信号灯、驻车灯、行李箱灯等,这些照明或信号的电路比较简单,但不同的车型也不同。当制动信号灯或倒车信号灯不亮时,要仔细分析控制电路,才能准确诊断故障部位,大众新宝来 1.6 车内照明灯及开关、制动信号灯及开关电路如图 5-41 所示。

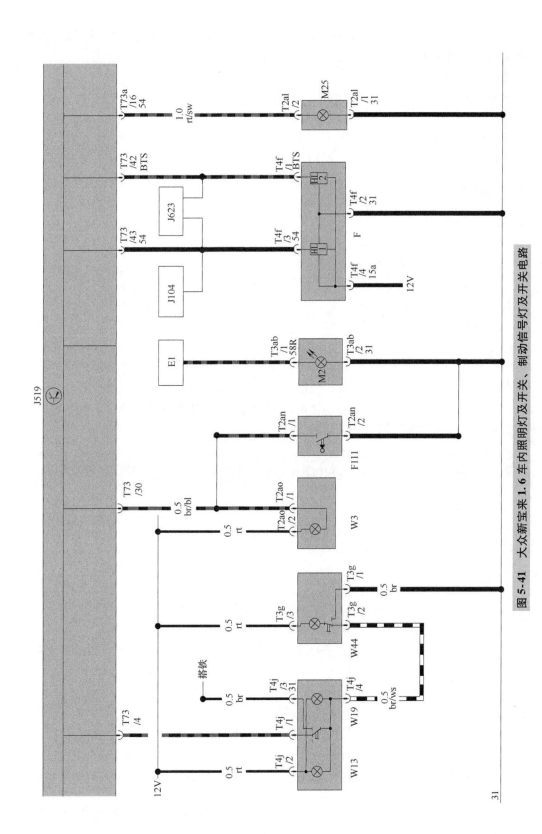

图 5-41 大众新宝来 1.6 车内照明灯及开关、制动信号灯及开关电路

1. 车内照明

大众新宝来车内照明有车内前部阅读灯 W13 和 W19 及其控制开关，中后部阅读灯 W44 及其控制开关，行李箱照明灯 W3 及行李箱盖接触开关 F111。

2. 制动开关及信号灯

大众新宝来制动踏板开关 F 上集成有两个非接触开关，当踩下制动踏板时，开关 F 上的端子 1 和 3 分别输出信号给车身控制单元 J519、发动机控制单元 J623、ABS 控制单元 J104，然后由车身控制单元 J519 控制车后部高位制动灯工作。

M2 为尾部小灯，由车灯开关 E1 控制。

三、实训内容

1. 实训准备

1）准备好试验用车、万用表、跨接线和试灯。
2）强调实训中的安全注意事项。

2. 实训流程

1）就车分析转向灯控制电路。
2）就车分析制动灯控制电路。
3）就车分析倒车灯控制电路。

在认识转向开关、倒车开关和制动开关等部件安装位置后，实训教师提供相应车型电路图，对转向开关、倒车开关和制动开关控制电路进行简单讲解，然后可利用故障元件设置简单故障。让学生进行电路分析，并由学生制订检测流程，经实训教师核准后，由学生分组完成相关数据的检测和分析，同时完成任务单。

> 注意：在操作过程中，注意操作程序与规范，注意设备的正确使用，防止出现事故。

3. 实训记录

完成实训记录单，见实训任务单 5.3。

【项目总结】

1. 汽车照明系统主要由照明设备、电源、电路和控制开关等组成。
2. 照明系统包括前照灯、雾灯、倒车灯、牌照灯和内部照明系统等。
3. 灯光信号系统包括转向信号灯、危险警告灯、制动灯、示廓灯、高位制动灯以及电喇叭、倒车警告装置等。
4. 前照灯控制电路由灯光开关、变光开关、远光指示灯和前照灯等组成。
5. 电喇叭的调整包括音调和音量的调整。
6. 汽车转向灯系统一般由转向信号灯、转向指示灯、转向开关和闪光器等组成。
7. 制动信号灯由制动信号灯开关控制，常见的有液压式和弹簧式等类型。
8. 倒车雷达系统由倒车雷达侦测器、控制器和蜂鸣器等组成，在倒车时起到辅助报警作用。

【思考与练习】

1. 单选题

（1）为了防止夜间会车炫目，将前照灯远光灯切换为近光灯，近光灯灯丝位于（　　）。
A. 反射镜焦点处　　　　　　　　B. 反射镜焦点上方或前方
C. 反射镜焦点下方　　　　　　　D. 反射镜焦点以外任一位置

（2）当车辆遇到危险时，可将危险警告灯开关打开，使（　　）同时闪烁。
A. 示位灯和雾灯　　B. 左右前照灯　　C. 全部转向灯　　D. 雾灯和前照灯

（3）下列不属于转向灯系统的是（　　）。
A. 转向信号灯　　　B. 转向指示灯　　C. 闪光器　　　　D. 变光开关

（4）电喇叭的音量调整是通过触点压力来实现的，触点（　　），音量就高。
A. 压力越大　　　　B. 压力越小　　　C. 接触时间越长　D. 接触时间越短

（5）关于电子闪光器，下述（　　）的说法是正确的。
A. 无故障报警功能　　　　　　　B. 容易发热
C. 闪光频率稳定，亮暗分明　　　D. 结构复杂，成本高

2. 多选题

（1）白炽灯泡充以体积分数约86%的氩和约14%的氮的混合惰性气体，其目的是（　　）。
A. 减少钨的蒸发　　B. 增强发光效率　C. 聚合平行光束　D. 延长灯泡的寿命

（2）关于前照灯，下述（　　）的说法是正确的。
A. 应能保证车前明亮而均匀的照明
B. 应能防止炫目
C. 使驾驶人至少能看清车前100m以内路面上的障碍物
D. 使驾驶人至少能看清车前100m以外路面上的障碍物

（3）按前照灯光学组件结构不同，前照灯有（　　）等类型。
A. 组合式　　　　　B. 封闭式　　　　C. 半封闭式　　　D. 可拆式

（4）电喇叭在触点间并联了电容，其目的是（　　）。
A. 灭弧　　　　　　　　　　　　B. 避免触点烧蚀
C. 减小触点张开时的火花　　　　D. 使其声音悦耳

（5）在用前照灯检测仪调整前照灯前，车辆必须要做的准备工作是（　　）。
A. 前照灯灯罩清洁　　　　　　　B. 轮胎气压符合标准
C. 打开空调等辅助用电器　　　　D. 车辆必须停在平坦路面

3. 判断题

（1）高亮度弧光灯有传统灯泡的灯丝，充有氙气及微量金属或金属卤化物。（　　）
（2）在紧急遇险状态时，全部转向灯可通过危险警告灯开关接通同时闪烁。（　　）
（3）弧光放电前照灯由弧光灯组件、ECU和升压器三大部件组成。（　　）
（4）高亮度弧光灯亮度是卤素灯泡的2.5倍，但多耗约40%的电能。（　　）
（5）前照灯光学系统主要由灯泡、反射镜和配光屏组成。（　　）

4. 问答题

（1）为了防止眩目，汽车前照灯在结构上采用了哪些措施？

（2）利用屏幕法如何进行前照灯光束的调整？

（3）电喇叭的音量、音调如何调整？试举例说明。

（4）前照灯常见的故障有哪些？如何诊断？

（5）雾灯常见的故障有哪些？如何诊断？

（6）简述汽车转向信号系统的组成及工作过程。

（7）简述汽车制动信号系统的组成及工作过程。

（8）简述汽车倒车信号系统的组成及工作过程。

（9）参照图 5-15，写出大众新宝来车远光灯不亮诊断过程。

（10）参照图 5-16，写出大众新宝来车前后雾灯都不亮诊断过程。

项目六 仪表与报警系统

▶ 目标及要求

教学目标	（1）掌握汽车仪表的结构及工作原理 （2）掌握报警系统的控制电路
能力要求	（1）学会汽车仪表电路的检测及故障诊断 （2）学会报警系统电路的检测及故障诊断

▶ 项目概述

汽车仪表用来指示汽车运行及发动机的工作状况，以便驾驶人能随时了解各系统的工作情况，保证汽车能安全可靠地行驶。汽车仪表一般包括冷却液温度表、燃油表、车速里程表和发动机转速表等。

报警系统主要由报警指示灯及导线组成。当汽车或发动机的某一系统处于不良或特殊状况时，报警指示灯点亮，以提示驾驶人注意。汽车报警指示灯一般包括冷却液温度过高指示灯、机油压力过低指示灯、气压过低指示灯、充电指示灯、燃油液面过低指示灯、制动液面过低指示灯、制动器摩擦片极限警告灯、轮胎气压指示灯和空气滤清器堵塞指示灯等。为了更好地掌握汽车仪表、报警系统及控制电路，本项目设置两个学习任务。任务内容如下：

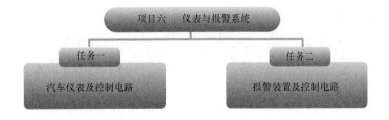

任务一　汽车仪表及控制电路

一、任务描述

不同车型所配置的仪表也不同，但基本上都有冷却液温度表、燃油表、车速里程表和发动机转速表等。那么，这些仪表的结构原理及工作电路如何？当仪表上出现故障时，如何进行诊断分析？要掌握这些内容，应进入下面的学习任务：

1）汽车仪表的类型及原理。
2）典型汽车仪表电路。
3）汽车仪表常见故障分析。

二、相关知识及技能

（一）汽车仪表类型及原理

现代汽车仪表多采用组合仪表。组合仪表中一般有冷却液温度表、燃油表、车速里程表和发动机转速表等，同时，仪表板上还有许多指示灯、警告灯和仪表灯等。

1. 燃油表

燃油表的作用是指示汽车油箱中存油量的多少。燃油表的电路主要由传感器、油量指示等组成。传感器安装在油箱中，一般为可变电阻式。根据结构原理的不同，燃油表分为电磁式和电热式两种。

（1）电磁式燃油表　电磁式燃油表的结构原理如图 6-1a 所示，其内有两个互成一定角度的铁心，铁心上分别绕有磁化线圈，其中磁化线圈 L_1 与可变电阻串联，磁化线圈 L_2 与可变电阻并联，两个铁心的下端对着带指针的偏转衔铁，传感器由可变电阻、滑片和浮子等组成。当油箱内油面位置高低变化时，浮子带动滑片移动，从而改变电阻的大小，其等效电路如图 6-1b 所示。

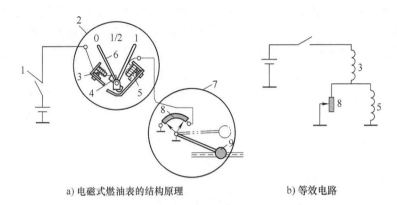

a) 电磁式燃油表的结构原理　　　　b) 等效电路

图 6-1　电磁式燃油表的结构及工作电路
1—点火开关　2—燃油表　3—线圈 L_1　4—转子　5—线圈 L_2　6—指针　7—传感器　8—可变电阻　9—浮子

工作原理：当油箱油量减少时，浮子下沉，可变电阻阻值变小，通过的电流变小，而线圈 L_1 的电流增大，产生的电磁吸力增大，转子使指针逆时针转动。当油箱油量增加时，浮子上浮，可变电阻阻值变大，通过的电流变大，而线圈 L_1 的电流减少，产生的电磁吸力减小，转子使指针顺时针转动。

（2）电热式燃油表　电热式燃油表又称为双金属片式燃油表，其结构如图 6-2a 所示，其传感器结构原理与电磁式的传感器相同，等效电路如图 6-2b 所示。

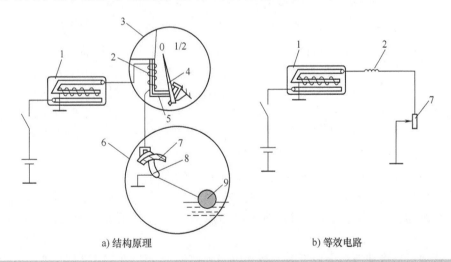

a) 结构原理　　　　b) 等效电路

图 6-2　电热式燃油表的结构及工作电路
1—电源稳压器　2—加热线圈　3—燃油表　4—指针　5—双金属片　6—传感器　7—可变电阻　8—滑片　9—浮子

工作原理：当油箱油量减少时，传感器浮子下沉，将可变电阻阻值增大，加热线圈中的电流减小，双金属片变形小，使指针指示值减小。当油箱油量增加时，传感器浮子上浮，将可变电阻阻值减小，加热线圈中的电流增大，双金属片变形大，使指针指示值变大。

由于加热线圈中的电流除与可变电阻有关外，还与电源电压有关，因此该电路中应配有电源稳压器。

2. 冷却液温度表

冷却液温度表是用来指示发动机冷却液工作温度的高低。冷却液温度表电路主要由传感器、冷却液温度指示等组成。传感器安装在发动机气缸盖的冷却水套上,有热敏电阻式和电热式两种。冷却液温度表按结构原理的不同有电磁式和电热式两种。

(1) 电热式冷却液温度表 电热式冷却液温度表又称为双金属片式冷却液温度表,与之配套的传感器有电热式和热敏电阻式两种。传感器为电热式的冷却液温度表的工作电路如图6-3所示。传感器内的双金属片上绕有加热线圈,线圈的一端通过连接片与接线柱相连,另一端经固定触点搭铁。

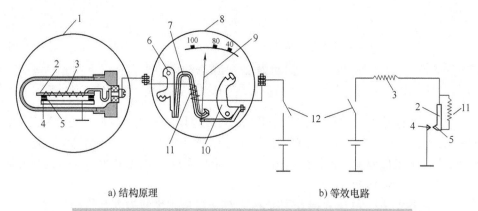

a) 结构原理　　　　b) 等效电路

图 6-3　传感器为电热式的冷却液温度表的工作电路
1—传感器　2、7—双金属片　3、11—电热丝　4—固定触点　5—动触点
6、10—调节齿扇　8—冷却液温度表　9—指针　12—点火开关

工作原理:当冷却液温度较低时,传感器内的双金属片主要依靠加热线圈产生变形,这样需较长时间加热,双金属片才能变形而使触点断开。触点断开后,由于周围温度较低而使双金属片会很快冷却,使触点又闭合,所以冷却液温度较低时,触点闭合时间较长,使流过冷却液温度表的加热线圈的电流增大,则冷却液温度表中的双金属片变形较大,而带动指针向右偏转较大,指示数值较小。当冷却液温度较高时,传感器内双金属片的周围温度高,则触点的断开时间较长,而流过冷却液温度表加热线圈的电流较小,所以冷却液温度表内双金属片变形较小,而带动指针向右偏转较小,指示数值较大。

传感器为热敏电阻式的冷却液温度表的工作电路如图6-4所示。传感器主要元件为负温度系数的热敏电阻。当温度升高时,热敏电阻阻值下降;当温度降低时,热敏电阻阻值升高。

工作原理:当冷却液温度较低时,热敏电阻阻值较大,流过冷却液温度表加热线圈的电流较小,则加热线圈温度较低,使双金属片变形较小,指示数值较小;当冷却液温度较高时,热敏电阻阻值较小,流过冷却液温度表加热线圈的电流较大,则加热线圈温度较高,使双金属片变形较大,指示数值较大。

在这种形式的电路中需配有电源稳压器,其作用是在电源电压波动时,起稳定电路电压的作用,以保护仪表的读数准确。

(2) 电磁式冷却液温度表 电磁式冷却液温度表的结构如图6-5a所示。配套的传感器一般为热敏电阻式,且不需要电源稳压器。冷却液温度表内有两个互成一定角度的铁心,铁

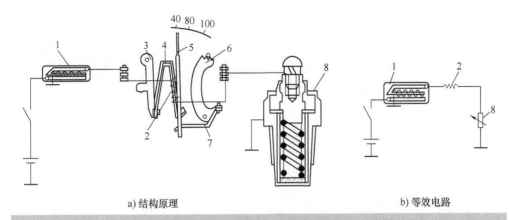

a) 结构原理　　　　　　　　　　　　　　　　b) 等效电路

图6-4　传感器为热敏电阻式的冷却液温度表的工作电路
1—电源稳压器　2—电热丝　3、6—调节齿扇　4—双金属片　5—指针　7—弹簧片　8—热敏电阻式传感器

心上分别绕有磁化线圈，其中磁化线圈 L_1 与传感器并联，磁化线圈 L_2 与传感器串联，两个铁心的下端对着带指针的偏转衔铁，其等效电路如图6-5b所示。

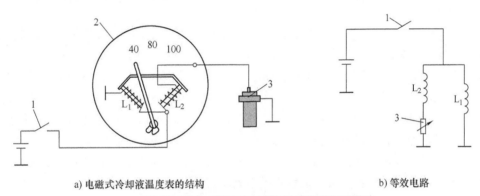

a) 电磁式冷却液温度表的结构　　　　　　　　　　b) 等效电路

图6-5　电磁式冷却液温度表的结构及工作电路
1—点火开关　2—冷却液温度表　3—冷却液温度传感器

工作原理：当冷却液温度较低时，热敏电阻传感器的阻值较大，则 L_2 中的电流较小，L_1 中的电流较大，磁场较强，则吸引衔铁向低温方向偏转；当冷却液温度较高时，热敏电阻传感器阻值较小，则 L_2 中的电流较大，磁场较强，则吸引衔铁向高温方向偏转。

3. 车速里程表

车速里程表是用来指示汽车行驶速度和累计行驶里程数的仪表，一般由车速表和里程表两部分组成。车速里程表有机械式（磁感应式）和电子式两种。

（1）机械式车速里程表　机械式车速里程表的结构如图6-6所示。机械式车速里程表没有电路连接，是由变速器输出轴上的一套蜗轮、蜗杆及软轴组成，通过机械传动来完成车速里程指示功能的。

车速表由永久磁铁、指针、铝碗、罩壳和刻度盘等组成。罩壳是固定的，铝碗是杯形的，与永久磁铁及罩壳之间具有一定的间隙，没有机械连接。铝碗与指针一起转动，在静态时，由于盘形弹簧的作用使指针指在刻度盘"0"的位置上。

车速表工作原理：当汽车直线行驶时，变速器输出轴上的蜗轮、蜗杆以及软轴等带动永

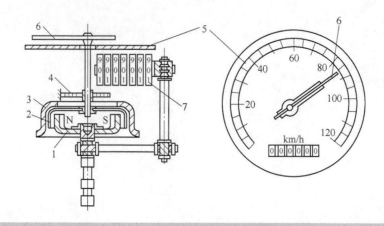

图 6-6 机械式车速里程表的结构
1—永久磁铁 2—铝碗 3—罩壳 4—盘形弹簧 5—刻度盘 6—指针 7—十进制里程表

久磁铁转动,同时在铝碗上感应出涡流,产生转矩,使铝碗向永久磁铁转动方向转动,带动指针同转一个角度,因为涡流的强弱与车速成正比,所以指针指示的速度也必与汽车的行驶速度成正比。

里程表由蜗轮、蜗杆和计数轮等组成。蜗轮、蜗杆和汽车的传动轴之间具有一定的传动比。在汽车行驶时,软轴驱动车速里程表的小轴,经三对蜗轮、蜗杆带动里程表的第一计数轮转动。第一计数轮上的数字为 1/10km,每两个相邻的计数轮之间,又通过本身的内齿和进位计数轮的传动齿轮,形成 1:10 的传动比。这样当汽车行驶时,就可以将其行驶里程不断累计起来。

(2) 电子式车速里程表 电子式车速里程表由车速传感器、电子电路、步进电动机、车速表和里程表等组成。目前很多轿车都采用了电子式车速里程表。

车速传感器安装在变速器的输出轴上,由转子和舌簧开关组成,如图 6-7 所示。转子有四对磁极,每转一周,舌簧开关中的触点闭合八次,产生八个脉冲信号。

电子电路的作用是将车速传感器送来的电信号,经过整形和触发,输出一个与车速成正比的电流信号,其电路如图 6-8 所示。

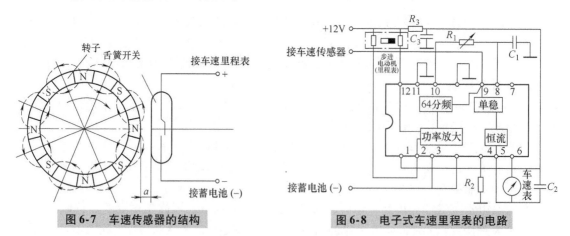

图 6-7 车速传感器的结构　　　　　图 6-8 电子式车速里程表的电路

车速表根据车速传感器输出的与车速成正比的电流信号,驱动车速表指针偏转,来指示相应的车速。里程表由一个步进电动机和一个十进制齿轮计数器组成。步进电动机是一种利用电磁铁的原理将脉冲信号转换为线位移或角位移的电动机。

4. 发动机转速表

发动机转速表用于指示发动机的运转速度，目前多采用电子式发动机转速表。根据发动机转速表的信号源不同分为脉冲式电子转速表和磁感应式电子转速表。

（1）**脉冲式电子转速表** 脉冲式电子转速表的信号来自点火系统初级电路的脉冲电压。如桑塔纳 2000GLi 型轿车电子转速表的信号就是从点火线圈中获得初级电流中断时产生的脉冲信号，并在点火线圈中转换成电压脉冲，经数字集成电路处理后，在表头上偏转指针来显示发动机转速的。脉冲式电子转速表的工作原理如图 6-9 所示。

工作原理：当点火控制器使初级电路导通时，晶体管 VT 处于截止状态，电容 C_2 被充电。其充电电路为：蓄电池正极→R_3→C_2→VD_2→蓄电池负极，构成回路。

当点火控制器使初级电路断开时，晶体管 VT 导通，此时电容 C_2 便通过导通的晶体管 VT、电流表 A 和 VD_1 构成放电回路，从而驱动电流表。

当发动机工作时，初级电路不断导通断开，其通断次数与发动机转速成正比。所以当初级电路不断通断时，对电容 C_2 不断进行充放电，其放电电流平均值与发动机转速成正比，于是将电流表刻度值经过标定后，刻成发动机转速即可。

稳压管 VS 起稳压作用，使电容 C_2 再次充电电压不变，以提高测量精度。

（2）**磁感应式电子转速表** 磁感应式电子转速表主要由转速传感器、表头和电子电路等组成。转速传感器安装在飞轮壳上，利用磁感原理产生电信号。磁感应式转速传感器的结构如图 6-10 所示，主要由永久磁铁、感应线圈、心轴和外壳等组成。

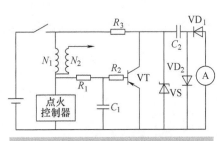

图 6-9　脉冲式电子转速表的工作原理

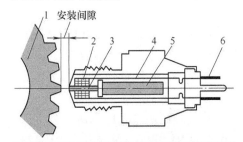

图 6-10　磁感应式转速传感器的结构
1—转子　2—感应线圈　3—心轴　4—连接线
5—永久磁铁　6—接线柱

工作原理：当飞轮（转子）转动时，齿顶与齿底不断地通过心轴，其间隙的大小发生周期性变化，使穿过心轴中的磁通也随之发生周期性地变化，于是在感应线圈中感应出交变电动势。该交变电动势的频率与心轴中磁通变化的频率成正比，即与通过心轴端面的飞轮齿数成正比。而信号的频率和幅值与发动机转速成正比，当转速升高时频率升高，幅值增大，指针摆动角度也相应增大，于是转速表指示的转速就高。

（二）电子仪表及显示系统

1. 电子仪表系统工作原理

汽车电子仪表系统以微处理器为核心，利用来自不同传感器的模拟信号或数字信号通过中央处理器的运算处理，最后电子仪表显示器显示所有信息。汽车电子仪表系统能准确、迅速地处理各种复杂信息，并能以数字、文字或图形的形式显示出来，还能向驾驶人发出汽车各种工作状态的信号和故障信息。电子仪表系统的基本组成有传感器与开关、ECU 及显示装置，如图 6-11 所示。

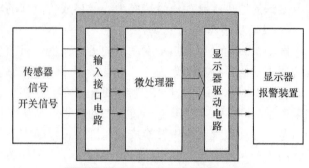

图 6-11 电子仪表系统的基本组成

（1）传感器与开关　在电子仪表系统中，传感器的作用是将发动机的转速、发动机温度、燃油量、车速及机油压力等参数转变为电信号并输送给 ECU。常见的传感器与开关有发动机转速传感器、发动机温度传感器、机油压力开关、燃油量传感器及车速传感器等。

（2）ECU　ECU 主要由微处理器、输入接口电路和显示器驱动电路等组成。微处理器对信号进行分析与计算后，输出控制信号，控制相关的显示器或报警装置的工作。

（3）显示装置　显示装置用于显示发动机转速、发动机温度、燃油量和车速等信息，同时具有发动机温度过高报警、机油压力过低报警和制动液面过低报警等功能。报警方式有警告灯亮起或闪烁、蜂鸣器鸣响等。

2. 电子仪表系统显示装置

汽车电子仪表系统显示方式一般有模拟式、数字式和图形式三种。模拟式显示装置是只通过指针的偏摆反映示值；数字式和图形式显示装置根据工作原理的不同，分为发光二极管显示器、液晶显示器、真空荧光显示器和阴极射线管显示器等。由于阴极射线管显示器过于笨重，已经淘汰。

（1）发光二极管显示器（LED）　发光二极管显示器有直线排列式、七画数字式和光点阵式等多种结构形式。七画数字式是指每个数字位用七画构成，如图 6-12 所示。其控制器输出的控制信号经译码器转换为相应笔画的发光二极管的高位电，以显示 0~9 中的某一个数字。

光点阵数字显示发光二极管显示器，每个发光二极管点亮后，构成数字笔画的一点，如图 6-13 所示。光点阵数字显示器与七画数字式相同，只是在显示某个数字时，由多个发光二极管点亮实现的。

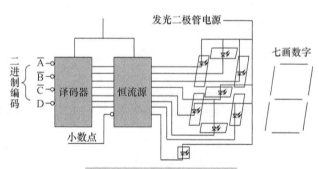

图 6-12 七画数字式显示器

发光二极管显示器是一种固态发光器件，具有体积小、结构简单和使用寿命长等优点，但其发光亮度是通过调节二极管电流来实现的，所以，当发光亮度较强时，其电流较大，则所需的电功率较大；而发光亮度较弱时，在阳光的照射下又不容易辨识，因此，发光二极管显示器不容易实现大屏幕显示。

（2）液晶显示器（LCD）　液晶显示器是在其他光源的激发下，在阻止和允许光线通过这两种状态之间进行转换的。液晶显示器的基本结构如图 6-14 所示，液晶被封装在两块有透明电极膜的玻璃板之间，两玻璃板的外侧是两块偏光轴互相垂直的偏振滤波片。经特殊研磨处理的玻璃板表面可使液晶分子被强制性同方向配置，前后玻璃板中做90°配置，液晶分子的方向则以90°螺旋状排列，如图6-15所示。

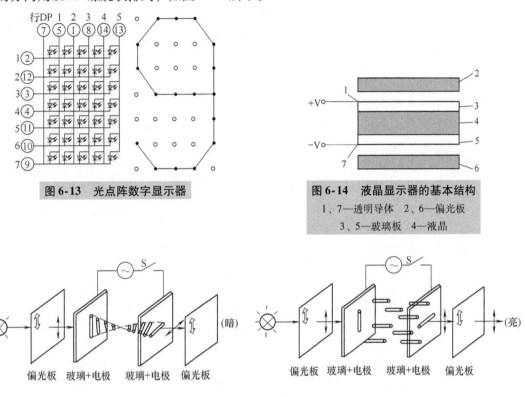

图6-13 光点阵数字显示器

图6-14 液晶显示器的基本结构
1、7—透明导体 2、6—偏光板
3、5—玻璃板 4—液晶

a) 开关S断开

b) 开关S接通

图6-15 液晶显示器的工作原理

当光源的光线从一侧射入时，通过偏光板的光成为直线光进入液晶层，经液晶分子螺旋状90°的偏转后到达另一侧的玻璃板，偏光板使其偏光轴垂直的光线不能通过而变暗。当两玻璃板之间加上一个电压时，在电场力的作用下，液晶分子的长轴方向转成与玻璃板表面互相垂直，此时，从一侧偏光板进入的光线就不会再引起旋转，光线通过另一侧的偏光板而呈明亮状态。这样，通过控制玻璃板上透明笔画电极的通断电，就可显示数字、字母或图形。

液晶显示器的显示面积大，能耗低，显示清晰，且不受阳光直射的影响，通过滤光镜还可以显示不同的颜色，因此，应用极为广泛。

（3）真空荧光显示器（VFD）　真空荧光显示器是一种低压真空管，主要由真空玻璃盒、热阴极（灯丝）、栅极和荧光屏等组成，如图6-16所示。其原理是：对阴极施加一个恒定的电压，就会发射电子，而电子通过栅极加速后射向阳极，使阳极上的荧光物质在电子的冲击下发光。由于阳极是用不同的笔划段组成，通过数字开关电路的控制，就能

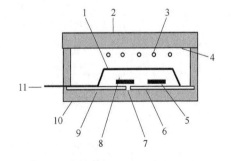

图6-16 真空荧光显示器的工作原理
1—栅极 2—玻璃盖 3—灯丝 4—透明导电膜
5—阳极 6—绝缘层 7—通水 8—荧光屏
9—电路 10—玻璃基板 11—引脚

显示不同的数字和字母了。

真空荧光显示器有七笔画和 14 笔画两种，七笔画段只可显示数字，而 14 笔画段可显示全部字母和数字。真空荧光显示器容易与控制电路连接，适应环境的能力强，且能显示数字、单词及形状图表等。

（三）典型汽车仪表板及控制电路

大众新宝来轿车的组合仪表板如图 6-17 所示，包括发动机转速表、车速表、多功能显示器，在显示器中有燃油量指示、档位指示、保养指示等。

大众新宝来轿车的组合仪表控制电路如图 6-18 所示，包括冷却液液位报警电路、燃油表及油量报警电路、发动机冷却液温度过高报警电路、发动机转速表电路、车辆行驶里程表电路、机油压力报警电路等，电路中符号含义见表 6-1。

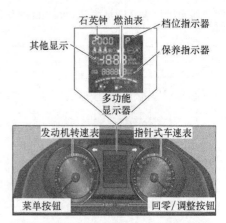

图 6-17 大众新宝来轿车仪表板组成

表 6-1 大众新宝来轿车仪表电路符号及含义

符 号	含 义	符 号	含 义
A	蓄电池	J362	防盗止动系统控制单元
D	点火起动开关	J519	车身控制模块
D2	防盗止动系统读出线圈	K1	远光指示灯
E4	手动变光开关	K2	发电机指示灯
E3	闪烁报警灯开关	K3	油压指示灯
E18	后雾灯开关	K13	后雾灯指示灯
E22	间隙车窗刮水器	K19	安全带报警指示灯
E86	多功能显示器调用按钮	K28	冷却液温度和冷却液不足指示灯
E92	复位按钮	K31	GRA 指示灯
F1	油压开关	K32	制动摩擦片指示灯
F9	驻车制动控制开关	K47	ABS 指示灯
F34	制动液液位警告信号触点	K48	换档显示指示灯
G	燃油存量显示传感器	K65	左侧转向灯指示灯
G1	燃油存量显示	K75	安全气囊指示灯
G5	转速测量表	K83	排气指示灯
G6	燃油泵	K94	右侧转向灯指示灯
G17	车外温度传感器	K105	燃油储备指示灯
G21	车速表	K118	制动系统指示灯
G32	冷却液不足显示传感器	K132	电控节气门故障信号灯
H3	蜂鸣器及报警音	K155	ASR 指示灯
J119	多功能显示器	K166	车门打开指示灯
J285	仪表板控制单元	K169	变速杆锁指示灯

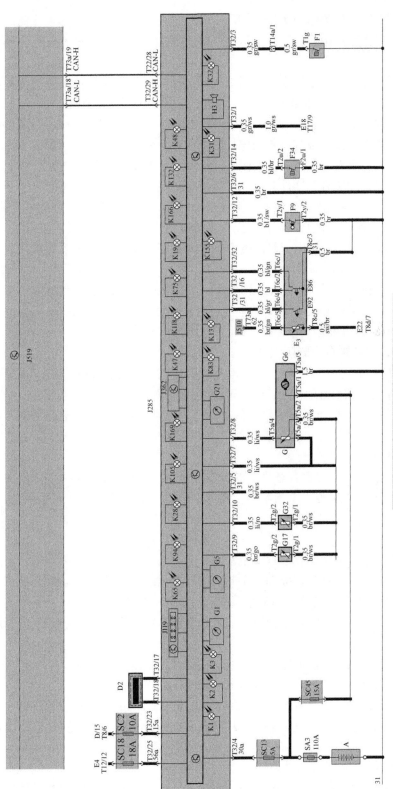

图 6-18 大众新宝来车仪表控制电路

（四）汽车仪表常见故障分析

1. 电子仪表系统检修时的注意事项

1）电子仪表系统出现故障必须依照维修手册中的规定，应由专业人员用专用仪器进行检测和维修。

2）在使用和检修电子仪表显示器或逻辑电路板时，不能将蓄电池的全部电压加在仪表板的任何输入端（除非有特殊说明），否则将造成微机电路的损坏。

3）在检测电压、电阻时，应使用高阻抗仪器，不能使用简单仪表，否则将损坏微机电路。

4）当拆卸电子仪表板时，首先应切断电源，然后按照正确的拆卸顺序进行拆卸。

5）当拆卸电子仪表板时，不能敲打、振动，不能用力过猛，以防损坏电子元器件。

6）当更换电子仪表元器件时，注意保护好备用元件的集成电路引线端子，不能触摸或与身体接触，否则会使仪表读数消失，甚至造成元器件的损坏；在处理电子式车速/里程表的电路板时，应使用原来的塑料盒，以免因静电感应而损坏。

7）作业时，应使用静电保护装置，通常用一根与车身连接的手腕带和放置一个电子部件的导电垫板。

8）当发动机工作时，不能将蓄电池断开，否则会导致电子仪表损坏。

9）电子仪表系统使用冷阴极管的，应注意冷阴极管插接器上通电后，会存在高压交流电，因此通电后不得接触这些部件。

2. 电子仪表故障自诊断系统

现代汽车电子仪表系统多配备故障自诊断系统。自诊断系统将其所监测到的故障以故障码的形式存储在存储器中，在维修汽车时，用诊断仪将故障信息读取出来，以便维修人员准确、迅速地查找和排除电子仪表系统的故障。当电子仪表系统相关传感器信号缺失或超出了正常范围时，自诊断系统就会使仪表板上的警告灯亮起或闪亮，以便发出故障报警信号。

3. 电子组合仪表的检查

组合仪表常见的故障有背景光暗淡或没有背光、冷却液温度表不准或不指示、转速表不准或不指示、燃油表不准或不指示等，要仔细分析控制电路，才能准确诊断故障部位。

（1）组合仪表工作状态检查

1）起动发动机。

2）检查各仪表的工作状态是否正常。

3）操纵变速杆、制动踏板和驻车制动器等操纵机构，观察相应的仪表指示是否正常。

（2）组合仪表背景光的检测　组合仪表背景光的检查流程如图6-19所示。

（3）发动机冷却液温度表的检测　发动机冷却液温度表的检测流程如图6-20所示。诊断方法如下：

1）拆下发动机冷却液温度传感器线束插接器，如图6-21所示。

2）把测试灯连接在配线侧插接器和搭铁端子之间。

3）当将点火开关置于"ON"位置时，如果测试灯不点亮，说明电气配线有故障，应修理。

4）如果测试灯点亮，且发动机冷却液温度表指针摆动，说明发动机冷却液温度传感器损坏，应更换；如果测试灯点亮，但发动机冷却液温度表指针不摆动，说明发动机冷却液温度表损坏，应更换。

以中华尊驰2.0MT发动机冷却液温度表为例，用万用表测量各端子之间的电阻值，如

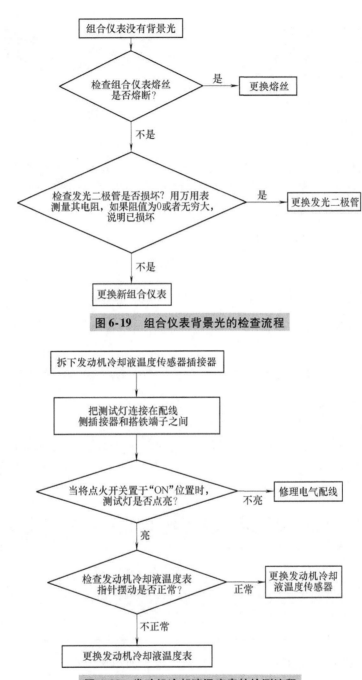

图 6-19 组合仪表背景光的检查流程

图 6-20 发动机冷却液温度表的检测流程

图 6-22 所示，测量时千万不要触碰到印制电路板。标准数据：电源与搭铁之间的阻值为 137Ω，电源与发动机冷却液温度表之间的阻值为 77Ω，发动机冷却液温度表与搭铁之间的阻值为 112Ω。

（4）检查发动机冷却液温度传感器　将发动机冷却液排出，再拆下发动机冷却液温度传感器，然后把组件浸入 70℃ 的水中，测量电阻，如图 6-23 所示。与标准值对照，如果不符则更换传感器。中华尊驰 2.0MT 冷却液温度传感器在 70℃ 时的阻值为 (104±13.5)Ω。检查后，将其装回发动机，并注入发动机冷却液。

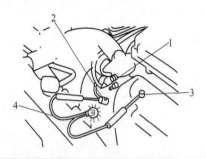

图 6-21 发动机冷却液温度传感器的检查
1—冷却液温度传感器 2—插接器 3—搭铁点 4—测试灯

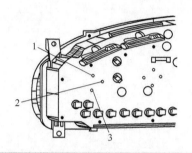

图 6-22 测量各端子之间的电阻值
1—电源 2—搭铁 3—发动机冷却液温度表

(5) 车速表及传感器的检测

1) 将轮胎压力值调整到规定大小。

2) 将汽车停驶在车速试验台上，如图 6-24 所示。

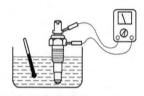

图 6-23 检查发动机冷却液温度传感器

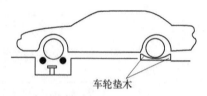

图 6-24 将汽车停驶在车速试验台上

3) 确认驻车制动器已正确调整。

4) 为防止汽车左右移动，应将汽车左右固定。

5) 为防止汽车开出，务必用链条或钢丝绳系住后部，务必固紧链条或钢丝绳的端部。

6) 检查车速表指示范围是否在标准值范围内。中华尊驰 2.0MT 车速表标准值见表 6-2。

注意：在试验的时候，不要突然操作离合器或急速地提高（或降低）速度。

表 6-2 中华尊驰 2.0MT 车速表标准值 （单位：km/h）

标准值	允许值范围	标准值	允许值范围
40	41.33 ~ 46.93	80	82.66 ~ 89.06
60	62 ~ 68	120	124 ~ 131.2

7) 拆下车速传感器，连接一个 3 ~ 10kΩ 的电阻，如图 6-25 所示。

8) 转动车速传感器轴，端子 1 和 2 之间应有一个电压信号。

(6) 燃油表及其传感器的检测　燃油表的检测方法和步骤如图 6-26 所示。

1) 当燃油表组件的浮子位于 F（最高）位置和 E（最低）位置时，测量燃油表的端子 1 和 2 间的电阻值是否在标准值范围内。中华尊驰 2.0MT 燃油表的端子及测试灯连接如图 6-27 所示，其标准值 F 位置：(4±2)Ω，E 位置：(112±7)Ω。

2) 当浮子在 F（最高）和 E（最低）位置之间慢慢移动时，测量电阻值是否平稳地变化。

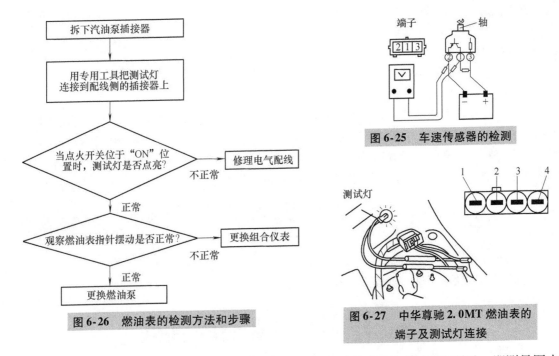

图 6-25 车速传感器的检测

图 6-26 燃油表的检测方法和步骤

图 6-27 中华尊驰 2.0MT 燃油表的端子及测试灯连接

3）测量浮子杆碰到限位块时 F（最高）和 E（最低）时的高度如图 6-28 所示，即测量图中 A 和 B 的数值，并参照标准值分析所测数值是否在允许的范围内。中华尊驰 2.0MT 标准值 A 为 27.5mm，B 为 158.8mm。

4）用万用表测量各端子之间的电阻值如图 6-29 所示。测量时千万不要触碰到印制电路板。中华尊驰 2.0MT 标准值：电源与搭铁之间的阻值为 137Ω，电源与燃油表之间的阻值为 107Ω，燃油表与搭铁之间的阻值为 114Ω。

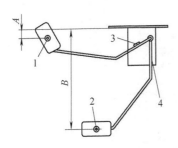

图 6-28 测量浮子杆碰到限位块时 F（最高）和 E（最低）时的高度
1—位置 F（最高） 2—位置 E（最低） 3、4—限位器

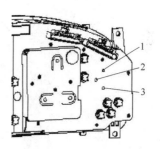

图 6-29 用万用表测量各端子之间的电阻值
1—电源 2—搭铁 3—燃油表

三、实训内容

1. 实训准备

1）准备好实训车、万用表和示波器。

2）强调实训中的安全注意事项。

2. 实训流程

1）仪表及传感器的检查。
2）仪表控制电路的检查。
3）仪表稳压电路的检查。
4）仪表指示精度的检查。

在认识冷却液温度传感器、燃油表传感器和车速传感器等部件安装位置后，实训教师提供相应车型电路图，对冷却液温度传感器、燃油表传感器和车速传感器控制电路进行简单讲解。然后可利用故障元件设置简单故障，让学生进行电路分析，并由学生制定检测流程，经实训教师核准后，由学生分组完成相关数据的检测和分析。

> 注意：在操作过程中，注意操作程序与规范，注意设备的正确使用，防止出现事故。

3. 实训记录

完成实训记录单，见实训任务单6.1。

任务二　报警装置及控制电路

一、任务描述

不同车型所配置的报警装置可能不同，报警装置控制电路也不同。基本的仪表报警有冷却液高温报警、燃油报警、机油报警、制动油报警和发动机故障报警等，那么这些警告灯是如何工作的？当仪表上出现故障报警时，如何进行诊断分析？要掌握这些内容，应进入下面的学习任务：

1）警告灯类型。
2）报警电路控制原理。

3）典型车警告灯图标。

二、相关知识及技能

（一）汽车警告灯的种类

现代汽车仪表板上安装了许多报警装置，如机油压力警告灯、冷却液温度警告灯、燃油不足警告灯和制动液不足警告灯等。

报警装置由传感器和警告灯组成，警告灯发出红光或黄光，且由报警开关控制。当被监测的系统工作不正常时，对应的报警开关闭合，使该系统的警告灯亮，以提醒驾驶人注意，采取相应的措施，确保行车安全。

警告灯通常安装在仪表上，灯泡功率一般为 1~4W。根据不同的报警功能，通常设有标准警告灯图形符号，常见的警告灯图形符号见表 6-3。

表 6-3 常见的警告灯图形符号

序号	名称	图形	颜色	作用
1	蓄电池液面过低警告灯		红	当蓄电池的液面比规定量低时，灯亮
2	机油压力警告灯		红	当发动机机油压力在 0.03MPa 以下时，灯亮
3	充电指示灯		红	当硅整流发电机不发电时，灯亮
4	预热指示灯		黄	当点火开关闭合时，灯亮；当预热结束时，灯灭
5	燃油滤清器积水警告灯		红	当燃油滤清器内积水时，灯亮
6	远光指示灯		蓝	当使用前照灯远光时，灯亮
7	散热器液量不足警告灯		黄	当散热器的液量比规定的少时，灯亮
8	转向指示灯		绿	当开转向灯时，灯亮
9	驻车制动器警告灯		红	当驻车制动器起作用时，灯亮
10	车轮制动器失效警告灯		红	当制动器失效时，灯亮
11	燃油不足警告灯		黄	当燃料余量约在 10L 以下时，灯亮
12	安全带警告灯		红	不管是否装上安全带扣，发动机起动后约 7s，灯灭
13	车门未关警告灯		红	当车门打开或半开时，灯亮
14	制动灯或后位灯失效警告灯		黄	当制动灯或后位灯断路时，灯亮
15	洗涤器液面过低警告灯		黄	当洗涤器液面过低时，灯亮

(续)

序号	名称	图形	颜色	作用
16	安全气囊警告灯	AIR BAC	黄	当安全气囊失效时,灯亮
17	制动防抱死失效警告灯	ABS	红	当 ABS 电控部分有故障时,灯亮
18	发动机故障警告灯	CHECK	红	当发动机电控系统有故障时,灯亮

(二) 各种警告灯电路

1. 机油压力警告灯电路

机油压力警告灯电路由机油压力警告灯和机油压力报警开关等组成。机油压力警告灯监测润滑系统的工作情况。当机油压力低于标准值时,机油压力警告灯点亮,以引起驾驶人的注意。机油压力警告灯由机油压力报警开关控制。下面介绍弹簧管式和膜片式机油压力报警开关:

(1) 弹簧管式机油压力报警开关及控制电路　弹簧管式机油压力报警开关控制的机油压力警告灯电路如图 6-30 所示。该电路由安装在发动机主油道的弹簧管式机油压力报警开关和安装在仪表板上的红色警告灯组成。

弹簧管式报警开关内有一管形弹簧,管形弹簧的一端与主油道相通,另一端有一对触点,固定触点经连接片与接线柱相接,活动触点经外壳搭铁。当机油压力低于标准值时,管形弹簧向内弯曲,触点闭合,机油压力警告灯亮;当机油压力正常时,管形弹簧产生的弹性变形增大,使触点分开,机油压力警告灯熄灭。

(2) 膜片式机油压力报警开关及控制电路　膜片式机油压力警告开关控制的机油压力警告灯电路如图 6-31 所示。该电路由安装在发动机主油道的膜片式机油压力报警开关和安装在仪表板上的红色警告灯组成。

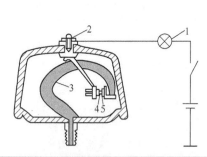

图 6-30　弹簧管式机油压力报警开关控制的机油压力警告灯电路
1—机油压力警告灯　2—接线柱　3—管形弹簧
4—固定触点　5—活动触点

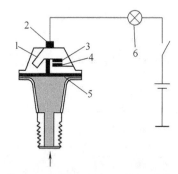

图 6-31　膜片式机油压力警告开关控制的机油压力警告灯电路
1—弹簧片　2—接线柱　3—活动触点
4—固定触点　5—膜片　6—机油压力警告灯

当机油压力正常时,机油压力推动膜片向上弯曲,推杆将触点打开,机油压力警告灯熄灭;当机油压力低于标准值时,膜片在弹簧压力的作用下向下移动,从而使触点闭合,机油压力警告灯亮,警告驾驶人机油压力不足。

2. 冷却液温度警告灯电路

冷却液温度警告灯电路由冷却液温度警告灯和冷却液温度开关等组成。冷却液温度警告灯由双金属片式温度开关控制，其控制电路如图6-32所示。当冷却液温度在正常范围时，双金属片几乎不变形，触点分开，警告灯不亮；当冷却液温度超过标准值时，双金属片由于温度升高而弯曲变形，使触点闭合，红色警告灯亮，以示警告。

3. 燃油不足警告灯电路

燃油不足警告灯由热敏电阻式报警开关控制，其控制电路如图6-33所示。当油箱内燃油量足够时，热敏电阻浸在燃油中，散热快，温度低，电阻

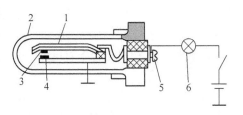

图6-32　冷却液温度过高警告灯电路
1—双金属片　2—壳体　3—活动触点
4—固定触点　5—接线柱　6—温度警告灯

值大，因此电路中几乎没有电流，燃油不足警告灯暗；当燃油减少到规定值以下时，热敏电阻元件露出油面，此时，热敏电阻温度升高，电阻值减小，电路中电流增大，燃油不足警告灯亮，提醒驾驶人注意加油。

> 因现代汽车的电动燃油泵均安装在油箱中，当油箱内燃油过少时，汽油泵得不到冷却，极易损坏电动燃油泵。所以，当燃油过少警告灯亮时，驾驶人应尽快加油。

4. 制动液不足警告灯电路

制动液不足警告灯由安装在制动主缸储液罐内的报警开关控制，其作用是当制动液液面过低时，警告灯亮，以提醒驾驶人注意。控制电路由制动液不足报警开关和制动液不足警告灯组成，如图6-34所示，报警开关为舌簧式开关。

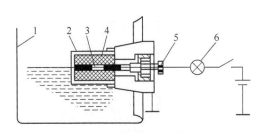

图6-33　燃油不足警告灯电路
1—油箱　2—报警开关　3—热敏电阻
4—防爆金属网　5—接线柱　6—燃油不足警告灯

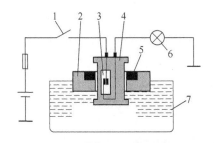

图6-34　制动液不足警告灯电路
1—点火开关　2—浮子　3—舌簧开关　4—舌簧开关外壳
5—永久磁铁　6—警告灯　7—制动液罐

当制动液充足时，浮子的位置较高，此时永久磁铁高于舌簧开关的位置，舌簧开关处于断开状态，制动液不足警告灯不亮；当浮子低于规定值时，永久磁铁便接近舌簧开关，使舌簧开关触点闭合，制动液不足警告灯电路导通，警告灯亮。

5. 制动器摩擦片磨损极限警告灯电路

制动器摩擦片使用极限警告灯的作用是当制动器摩擦片磨损到使用极限厚度时，发出报警信号，表示制动器摩擦片需要更换。制动器摩擦片磨损极限警告灯电路如图6-35所示。

在制动器摩擦片内埋有导线，该导线与组合仪表中的ECU相连，当制动器摩擦片没有到磨损极限时，ECU中的晶体管截止，制动器摩擦片使用极限警告灯不亮；当制动器摩擦片到磨损极限时，制动器摩擦片中埋设的导线被磨断，ECU中的晶体管导通，警告灯亮。

制动器摩擦片使用极限报警与制动液不足报警通常共用一个警告灯。

6. 制动灯电路故障警告灯电路

制动灯电路故障警告灯由一个舌簧开关控制，其控制电路如图 6-36 所示。在正常情况下，踩下制动踏板，制动灯开关接通，电流经电路检测器的左、右线圈到制动信号灯。此时两线圈所产生的磁场相互抵消，舌簧开关的触点继续处于常开状态，警告灯不亮；当左、右两个制动信号灯有一个灯泡坏了，或者电路有断路的情况，则有故障一侧的电磁线圈将不产生磁场，舌簧开关中的触点将闭合，故障警告灯亮，提醒驾驶人制动灯电路有故障。

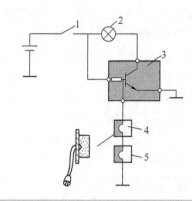

图 6-35　制动器摩擦片磨损极限警告灯电路
1—点火开关　2—警告灯　3—ECU
4—左前制动器摩擦片　5—右前制动器摩擦片

7. 制动系统故障警告灯电路

制动系统故障警告灯由制动灯控制系统及故障警告灯电路组成。以丰田锐志车制动系统故障警告灯为例，其控制电路如图 6-37 所示。打开点火开关，踩下制动踏板（制动灯开关ON），如果制动灯电路断路，且从灯光故障传感器的端子 7 流到端子 1-2 的电流改变，则灯光故障传感器检测到这个断开，灯光故障传感器警告电路被激活。因此电流从灯光故障传感器的端子 4 到端子 11，最后搭铁警告灯点亮。

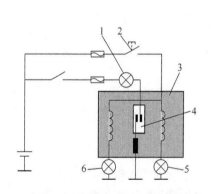

图 6-36　制动灯电路故障警告灯电路
1—警告灯　2—制动开关　3—电路检测器
4—舌簧开关　5—右制动灯　6—左制动灯

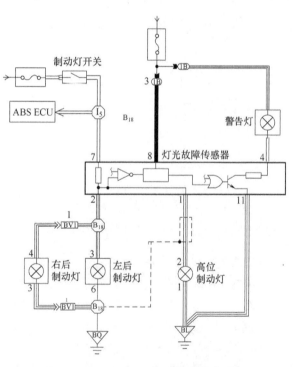

图 6-37　丰田锐志车制动系统故障警报电路

8. 蓄电池液面过低警告灯电路

蓄电池液面过低警告灯由电极式液面高度传感器和ECU控制，其控制电路如图6-38所示。当蓄电池液面正常时，传感器上的电位为8V，使控制器的VT_1导通，VT_2截止，警告灯不亮；当蓄电池液面低于规定值时，传感器上无电压输出，使控制器的VT_2导通，VT_1截止，警告灯点亮。

9. 空气滤清器堵塞警告灯电路

空气滤清器堵塞警告灯由一个安装在空气滤清器上的负压开关控制，其控制电路如图6-39所示。

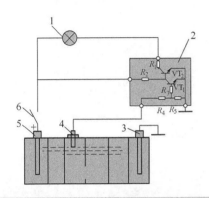

图6-38 蓄电池液面过低警告灯电路
1—警告灯 2—控制器 3—蓄电池负极
4—传感器接线柱 5—蓄电池正极 6—点火开关

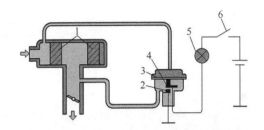

图6-39 空气滤清器堵塞警告灯电路
1—滤芯 2—固定触点 3—膜片
4—动触点 5—警告灯 6—点火开关

10. 轮胎气压不足警告灯电路

以迈腾轿车的轮胎气压不足警告灯电路为例，如图6-40所示。控制原理：当驾驶人侧车门打开或点火开关位于"ON"档时，控制单元就会给轮胎压力监控发射器和天线各分配一个LIN地址，然后这些发射器发射出无线电信号，由各自的轮胎压力传感器接收而被激活，被激活的轮胎压力传感器就将测量到的轮胎压力和温度值，由天线接收并经LIN总线传送到控制单元，如果控制单元收到的数值低于允许值，便输出信号发出报警显示。

显示方式：当压力低于规定压力超过0.05MPa时，出现的是红色强报警显示；当压力低于规定值超过0.03MPa时，出现的是黄色弱报警显示；如果与规定值的偏差不低于0.03MPa，但持续时间超过17min时，控制单元也会发出黄色弱报警显示。

（三）典型仪表警告灯

大众速腾轿车仪表警告灯如图6-41所示。

三、实训内容

1. 实训准备

1）准备好实训车、万用表和解码器。
2）强调实训中的安全注意事项。

2. 实训流程

1）认识机油压力警告灯、冷却液温度警告灯、燃油不足警告灯、制动液不足警告灯等

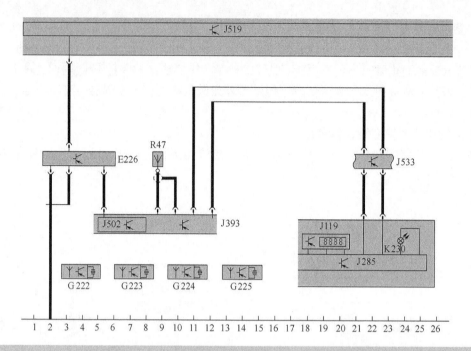

图6-40 迈腾轿车的轮胎气压不足警告灯电路

E226—轮胎压力监控按钮　G222—左前轮胎压力传感器　G223—右前轮胎压力传感器　G224—左后轮胎压力传感器　G225—右后轮胎压力传感器　J119—多功能显示器　J285—组合仪表中的控制单元　J393—舒适/便携功能系统中央控制单元　J502—轮胎压力控制单元　J519—车载电网控制单元　J533—数据总线诊断接口　R47—中控门锁和防盗报警装置天线　K230—轮胎压力警告灯

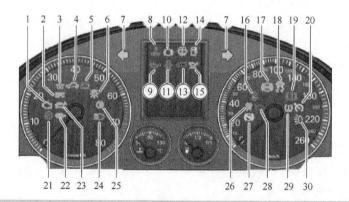

图6-41 大众速腾轿车仪表警告灯

1—废气排放指示灯　2—EPC指示灯　3—预热及故障指示灯　4—防盗指示灯　5—充电指示灯　6—灯泡检测指示灯　7—转向信号指示灯　8—冷却液温度及液位指示灯　9—机油压力警告灯　10—制动衬片磨损指示灯　11—车门指示灯　12—风窗清洗液液位警告灯　13—行李箱开启指示灯　14—燃油油量警告灯　15—机油油量警告灯　16—安全带未系警告灯　17—ABS警告灯　18—ASR或ESP警告灯　19—驻车制动、制动液位、制动系统警告灯　20—定速巡航指示灯　21—电动助力转向指示灯　22—柴油车颗粒净化器警告灯　23—油箱盖开启警告灯　24—远光灯　25—后雾灯指示灯　26—安全气囊或燃爆式安全带故障指示灯　27—制动踏板指示灯　28—发动机舱盖未关指示灯　29—轮胎压力警告灯　30—夜间行车灯部件安装位置。

2) 报警开关、警告灯控制电路检查。能根据不同车型电路图，分析报警开关电路的控制原理；能利用电路图，对报警开关到组合仪表的连接线路进行断路、短路检测。

实训教师提供相应车型电路图，对机油压力警告灯、冷却液温度警告灯、燃油不足警告灯、制动液不足警告灯等控制电路进行简单讲解，然后可利用故障元件设置简单故障，让学生进行电路分析，并由学生制订检测流程，经实训教师核准后，由学生分组完成相关数据的检测、分析，同时完成任务单。

> 注意：在操作过程中，注意操作程序与规范，注意设备的正确使用，防止出现事故。

3. 实训记录

完成实训记录单，见实训任务单6.2。

【项目总结】

1. 汽车仪表一般包括冷却液温度表、燃油表、车速里程表和发动机转速表等。

2. 汽车报警指示灯一般包括冷却液温度过高指示灯、机油压力过低指示灯、气压过低指示灯、充电指示灯、燃油液面过低指示灯、制动液面过低指示灯、制动器摩擦片极限警告灯、轮胎气压指示灯和空气滤清器堵塞指示灯等。

3. 汽车组合仪表常见的故障有背景光暗淡或没有背光、冷却液温度表不准或不指示、转速表不准或不指示、燃油表不准或不指示等。

4. 汽车报警装置主要有制动系统低气压报警装置、低真空度报警装置、机油压力报警装置、冷却液温度报警装置、燃油量报警装置、制动液液面报警装置、蓄电池液面过低报警装置、制动信号灯断线报警装置、空气滤清器堵塞报警装置和轮胎气压报警装置等。

【思考与练习】

1. 单选题

（1）脉冲式电子转速表的信号来自（　　）的脉冲电压。
A. 霍尔传感器　　　　　　　　B. 凸轮轴位置传感器信号
C. 点火系统初级电路　　　　　D. 点火系统次级电路

（2）机油压力报警电路由安装在发动机主油道的机油压力报警开关和（　　）组成。
A. 传感器　　　B. 高压开关　　　C. 低压开关　　　D. 警告灯

（3）仪表照明灯与示位灯、牌照灯（　　）。
A. 混联　　　B. 串联　　　C. 并联　　　D. 不确定

（4）传统汽车的车速里程表的车速信号来自（　　）。
A. 点火线圈负极　　　　　　　B. 发动机转速传感器
C. 变速器的输出轴　　　　　　D. 霍尔传感器

（5）在电热式燃油表中，若将通向燃油传感器的电路短路，则燃油表的指示值是( )。
  A. 0   B. 1   C. 2   D. 跳动

2. 多选题

(1) 燃油表的作用是指示汽车油箱中存油量的多少，类型有( )。
  A. 热敏电阻式   B. 电热式   C. 电磁式   D. 可变电阻式

(2) 常见的汽车仪表有电流表、车速里程表以及( )等。
  A. 发动机转速表 B. 冷却液温度表 C. 机油压力表   D. 燃油表

(3) 警告灯控制电路中报警开关的类型有( )。
  A. 舌簧式   B. 热敏电阻式   C. 膜片式   D. 双金属片式

(4) 汽车电子仪表系统能准确、迅速地处理各种复杂信息，并能以( )的形式显示出来。
  A. 声音   B. 图形   C. 文字   D. 数字

(5) 汽车电子仪表系统显示装置根据工作原理的不同分为( )等。
  A. 阴极射线管显示器   B. 液晶显示器
  C. 真空荧光显示器   D. 发光二极管显示器

3. 判断题

(1) 汽车常用电热式冷却液温度指示表配热敏电阻式冷却液温度传感器。( )

(2) 对于电热式机油压力表，传感器的平均电流越大，表指示的压力越大。( )

(3) 电热式冷却液温度传感器在短路后，冷却液温度表将指示低温。( )

(4) 燃油箱液面警告装置所用的热敏电阻，当燃油箱液面较高时，其阻值较小。( )

(5) 宝来车仪表板控制单元J285与车身网络控制单元J519通过总线连接。( )

4. 问答题

(1) 现代汽车仪表板上都安装了哪些报警装置？

(2) 参照机油压力警告灯的电路图，说明其工作过程。

(3) 参照冷却液温度警告灯的电路图，说明其工作过程。

(4) 参照燃油不足警告灯的电路图，说明其工作过程。

(5) 参照制动液不足警告灯的电路图，说明其工作过程。

(6) 参照制动灯电路故障警告灯的电路图，说明其工作过程。

(7) 参照蓄电池液面过低警告灯的电路图，说明其工作过程。

(8) 为何有些汽车在燃油表与冷却液温度表的电源侧加装电源稳压器？

(9) 参照图6-18，写出大众新宝来车仪表板控制单元J285控制的执行元件。

(10) 参照图6-18，写出给大众新宝来车仪表板控制单元J285传输信号的元件。

项目七 安全舒适系统及控制电路

↘ 目标及要求

教学目标	(1) 掌握电动刮水器的工作原理及控制电路 (2) 掌握电动车窗的工作原理及控制电路 (3) 掌握中控门锁的工作原理及控制电路 (4) 掌握电动后视镜的工作原理及控制电路 (5) 掌握电动座椅的工作原理及控制电路 (6) 掌握安全气囊的工作原理及控制电路
能力要求	(1) 学会电动刮水器电路检测及故障诊断 (2) 学会电动车窗电路检测及故障诊断 (3) 学会中控门锁电路检测及故障诊断 (4) 学会电动后视镜电路检测及故障诊断 (5) 学会电动座椅电路检测及故障诊断 (6) 学会安全气囊电路检测及故障诊断

↘ 项目概述

随着人们对汽车的安全性能、舒适性能和实用性能要求的不断提高，汽车辅助电器也越来越多。目前，汽车辅助电器有电动刮水器及洗涤装置、电动车窗、中控门锁、电动后视镜、电动座椅、防盗装置及安全气囊等。为了更好地掌握汽车辅助电器装置的工作原理及控制电路，本项目开设六个学习任务。任务内容如下：

任务一　电动刮水器及控制电路

一、任务描述

刮水器的作用是清除风窗玻璃上的雨水、雪或尘土，以保证驾驶人良好的能见度。洗涤器与刮水器配合工作，能更好地消除风窗玻璃上的污物，保证驾驶人有良好的视野。

二、相关知识及技能

（一）电动刮水器

1. 电动刮水器的组成及工作原理

汽车刮水器按驱动装置不同分为真空式、气动式和电动式三种，目前广泛使用的是电动刮水器。电动刮水器由直流电动机和传动机构组成，如图 7-1 所示，电动机为永磁式，结构如图 7-2 所示。电动机旋转经蜗轮蜗杆减速，并带动拉杆和摆杆运动，使左右刮水片做往复摆动。

2. 电动刮水器的变速原理

刮水器的变速原理是利用直流电动机的变速原理实现的。

刮水器变速是采取改变电动机磁极磁通的强弱，或者改变电刷之间的导体数多少来实现的。目前，汽车刮水器一般设置高低两种刮水速度。

（1）低速刮水原理　当开关拨向 L 时，电路如图 7-3 所示，由于电动机电枢内部为对称的两条并联支路，当电动机转动时，电枢绕组产生的感应电动势较高，使流过的电枢电流较小，电动机以较低转速运转。

（2）高速刮水原理　当开关拨向 H 时，电路如图 7-4 所示，由于电动机电枢内部不是对称的两条并联支路，当电动机转动时，电枢绕组产生的感应电动势将有部分相互抵消，使流过的电枢电流较大，电动机以较高转速运转。

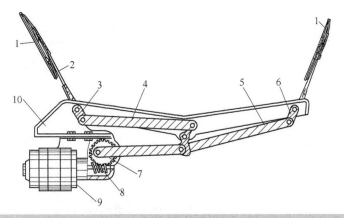

图 7-1 电动刮水器的组成

1—刮水片　2—刮片架　3、6—摆杆　4、5—拉杆　7—蜗轮　8—蜗杆　9—电动机　10—底板

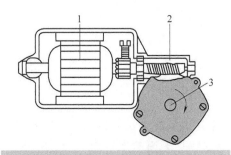

图 7-2 电动机总成的结构

1—直流电动机　2—蜗轮蜗杆减速器　3—输出轴

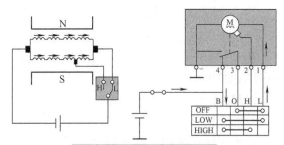

图 7-3 低速刮水控制电路

3. 电动刮水器的自动复位原理

自动复位是指在切断刮水器开关时，刮水片能自动停在驾驶人视野以外的指定位置。汽车上装用的电动刮水器都具有自动复位功能。

永磁式电动刮水器的自动复位装置工作原理如下：

当刮水器开关推到 0 档位置时，如果刮水片正好停在规定的位置，电路断开，则电动机立即停转，如图 7-5a 所示的位置。

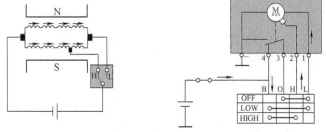

图 7-4 高速刮水控制电路

若刮水片没有停在规定的位置，如图 7-5b 所示位置，由于触点与铜环接触，则电流继续流入电枢。电流由蓄电池正极→电源总开关→熔断器→电动机电刷 B_1→电枢绕组→电刷 B_3→刮水器开关接线柱②→刮水器开关接线柱①→触点臂→触点→铜环→蓄电池负极，构成回路，电动机以低速运转，直到蜗轮转到如图 7-5a 所示的位置。此时，触点 4 通过铜环与触点 6 连通而短路。同时，电动机因惯性不能立即停转，以发电机方式运转，产生反电动势，从而产生制动力矩，电动机迅速停转，使刮水片停在指定位置。

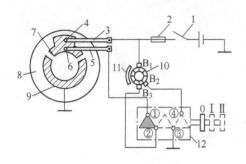 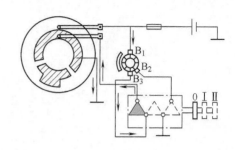

a) 0 档位时复位电路中断　　　　　　　　　　b) 0 档位时复位电路接通

图 7-5　自动复位装置及复位电路
1—电源总开关　2—熔断器　3、5—触点臂　4、6—触点　7、9—铜环
8—蜗轮　10—电枢　11—永久磁铁　12—刮水器开关

（二）风窗清洗装置

1. 风窗清洗装置的组成

风窗清洗装置由洗涤液罐、微型永磁直流电动机、洗涤液泵、软管、三通阀、喷嘴及刮水器开关组成，如图 7-6 所示。

2. 风窗清洗装置的工作原理

洗涤器电动机为永磁直流电动机，且与离心式叶片泵构成洗涤泵，如图 7-7 所示。洗涤泵安装在储液罐内，喷射压力为 70～88kPa。喷嘴安装在风窗玻璃下面，一般有两个，其喷射方向可以调整，使洗涤液喷射到风窗玻璃的合适位置。捷达轿车的洗涤液喷射位置如图 7-8 所示。

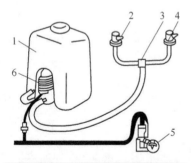 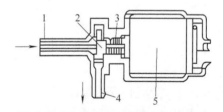

图 7-6　风窗玻璃洗涤器　　　　　　　　图 7-7　洗涤器电动机与洗涤液泵总成
1—洗涤液罐　2、4—喷嘴　3—三通阀　　　1—进液口　2—叶轮　3—泵体
5—刮水器开关　6—洗涤液泵　　　　　　4—出水口　5—永磁直流电动机

当洗涤器电动机的电枢绕组有电流通过时，电枢轴通过联轴器驱动泵转子一同旋转，泵转子便将储液罐内的洗涤液泵入出液软管中，并经过喷嘴喷向风窗玻璃上。此时，刮水器同步工作，驱动刮水片摆动，将风窗玻璃清洗干净。

洗涤泵连续工作的时间一般不超过 1min，使用时应先开洗涤泵，后开刮水器。在喷射停止后，刮水器应继续刮 2～5 次，这样才能使洗涤效果良好，所以要求洗涤器一般与刮水器联合工作。

（三）典型刮水器及洗涤器电路

1. 电动刮水器基本电路

目前多数轿车电动刮水器及洗涤泵安装位置基本相同，如图7-9所示。轿车中典型电动刮水器及洗涤泵工作电路如图7-10所示。将点火开关打到"ON"档，而刮水器与洗涤泵控制开关位于不同档位时，其各档工作电路如下：

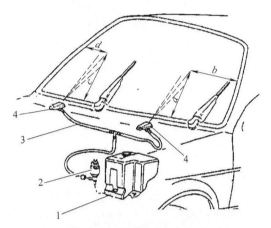

图7-8 捷达轿车的洗涤液喷射位置
1—储液罐 2—洗涤泵 3—软管 4—喷嘴
a、c 到玻璃下边缘距离 320～345mm
b、d 到玻璃侧边缘距离 300～420mm

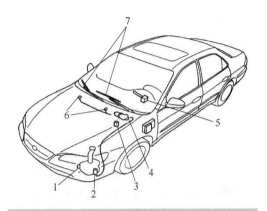

图7-9 安装位置
1—储液罐 2—洗涤器电动机 3—刮水器间歇继电器
4—刮水器电动机 5—刮水器和洗涤器开关
6—喷嘴 7—刮水器摆臂及刮水片

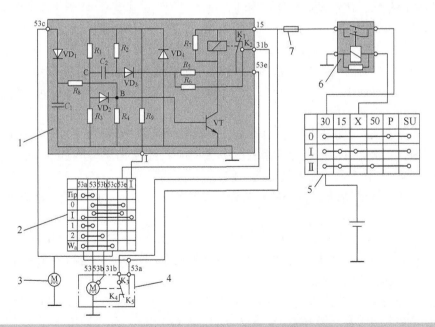

图7-10 轿车中典型电动刮水器及洗涤泵工作电路
1—间歇控制器 2—刮水器开关 3—洗涤器电动机 4—刮水器电动机 5—点火开关 6—卸荷继电器 7—熔丝

（1）刮水器慢速工作电路 将点火开关转到 I 位置，卸荷继电器吸合，将刮水器开关转到的 1 位置，电流由蓄电池正极→卸荷继电器触点→熔丝→刮水器开关 53a 端子，经内部触点进入 53 端子→刮水器电动机 53 端子→刮水器电动机→蓄电池负极，于是刮水器电动机慢速工作。

（2）刮水器快速工作电路　将点火开关转到 I 位置，卸荷继电器吸合，将刮水器开关转到的 2 位置，电流由蓄电池正极→卸荷继电器触点→S5 熔断器→刮水器开关触点 53a 与 53b→刮水器电动机→蓄电池负极，于是刮水器电动机快速工作。

（3）刮水器间歇工作电路　将刮水器开关打到 I 位置，电流由蓄电池正极→卸荷继电器触点→熔丝→刮水器开关触点 53a 与 I→间歇控制器→蓄电池负极，晶体管 VT 导通，使间歇控制器中继电器工作，则电流由蓄电池正极→卸荷继电器触点→熔丝→间歇控制器中触点 15 与 53e→刮水器开关触点 53e 与 53→刮水器电动机→蓄电池负极，于是刮水器电动机慢速旋转。

在刮水电动机停止时，间歇控制器中 C 点组成新电路，由蓄电池正极→卸荷继电器触点→熔丝→刮水器开关触点 53a 与 I→间歇控制器→刮水器电动机 31b 与 K3 触点→蓄电池负极，晶体管 VT 又导通，这段时间就是刮水器间隔时间，一般为 5s。

（4）刮水器自动复位电路　将刮水器开关打到 0 位置，这时电流由刮水器电动机内触点 K5 与 K3 到 31b→间歇继电器触点 31b 与 K2→刮水器开关触点 53e 与 53，于是电动机进行能耗制动，将立即停止在该位置。

（5）刮水器点动档工作电路　将刮水器开关扳到 Tip 位置，电流由蓄电池正极→卸荷继电器触点→熔丝→刮水器开关触点 53a 与 53→刮水器电动机→蓄电池负极，于是刮水器电动机慢速工作。当松开刮水器开关手柄时，开关自动返回到 0 位置，于是刮水器电动机的自动停止位置电路接通，电动机进行能耗制动，刮水器停止工作。

（6）洗涤器工作电路　将刮水器开关扳到 Wa 位置，电流由蓄电池正极→卸荷继电器触点→熔丝→刮水器开关触点 53a 与 53c→洗涤泵电动机→蓄电池负极，于是洗涤器开始工作。同时，刮水器电动机的电路接通，电路中的工作电流由蓄电池正极→卸荷继电器触点→熔丝→间歇控制器触点 15 与 53e→刮水器开关触点 53e 与 53→刮水器电动机→蓄电池负极，于是刮水器电动机慢速工作。

当松开开关手柄时，刮水器开关自动复位，洗涤泵立即停止喷射工作。但这时由于间歇控制器的作用，刮水器电动机仍能慢速工作 4s 左右，其目的是刮干净风窗玻璃上的水滴。

2. 桑塔纳 2000 轿车刮水器及洗涤器电路

桑塔纳 2000 轿车刮水器及洗涤器装置设有低速档、高速档、间歇档及洗涤档，其工作电路如图 7-11 所示。

（1）高速档电路　刮水器开关 E22 位于 2 位，工作电流：（+）S11→中央电路板 D20→中央电路板 B9→刮水器开关 53a→53b→中央电路板 A5→中央电路板 D9→刮水器电动机端子 2→搭铁，电动机高速运转。

（2）低速档电路　刮水器开关 E22 位于 1 位，工作电流：（+）S11→中央电路板 D20→中央电路板 B9→刮水器开关 53a→53→中央电路板 A2→间歇继电器端子 6→S1→间歇继电器端子 2→中央电路板 D12→刮水器电动机端子 4→搭铁，电动机低速运转。

（3）自动复位电路　将刮水器开关由高速（或低速）打到"OFF"档，即将开关 E22 位于"0"档时，如果刮水片没有处于设定位置，则自动复位电路接通，即电动机内部端子

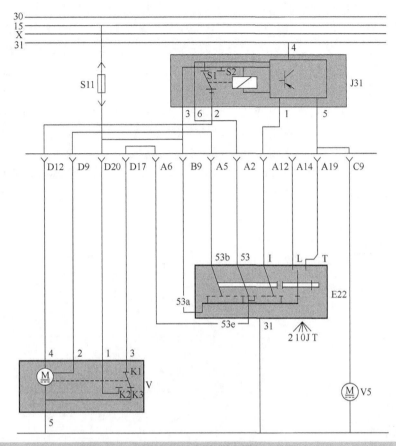

图 7-11 桑塔纳 2000 轿车刮水器及洗涤器电路
S11—熔丝　J31—间歇继电器　E22—刮水器开关　V—刮水器电动机　V5—洗涤器电动机

K1 与 K2 接通。工作电流：（+）S11→中央电路板 D20→电动机端子 1→K2 和 K1→电动机端子 3→中央电路板 D17→中央电路板 A6→刮水器开关 53e→53→中央电路板 A2→间歇继电器端子 6→内部端子 S1→间歇继电器端子 2→中央电路板 D12→刮水器电动机端子 4→搭铁，电动机低速运转，一直到电动机内部端子 K1 与 K3 接通为止。

（4）间歇档电路　刮水器开关 E22 位于 J 位，工作电流：（+）S11→中央电路板 D20→中央电路板 B9→刮水器开关 53a→J→中央电路板 A12→间歇继电器端子 1，其控制器每隔 5s 接通线圈，使内部端子由 S1→S2，电动机工作电流：S11→中央电路板 D20→中央电路板 B9→间歇继电器端子 3→内部端子 S2→间歇继电器端子 2→刮水器电动机端子 4→搭铁，电动机低速运转。在间歇的同时，也将自动复位电路接通，这样可以保证每次工作起始点都是最初的设定位置。

（5）洗涤档电路　刮水器开关 E22 位于 T 位，工作电流：（+）S11→中央电路板 D20→中央电路板 B9→刮水器开关 53a→T→中央电路板 A19→中央电路板 C9→洗涤器电动机→搭铁，洗涤器电动机运转，同时，由间歇继电器端子 5 使控制器输出间歇信号，控制刮水器电动机间歇低速运转。

3. 威驰轿车刮水器及洗涤器电路

威驰轿车刮水器及洗涤器控制电路如图 7-12 所示，由前刮水器开关、喷水开关、刮水器继电器、喷水电动机和刮水器电动机等组成，前刮水器开关设有 H_i、L_0、INT、MIST 及 OFF 五个档位。当开关位于 L_0 档位，其工作电路为：蓄电池（+）→点火开关→熔丝→组合开关端子 8→前刮水器开关 +B→组合开关端子 7→刮水器电动机端子 1→搭铁（-），刮水器电动机低速转动；当开关位于 H_i 档位，其工作电路为：蓄电池（+）→点火开关→熔丝→组合开关端子 8→前刮水器开关 +B→组合开关端子 9→刮水器电动机端子 4→搭铁（-），刮水器电动机高速转动；当开关位于 INT 档位，其工作电路为：前刮水器开关 +B→继电器开关 +S→开关端子 7→刮水器电动机端子 1→搭铁（-），刮水器电动机间歇低速转动；当开关位于 OFF 档位，刮水器电动机自动复位电路接通（端子 2 与端子 3 接通）：蓄电池（+）→电动机端子 2→端子 3→继电器端子 +S→刮水器开关端子 +S→开关端子 7→刮水器电动机端子 1→搭铁（-），刮水器电动机低速转动，至复位开关断开（端子 2 与端子 5 接通），电动机停止转动。

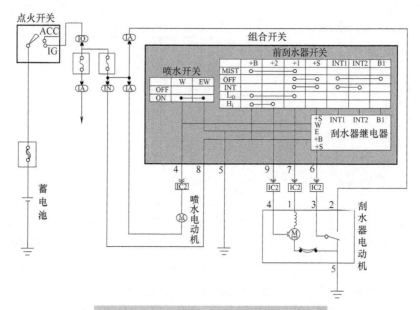

图 7-12　威驰轿车刮水器及洗涤器控制电路

4. 速腾轿车风窗玻璃及前照灯洗涤器电路

目前很多轿车的前照灯具有自动清洗功能，其控制开关通过风窗玻璃刮水器开关来控制。速腾轿车前照灯洗涤器控制电路如图 7-13 所示。控制电路为：车载电网控制单元采集车窗玻璃洗涤泵开关信号，控制前照灯洗涤泵继电器接通，并使前照灯洗涤泵电动机 V_{11} 工作。

（四）雨滴感知型刮水系统

电动刮水器虽然能够实现间歇控制，但不能随雨量的变化及时调整刮水频率。雨滴感知型刮水器能根据雨量的大小自动调节刮水器的刮水频率，使驾驶人始终保持良好的视线。

1. 雨滴感知型刮水器的组成

雨滴感知型刮水器主要由雨滴传感器、间歇刮水放大器和刮水器电动机组成，如图 7-14

项目七 安全舒适系统及控制电路

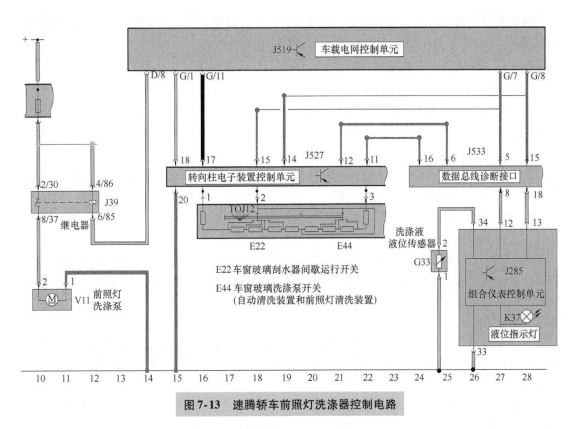

图7-13 速腾轿车前照灯洗涤器控制电路

所示。雨滴传感器的作用是将雨量的大小转变为与之相对应的电信号,主要由压电元件、振动片、集成电路和电容器等组成,如图7-15所示。

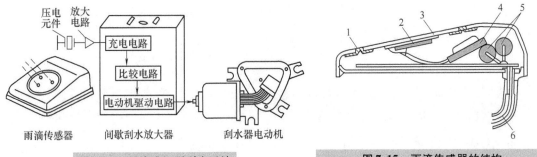

图7-14 雨滴感知型刮水系统

图7-15 雨滴传感器的结构
1—阻尼橡胶 2—压电元件 3—振动片(不锈钢) 4—集成电路 5—电容器 6—线束

2. 工作过程

雨滴下落撞击到传感器的振动片上,振动片将振动能量传给压电元件。压电元件受压而产生电压信号(该电压信号与雨滴量成正比),电压信号经过放大后送入电动刮水器电路。该电压信号输入比较电路,将其与基准电压 U_0 比较。当电容电压达到 U_0 时,比较电路向刮水器电动机发出信号,使其工作一次。

当雨量较大时,压电元件产生的电信号强,充电电路电压达到基准电压值 U_0 所需时间短,刮水器的工作间歇时间短;反之,当雨量较小时,压电元件产生的电压小,充电电路电压达到基准电压 U_0 所需时间长,刮水器的工作间歇时间就长。

(五) 风窗玻璃除霜装置

1. 风窗除霜装置的形式

冬天风窗玻璃会结霜,轻时影响驾驶人视野,严重时则无法驾驶运行,所以汽车必须装有风窗玻璃除霜装置。汽车常见除霜装置的形式有暖风除霜、电加热除霜和特制风窗玻璃等。

1) 暖风除霜。指在风窗玻璃下面装热风管,向风窗玻璃吹热风以除霜,并防止结霜,一般用于前风窗玻璃和侧窗玻璃的除霜。

2) 电加热除霜。将电热丝(镍铬丝)紧贴在风窗玻璃车厢内的表面,当需要除霜时,给电热丝通电即可。

3) 特制风窗玻璃。即在风窗玻璃制造过程中,将含银陶瓷电热丝嵌加在玻璃内,或采用中间有电热丝的双层风窗玻璃,通电后都有除霜功能;或者在风窗玻璃上镀一层透明导电薄膜,通电后产生热量进行除霜。

2. 控制电路

后风窗除霜器一般是在玻璃成形过程中,将很细的电阻丝烧结在玻璃表面上。由于除霜器的工作电流较大,因此电路中除设有开关外,有的还设有一个定时继电器。继电器在通电 10min 后即能自动断电,如霜还没除净,驾驶人可再次接通开关,但之后每次只能通电 5min。如图 7-16 所示,除霜装置由自动除霜开关、自动除霜传感器、自动除霜控制器和电阻丝电栅等组成。电阻丝通电控制方式可分为手动和自动两种。

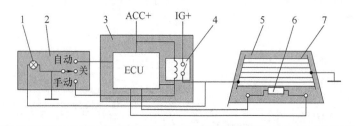

图 7-16 自动风窗除霜控制电路
1—开关指示灯 2—风窗除霜开关 3—自动风窗控制盒 4—继电器 5—除霜器 6—除霜传感器 7—电阻丝电栅

自动除霜开关拨至"自动"位置,当后窗玻璃下线所装传感器检测到冰霜达到一定厚度时,自动除霜传感器电阻值急剧减小到某一设定值,自动除霜控制器便控制继电器使电路接通,继电器触点闭合。于是,由点火开关 IG 接线柱向电阻丝供电,同时仪表板上的指示灯点亮,指示自动除霜装置正在工作。随着玻璃上冰霜减少到某一程度后,自动除霜传感器电阻值增大,自动除霜控制器便将继电器电路切断,触点断开,指示灯熄灭,后窗电栅断电,自动控制除霜装置停止工作。

将自动除霜开关拨至"手动"位置,继电器电磁线圈可经"手动"开关直接搭铁,使自动除霜电路接通。

帕萨特 B_5 轿车风窗除霜装置由开关 E_{15} 控制,其电路如图 7-17 所示。当开关 E_{15} 闭合时,风窗电热丝 Z_1 通电加热,将玻璃上冰霜除去。

（六）电动刮水器的检查与调整

1. 刮水片停止位置的检查与调整

使刮水器电动机回到停止位置，将刮水片装到风窗玻璃上，校正后拧紧紧固螺母。调整停止位置时应符合相关车型技术标准要求。

起动刮水功能试验。如需要，再次调整刮水臂并拧紧紧固螺母，紧固螺母的拧紧力矩符合相关车型技术标准要求。

2. 刮水片的检查和更换

1）检查刮水片的外观有无异样，若有，应更换。

2）检查刮水片的表面是否附有油污，若有，应用专用洗涤液清洗。

3）检查刮水片的橡胶是否出现老化，若有，应及时更换。

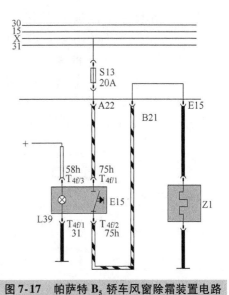

图 7-17 帕萨特 B_5 轿车风窗除霜装置电路

S13—除霜电路熔丝　L39—开关指示灯
E15—除霜开关　Z1—风窗电热丝

4）检查刮水片的工作状况。打开刮水器，工作几个循环后，关闭刮水器。如果风窗出现刮不均匀或不干净的现象，应更换刮水片。

5）定期检查刮水臂的紧固螺母的松紧度。

6）刮水片更换方法如图 7-18 所示，拆卸时应先将刮水臂向上翻起，然后按下按键，并将刮水片定位块从刮水臂中拉至限位位置，摇动刮水片，并沿箭头方向从刮水臂中拔下刮水片定位块；安装时，先将刮水片定位块推入刮水臂中，直至限位位置。注意按键应卡止在刮水臂中，并将刮水臂小心翻回风窗玻璃上。

3. 喷嘴检查与调整

用记号笔在风窗玻璃上做上四点标记（标记应可擦掉）。上海大众帕萨特轿车的调整尺寸：$a = (400 \pm 50)$ mm，$b = (190 \pm 50)$ mm，$c = (420 \pm 50)$ mm，如图 7-19 所示。

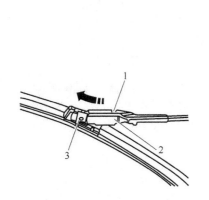

图 7-18　刮水片更换方法
1—按键　2—刮水臂　3—定位块

图 7-19　上海大众帕萨特轿车调整喷嘴

调整后用专用工具检测喷嘴标记的位置。注意调整尺寸是从风窗玻璃密封条的边缘和下边缘处压力舱附加护板测量的。调整尺寸是按车行驶时给出的超前值,在汽车静止时喷嘴喷射略有不同。不同车型的调整尺寸略有不同。

4. 刮水器电动机高、低速检查

1)在脱开电气配线插接器后,在刮水器电动机安装于车身的状况下检查刮水器电动机。

2)在低速和高速下运转刮水器电动机。将蓄电池正极分别连接到刮水器电动机侧插接器的低速和高速端子上,如图 7-20a 所示,在低速和高速下检查刮水器电动机的运转状况。

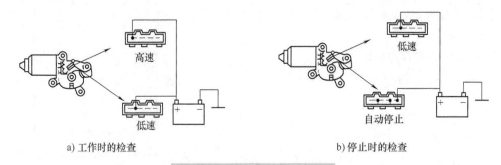

a) 工作时的检查　　　　b) 停止时的检查

图 7-20　刮水器电动机的检测

5. 刮水器电动机复位检查

在停止位置运转刮水器电动机。首先在低速下运转刮水器电动机,脱开蓄电池使电动机停止运转,再按图 7-20b 所示连接蓄电池,确认电动机在低速下开始转动后,刮水片应在自动停止位置停止。

6. 刮水器和洗涤器开关的导通检测

操作刮水器和洗涤器开关,检查各端子导通情况,并根据检测结果分析刮水器和洗涤器的工作性能,装复检验。

7. 洗涤器电动机检测

1)在洗涤器电动机安装于洗涤液罐内的状况下,向洗涤液罐注入水。

2)当按图 7-21 所示连接蓄电池时,检查水喷出的强度。若喷水强度不够,检查喷嘴、管路或更换洗涤器电动机。

三、实训内容

1. 实训准备

1)准备好实训车、万用表和成套工具。
2)强调实训中的安全注意事项。

2. 实训流程

1)能正确拆装电动刮水器。
2)能正确调整喷嘴位置。
3)根据电路图分析排除故障。

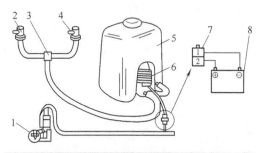

图 7-21　洗涤器电动机的检测
1—刮水器开关　2,4—喷嘴　3—三通阀　5—洗涤液罐
6—洗涤液泵　7—插接器　8—蓄电池

在认识刮水电动机、刮水器开关、洗涤器电动机等部件安装位置后,实训教师提供相应

车型电路图，对刮水器和洗涤器电动机等控制电路进行简单讲解。然后可利用故障元件设置简单故障，让学生进行电路分析，并由学生制定检测流程。经实训教师核准后，由学生分组完成相关数据的检测和分析。

> 注意：在操作过程中，注意操作程序与规范，注意设备的正确使用，防止出现事故。

3. 实训记录

完成实训记录单，见实训任务单7.1。

任务二　电动车窗及控制电路

一、任务描述

现代轿车普遍安装了电动车窗，使人们开关车窗更加方便了。那么，电动车窗的组成有哪些？工作原理是什么？若电动车窗出现故障，如何检测？要掌握这些知识，应进入下面的学习任务：

1）电动车窗的类型与结构。
2）电动车窗的工作原理。
3）电动车窗的检测方法。

二、相关知识及技能

（一）电动车窗的组成及工作原理

电动车窗是指以电为动力使车窗玻璃自动升降的车窗。它是由驾驶人或乘员操纵开关接通车窗升降电动机的电路，电动机产生动力，通过一系列的机械传动，使车窗玻璃按要求进行升降。其优点是操作简便,有利于行车安全。

1. 电动车窗的组成

电动车窗主要由车窗、电动机、电动玻璃升降器、继电器和开关(主控开关、分控开关)等组成。

(1) 电动机 电动机是用来为车窗的升降提供动力的装置。车窗升降电动机采用双向转动的电动机,它有永磁型和双绕组型两种。这两种电动机都是通过改变电流方向来改变转向,以实现车窗的升或降。

(2) 车窗升降器 车窗升降器常见的形式有钢丝滚筒式和交叉传动臂式两种。钢丝滚筒式的结构组成如图7-22a所示,交叉传动臂式的结构组成如图7-22b所示。

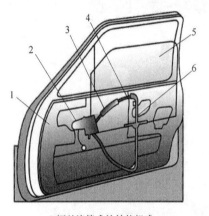
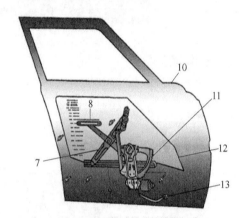

a) 钢丝滚筒式的结构组成　　　　　　　　b) 交叉传动臂式的结构组成

图7-22　车窗升降器

1—盖板　2—永磁电动机及减速器　3、6—导向套　4—钢丝绳　5—玻璃　7—调整杆
8、9—支架与导轨　10—车门　11—驱动齿扇　12—车窗玻璃　13—电动机及插座

2. 电动车窗工作原理

每一个车窗安装一个电动机,通过开关控制其电流方向,实现门窗的升降。主控开关安装在左前车门把手上或变速杆附近,分控开关安装在每个车门的车门把手上,便于乘员操纵。电动车窗的控制电路如图7-23所示。

为了防止电动机过载,在电路或电动机内部安装一个或多个断电器,用来控制电流。当门窗玻璃上升到极限位置,或由于结冰而使门窗玻璃不能自由移动时,即使操纵控制开关,断电器也会自动断路,避免电动机通电时间过长而烧坏。

3. 电动车窗防夹控制电路

(1) 防夹功能 电动车窗具有防夹功能,其原理是通过两个元件检测车窗是否被卡住,两个元件分别是电动车窗电动机中的速度传感器和限位开关。速度传感器根据电动机转速发出一个脉冲信号,从脉冲波长的变化可以检测出车窗是否卡住;限位开关根据齿圈的空段(即脉冲信号波长)来判别是否卡住。

当电动车窗总开关从电动车窗电动机收到卡住信号时,它关掉UP继电器,打开DOWN继电器大约1s,以退回车窗玻璃大约50mm,防止车窗玻璃更进一步关闭,其控制电路如图7-24所示。

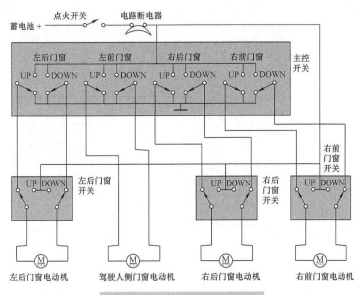

图 7-23 电动车窗的控制电路

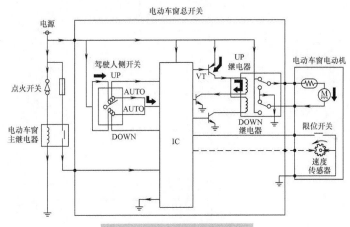

图 7-24 防夹功能控制电路

（2）重置功能　重置功能是将电动车窗的电动机重新设置到限位开关的初始位置。当出现下列情况之一时，需要将电动车窗电动机重置：

1）当车窗总开关和电动车窗电动机断开时。
2）车窗没有装上，触发了车窗总开关时。
3）执行了任何改变车窗关闭位置的操作，如更换了车门玻璃槽时。
4）不同车型重置方法不同，具体车型请参照相关车型维修手册。

（二）典型车窗控制电路

1. 大众新宝来车车窗控制电路

大众新宝来车车窗控制电路如图 7-25、图 7-26 所示，包括蓄电池 A、车身控制单元 J519、驾驶人侧车门控制单元 J386、副驾驶人侧车门控制单元 J387、左后车门控制单元 J388、右后车门控制单元 J389、后车窗升降器锁止开关 E39、左前车窗升降器开关 E40、左后车窗升降器开关 E52、驾驶人侧左后车窗升降器开关 E53、右后车窗升降器开关 E54、驾

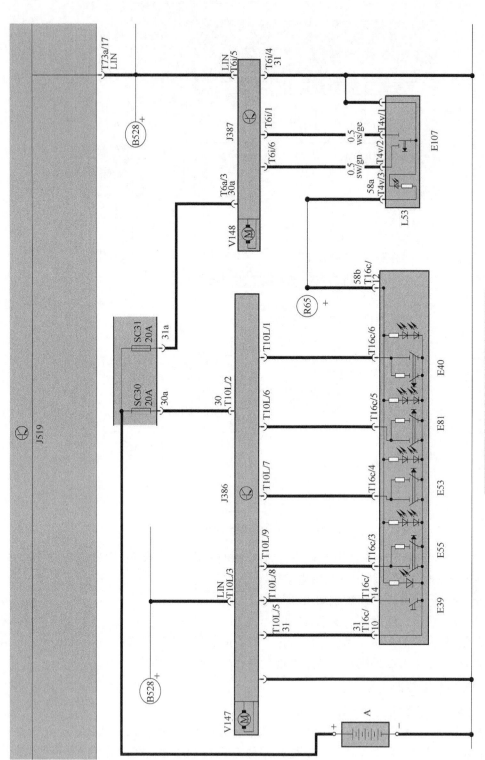

图7-25 大众新宝来前车窗控制电路

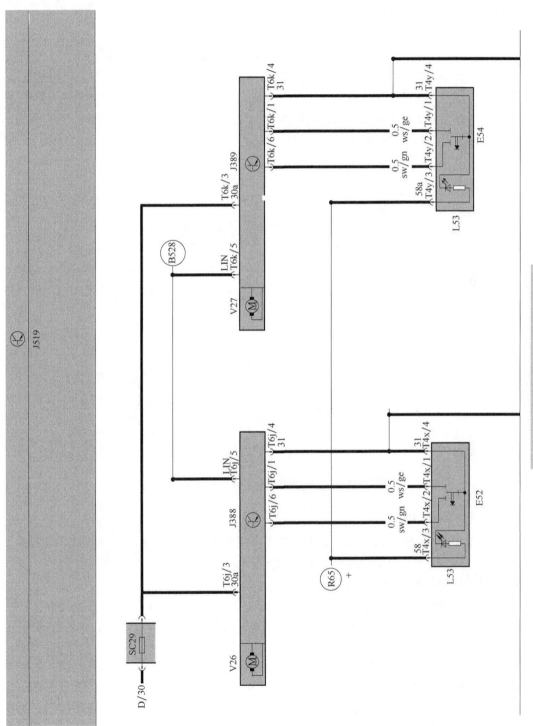

图 7-26 大众新宝来车后车窗控制电路

驶人侧右后车窗升降器开关 E55、驾驶人侧右前车窗升降器开关 E81、副驾驶人侧车窗升降器开关 E107、左后车窗升降器电动机 V26、右后车窗升降器电动机 V27、驾驶人侧车窗升降器电动机 V147、副驾驶人侧车窗升降器电动机 V148、开关照明灯 L53 等。

2. 丰田威驰车车窗控制电路

丰田威驰轿车电动车窗包括车窗主控开关、分开关、继电器、车窗电动机等，其控制电路如图 7-27 所示。驾驶人侧车窗升降器开关集成在车窗主控开关内，按动开关可接通电动机电路，使车窗升降器带动车窗玻璃升降，副驾驶人侧车窗升降电动机及后侧车窗升降电动机电路，均设有独立的车窗升降开关，可以控制车窗升降器工作，同时，在车窗主控开关内设有控制开关，由驾驶人控制所有车窗升降器的工作。

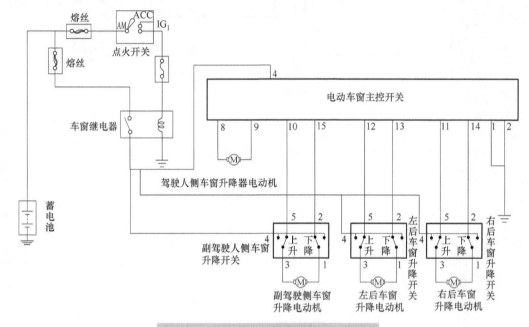

图 7-27　丰田威驰轿车电动车窗控制电路

（三）电动车窗的检查

电动车窗常见的故障有电动机不工作，车窗升降时有异响，电动机运转当玻璃不升降、车窗玻璃升降时发卡等。以丰田威驰轿车电动车窗电路检测为例，介绍检测内容和方法。

1. 车窗主控开关的检测

1）从驾驶人侧车门拆下电动车窗主控开关，主控开关插接器端子如图 7-28 所示。

2）用万用表的电阻档按照表 7-1 的开关工作状态进行检测，如有不符，说明主控开关损坏，必须更换。

2. 电动车窗分开关的检测

1）从车门上拆下车窗分开关，分开关插接器端子如图 7-29 所示。

2）用万用表的电阻档按照表 7-2 的开关工作状态进行检测是否导通，如有不符，说明分开关已损坏，必须更换。

3. 电动车窗继电器的检测

车窗继电器端子如图 7-30 所示。

表 7-1 电动车窗开关的检查

端子位置	左前				右前				左后				右后			
	1	4	6	9	1	6	15	18	1	6	12	13	1	6	10	16
向上	•—•—•				•—•—•				•—•—•				•—•—•			
关闭	•—•—•				•—•—•				•—•—•				•—•—•			
向下	•—•—•				•—•—•				•—•—•				•—•—•			

图 7-28 主控开关插接器端子

图 7-29 分开关插接器端子

表 7-2 电动车窗分开关的检查

端子位置	1	2	3	4	5
向上		•	——	•	
关闭	•	——	•		•
向下	•	——			•

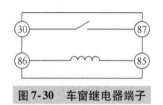

图 7-30 车窗继电器端子

（1）非工作状态时的检测　用万用表测量端子 85 和 86 间是否导通。若不导通，说明线圈烧坏。测量端子 30 与 87 之间是否断路；如导通，说明触点烧结常闭，应更换。

（2）工作状态时的检测　用蓄电池正、负极分别接继电器 85 与 86 端子，然后用万用表测量 30 与 87 端子是否导通，如不导通应更换。

4. 车窗电动机的检测

1）将电动机从车门内拆下。

2）将蓄电池正、负极分别接到电动机两端子上并互换一次，观察电动机是否能正反转，而且平稳，否则，说明电动机损坏，应更换。

> 注意：当进行测试时，时间不能过长，如果电动机不能转动应该停止测试，防止电动机内部有短路而造成电动机烧毁。

三、实训内容

1. 实训准备

1）准备好电动车窗部件，配置电动车窗的实训车、万用表和常用工具等。

2）掌握本次实训课所用设备的使用方法。

3）强调实训中的安全注意事项。

2. 实训流程

电动车窗部件故障会造成电动车窗工作失灵，只能向一个方向运动等现象。实训老师可根据实训条件利用万用表等检测设备对电动车窗部件进行检测。然后设置一些故障，在实训老师的监督下，由学生独立完成故障的诊断与排除，如一辆威驰车电动车窗出现右前车窗工作失灵，在中间位置不能升降现象，客户现在要求维修人员诊断维修。

> 注意：在操作过程中，注意操作程序与规范，注意设备的正确使用，防止出现事故。

3. 实训记录

完成实训记录单，见实训任务单 7.2。

任务三　中控门锁及控制电路

一、任务描述

现在大多数汽车都安装了中控门锁系统，使开关车门的操作更加方便，那么中控门锁由哪些部分组成？工作原理是什么？若中控门锁系统出现故障应该如何检测？要掌握这些知识应该进入下面的学习任务：

1) 中控门锁系统的组成与工作原理。
2) 中控门锁系统的检测方法。

二、相关知识及技能

（一）中控门锁的作用及组成

1. 中控门锁的作用

1) 将驾驶人车门锁扣按下时，其他几个车门及行李箱门都能自动锁定；用钥匙锁门，也可同时锁好其他车门和行李箱门。

2）将驾驶人车门锁扣拉起时，其他几个车门及行李箱门锁扣都能同时打开；用钥匙开门，也可实现该动作。

3）在车内个别车门需打开时，可分别拉开各自的锁扣。

4）配合防盗系统，实现防盗。

2. 中控门锁的构造

中控门锁主要由控制电路和执行机构等组成，如图 7-31 所示。控制电路主要由门锁开关、中控门锁执行机构和继电器等组成。

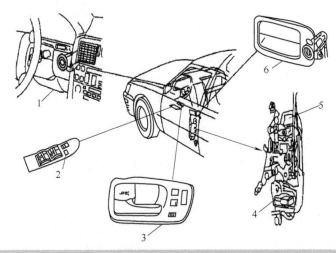

图 7-31　中控门锁的组成
1—键插入开关　2—门锁控制开关　3—门锁按钮　4—门锁总成　5—车门锁止开关　6—门键开关

门锁开关实质上是一个电门开关，它是用来控制各车门和行李箱锁筒的锁止和开启。用钥匙来拨动门锁锁芯转过一定的角度，即可接通门锁执行机构的电路，使电磁线圈或电动机产生动力将门锁锁止或开启。

中控门锁执行机构的作用是执行驾驶人的指令，将门锁锁止或开启。门锁执行机构常见的有电磁线圈式、直流电动机式和永磁电动机式。

（二）中控门锁的工作原理

中控门锁是指由钥匙控制四个车门锁锁止与开启的装置。门锁锁止与开启方式有两种：一种是独立地按下或提起右前、右后和左后车门门锁按钮，可分别锁止或开启这三个车门的门锁；另一种是通过设在左前门上的门锁按钮或门锁钥匙对四个车门门锁的锁止和开启进行集中控制。右前、右后和左后车门门锁各自采用手动和电动机驱动，而左前门门锁只有通过钥匙和按钮手动进行锁止和开启操作。

1. 新宝来车车门锁控制电路

新宝来车车门锁控制电路如图 7-32 所示，包括驾驶人侧车门锁电动机 V56、副驾驶人侧车门锁电动机 V57、左后车门锁电动机 V115、右后车门锁电动机 V97、驾驶人侧车门触点开关 F2、副驾驶人侧车门触点开关 F3、左后车门触点开关 F10、右后车门触点开关 F11、驾驶人侧中央门锁闭锁控制单元 F220、副驾驶人侧中央门锁闭锁控制单元 F221、左后中央门锁闭锁控制单元 F222、右后中央门锁闭锁控制单元 F223、驾驶人侧内连锁开关 E150、中央门锁指示灯 K133 等，B473 和 B474 分别为主线束内的连接点。

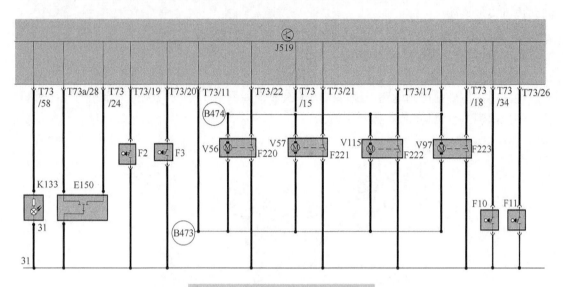

图 7-32　新宝来车车门锁控制电路

2. 遥控门锁系统

为了便于操作，现在很多汽车的中控门锁系统均配了遥控发射器来实现锁门和开门等功能。遥控钥匙的外观如图 7-33 所示。

工作原理：通过遥控门锁的发射器发出微弱电波，此电波由接收天线接收后送至中控门锁系统中的 ECU 进行识别对比。若识别对比后的代码一致，ECU 将把信号送至执行器来完成相应的动作。

（三）中控门锁的检查

轿车中控门锁常见的故障有门锁失灵或遥控器失灵等。以丰田威驰轿车中控门锁电路图 7-34 为例，介绍其检测内容和方法。

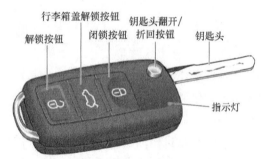

图 7-33　新宝来车遥控钥匙外观

1. 中控门锁控制开关的检测

1）从驾驶人侧车门拆下主控开关，主控开关插接器端子如图 7-35 所示。

2）用万用表电阻档按照表 7-3 的开关工作状态进行检测是否导通，如有不符，说明主控开关损坏。

2. 中控门锁电动机的检测

1）拆下各车门内中控锁总成，其插接器端子如图 7-36 所示。

2）用蓄电池正负极连接端子 3 与 1，并且相互换位，观察门锁电动机的工作情况是否正常。具体标准见表 7-4。

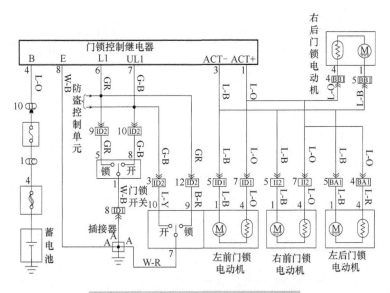

图 7-34　丰田威驰轿车中控门锁电路图

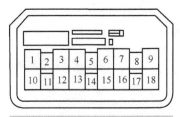

图 7-35　主控开关插接器端子

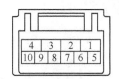

图 7-36　门锁电动机插接器端子

表 7-3　中控门锁主控开关的检查

开关位置 \ 端子	1	5	8
LOCK	●—●		
OFF			
UNLOCK		●—●	

表 7-4　中控门锁电动机的检查

工作状态 \ 端子	1	3
上锁	蓄电池负极	蓄电池正极
开锁	蓄电池正极	蓄电池负极

3. 中控门锁继电器总成的检测

1）拔下继电器总成插座,插座端子如图 7-37 所示。

2）分析中控门锁电路图,用万用表电压档测量中控锁继电器总成插座端子第 4 脚与第 8 脚,电压应为蓄电池电压。使万用表正表笔分别与第 6 脚与第 7 脚接触,负表笔搭铁,然后按动主控开关上门锁开关闭锁和开锁,万用表显示结果应为 6 脚与 7 脚分别接通。使第 3 脚与第 1 脚分别与正负极相连并换位,中控锁电动机实现正反转。

图 7-37　中控门锁继电器端子

如果按以上步骤检测结果正常,而中控锁系统存在故障,说明中控门锁继电器总成损坏。

4. 防盗及遥控器的检查

丰田威驰轿车防盗遥控门锁及遥控器电路如图 7-38 所示。检查遥控门锁的工作情况时应注意：电动门锁系统工作正常；所有的车门均关闭，若有任意一门开着，则其他的车门无法上锁；点火开关里没有钥匙。

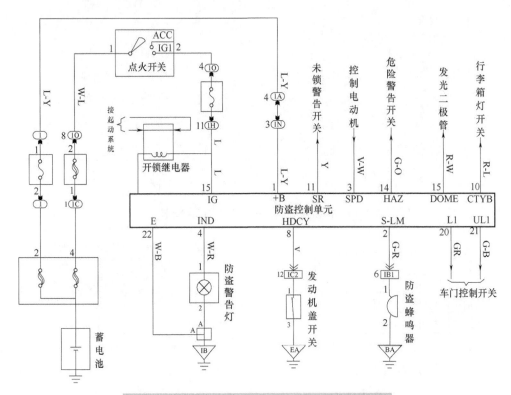

图 7-38　丰田威驰轿车防盗遥控门锁及遥控器电路

1）当钥匙上的任何开关按三次时，检查发射器的发光二极管是否亮三次。若发光二极管没有闪烁，用万用表检查遥控器电池电压，如果电压过低应更换电池。

2）检查能否用遥控器锁上和打开所有的车门。

3）当按下"LOCK"开关时，检查警告灯应该闪烁一次，同时锁上所有的车门。

4）当按下"UNLOCK"开关时，检查警告灯应该闪烁两次，同时打开所有的车门。

5. 未锁报警开关的检测

1）将未锁报警开关插座拔下。未锁报警开关插座端子如图 7-39 所示。

2）用万用表电阻档测量未锁报警开关插座端子，见表 7-5。

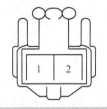

图 7-39　未锁报警开关插座端子

表 7-5　未锁报警开关的检测

开关位置	端子	
	1	2
断开(拔出钥匙)		
接通(插入钥匙)	•———	———•

6. 门锁和防盗系统 ECU 的检测

1）拔下门锁和防盗系统 ECU 插座，插座端子如图 7-40 所示。

2）带有遥控的中控门锁控制原理如图 7-41 所示。当车门闭锁或开锁时，由车辆天线接收信号，ECU 识别代码，使闭锁/开锁的执行元件（电磁线圈或电动机）进行工作。当发射器动作时，从 FM 调制发出识别代码，按照数字识别代码信号进行频率偏移调制（FSK），进行 FM 调制和发射；

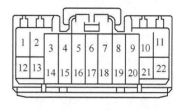

图 7-40 门锁和防盗系统 ECU 插座端子

由汽车无线电的 FM 天线进行接收，利用分配器对进入接收器 ECU 的 FM 高频增幅处理部进行调解，与被调解的识别代码进行对比。如果是正确的代码，就输入控制电路并使执行元件工作。

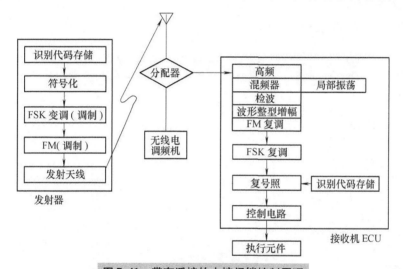

图 7-41 带有遥控的中控门锁控制原理

发射器在钥匙板上与信号电路组成一体。从识别代码存储回路到 FSK 调制回路。发射开关每按一次，就进行一次发送，在接收器一侧，就接收一次闭锁或开锁指令。

对带有遥控的中控门锁进行检测时，电路如图 7-38 所示。当点火开关处于"OFF"时，用万用表电压档测量门锁和防盗系统 ECU 的 1 脚，应为蓄电池电压。将点火开关处于"ON"时，用万用表电压档测量门锁和防盗系统 ECU 的 15 脚，应为蓄电池电压。用万用表电阻档分别测量门锁和防盗系统 ECU 的 20 脚与 21 脚，万用表正表笔分别与 20 脚与 21 脚接触，负表笔搭铁，然后反复按动主动开关上中控门锁开关，万用表显示结果应为 20 脚与 21 脚分别导通。用万用表电阻档测量 11 脚，正表笔与 11 脚接触，负表笔搭铁，然后用钥匙进行点火开关的插拔，万用表显示的结果应为插时导通，拔出断开。

如果按以上步骤操作都很正常，遥控器与门控继电器总成无故障的情况下，而用摇控器控制中控门锁时工作失灵，应检查门锁和防盗系统 ECU 是否损坏。

三、实训内容

1. 实训准备

1）准备好中控门锁零部件、万用表和常用工具等。

2) 掌握本次实训课所用设备的使用方法。
3) 强调实训课中的安全注意事项。

2. 实训流程

中控门锁系统部件损坏会造成中控门锁工作失灵或只能单方向工作等现象,实习教师可根据实训条件利用万用表等检测设备对中控门锁部件进行检测。然后设置一些故障,在实训教师的监督下,由学生独立完成故障的诊断与排除。

> 注意：在操作过程中,注意操作程序与规范,注意设备的正确使用,防止出现事故。

3. 实训记录

完成实训记录单,见实训任务单7.3。

任务四　电动后视镜及控制电路

一、任务描述

现在大多数汽车都安装了电动后视镜,使后视镜的操作更加方便,那么电动后视镜由哪些部分组成?工作原理是什么?若出现故障应该如何检测?要掌握这些知识应该进入下面的学习任务：

1) 电动后视镜的组成与工作原理。
2) 电动后视镜的检测方法。

二、相关知识及技能

（一）电动后视镜的作用及组成

1. 后视镜的作用

汽车后视镜能使驾驶人随时观察到车后的情况，保证行车的安全性。电动后视镜可使驾驶人坐在车内，通过调节开关来调整后视镜，使后视镜的调节变得更为方便。

2. 电动后视镜的基本组成

电动后视镜由控制开关、永磁电动机和传动机构等组成，如图7-42所示。每个后视镜都装有两套驱动装置（即一个电动机和一套传动机构），分别用于后视镜的上下及左右调整。有的电动后视镜还具有伸缩功能，由伸缩开关控制伸缩电动机工作，使整个后视镜回转、伸出或缩回，如图7-43所示。

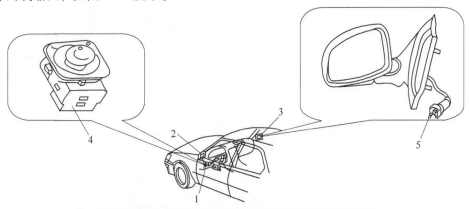

图7-42　电动后视镜的组成

1、4—控制开关　2—左后视镜　3—右后视镜　5—插接器

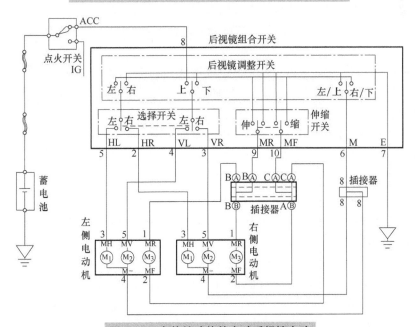

图7-43　有伸缩功能的电动后视镜电路

（二）典型轿车电动后视镜控制电路

1. 大众新宝来车后视镜控制电路

大众新宝来车后视镜控制电路如图 7-44 所示，包括后视镜左右选择开关、上下调整开关 E43、左右调整开关 E48、开关照明灯 L78、驾驶人侧上下调整电机 V149、驾驶人侧左右调整电动机 V17、副驾驶人侧上下调整电动机 V150、副驾驶人侧左右调整电动机 V25 等。

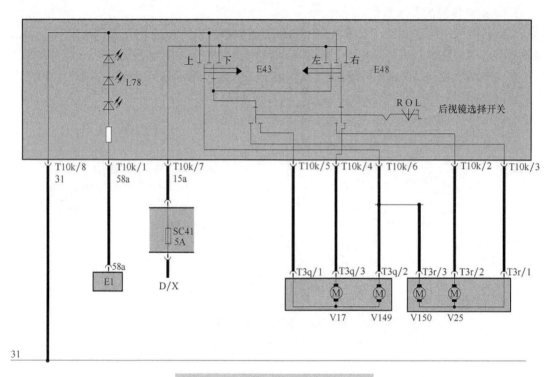

图 7-44　大众新宝来后视镜控制电路

（1）左侧后视镜的调整　将后视镜左右选择开关置于 L 位，按动开关 E48 进行左或右水平调整。水平向左调整电路为：（+）→SC41→T10k/7→E48→T10k/5→T3q/1→V17→T3q/3→T10k/4→E48→T10k/8→（-）搭铁。

水平向右调整电路为：（+）→SC41→T10k/7→E48→T10k/4→T3q/3→V17→T3q/1→T10k/5→E48→T10k/8→（-）搭铁。

按动开关 E43 进行上翻或下翻调整。上翻调整电路为：（+）→SC41→T10k/7→E43→T10k/6→T3q/2→V149→T3q/1→T10k/5→E43→T10k/8→（-）搭铁。

下翻调整电路为：（+）→SC41→T10k/7→E43→T10k/5→T3q/1→V149→T3q/2→T10k/6→E43→T10k/8→（-）搭铁。

（2）右侧后视镜的调整　将后视镜左右选择开关置于 R 位，按动开关 E48 进行左或右水平调整。水平向左调整电路为：（+）→SC41→T10k/3→E48→T10k/3→T3r/1→V25→T3r/2→T10k/2→E48→T10k/8→（-）搭铁。

水平向右调整电路为：（+）→SC41→T10k/3→E48→T10k/2→T3r/2→V25→T3r/1→

T10k/3→E48→T10k/8→（-）搭铁。

按动开关 E43 进行上翻或下翻调整。上翻调整电路为：（+）→SC41→T10k/7→E43→T10k/6→T3r/3→V150→T3r/1→T10k/3→E43→T10k/8→（-）搭铁。

下翻调整电路为：（+）→SC41→T10k/7→E43→T10k/3→T3r/1→V150→T3r/3→T10k/6→E43→T10k/8→（-）搭铁。

2. 丰田威驰轿车电动后视镜控制电路

丰田威驰轿车电动后视镜控制电路如图 7-45 所示。倒车镜控制开关的 8 号线是受点火开关控制的电源线，7 号线是搭铁线。每个镜片有两个电动机调整后视镜左右及上下摆动角度；电动机均由组合开关控制，选择开关的作用是选择左右侧后视镜；调整开关作用是调整后视镜左/右或上/下角度，保证驾驶人看清车身后面状况。

（1）上下角度的调整　左倒车镜的上下摆动控制电流如图 7-45 中实心箭头所示。

（2）左右角度的调整　左倒车镜的左右摆动控制电流如图 7-45 中空心箭头所示。

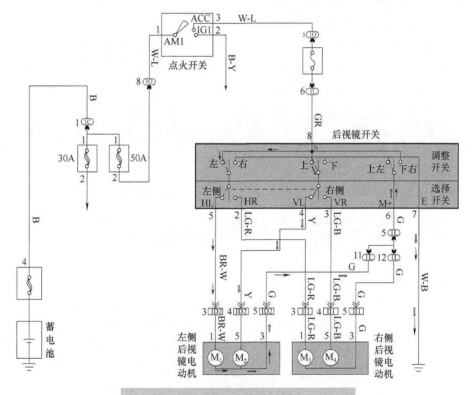

图 7-45　丰田威驰轿车电动后视镜控制电路

（三）电动后视镜故障检测

电动后视镜如果有故障，直接表现是后视镜不能操纵，此时可以进行如下检测：

1）如果两侧倒车镜均不能调节，首先检查熔丝和电动机搭铁线，最后用万用表测试开关总成及电动机。

2）如果单侧倒车镜不能调节，应用 12V 电源的跨接线检查电动机的工作情况，当接线换向时，电动机也应反向转动。

3）应用12V电源的跨接线检查电动机，如果工作正常，应检查后视镜控制开关和相关线路。

> 注意：应用12V电源的跨接线检查电动机，在操作过程中应明确电动机相应端子的含义。

三、实训内容

1. 实训准备

1）准备好电动后视镜的零部件、万用表和常用工具等。
2）掌握本次实训课所用设备的使用方法。
3）强调实训课中的安全注意事项。

2. 实训流程

1）电动后视镜控制开关及电动机检测。
2）电动后视镜控制电路检测。

实训教师提供相应车型电路图，对电动后视镜控制电路进行简单讲解，然后可利用故障元件设置简单故障，让学生进行电路分析，并由学生制定检测流程，由学生分组完成相关数据的检测和分析，同时完成实训记录单。

> 注意：在操作过程中，注意操作程序与规范，注意设备的正确使用，防止出现事故。

3. 实训记录

完成实训记录单，见实训任务单7.4。

任务五　电动座椅及控制电路

一、任务描述

现在大多数汽车都安装了电动座椅,使座椅的操作更加方便,那么电动座椅由哪些部分组成?工作原理是什么?若出现故障应该如何检测?要掌握这些知识应该进入下面的学习任务:

1)电动座椅的组成与工作原理。

2)电动座椅的检测方法。

二、相关知识及技能

(一)电动座椅的作用及组成

1. 电动座椅的功能

电动座椅的功能是为驾驶人及乘员提供便于操作、舒适而又安全的驾驶位置。此外,通过调节还可以改变坐姿,减少长时间驾乘的疲劳。

电动座椅按调节功能数目不同,有双方向调节、四方向调节、六方向调节和八方向调节。双方向调节电动座椅只能进行前后方向的调节;四方向调节电动座椅具有前后及升降的调节;六方向调节的电动座椅具有前后调节、后端上下调节、前端上下调节;八方向调节的电动座椅具有前后调节、后端上下调节、前端上下调节和靠背的倾斜调节。

2. 电动座椅的基本组成

电动座椅一般由双向电动机、控制ECU、传动装置和座椅调节器等组成,如图7-46所示。

(1)电动机 大多数电动座椅使用永磁电动机,通过开关来操纵电动机按不同方向旋转。电动机的数量取决于电动座椅的类型,通常两向移动座椅装有两个电动机,四向移动的座椅装有四个电动机,最多可有六个电动机。

(2)传动机构 座椅的传动机构是将电动机的旋转运动转变为座椅的空间移动。传动机构分为高度调整机构和前后调整机构等。

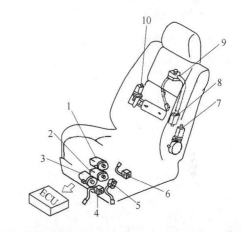

图7-46 电动座椅的基本组成
1—后垂直电动机 2—前垂直电动机 3—滑动电动机 4—滑动位置传感器 5—前垂直位置传感器 6—后垂直位置传感器 7—倾斜电动机和位置传感器 8—头枕电动机 9—头枕位置传感器 10—腰垫电动机

1)高度调整机构。高度调整机构通常是将电动机的高速旋转运动经蜗轮蜗杆机构减速,然后经蜗轮内圆与心轴之间的螺纹传动,转变为心轴的上下移动。主要由蜗杆轴、蜗轮和心轴等组成,如图7-47所示。其工作过程是电动机转动,带动蜗轮转动,从而使心轴旋进或旋出,最后实现座椅的上升与下降。

2)前后调整机构。前后调整机构是电动机的高速旋转运动经蜗轮蜗杆机构减速,然后经齿轮齿条传动,使座椅沿导轨前后移动。主要由蜗杆、蜗轮、齿条和导轨等组成。齿条装在导轨上,如图7-48所示。其工作过程是电动机转动,经蜗杆使两侧的蜗轮转动,蜗轮又驱动齿条移动,最后实现座椅前后移动。

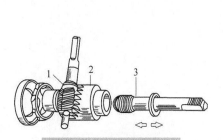

图 7-47 高度调整机构
1—蜗杆 2—蜗轮 3—心轴

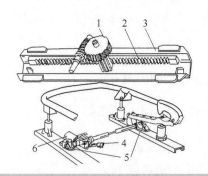

图 7-48 前后调整机构
1—蜗轮 2—齿条 3—导轨 4—线束插头 5—导向元件 6—电动机

中华轿车前座椅为八方向调节的电动座椅,由靠背总成、座垫总成和电动滑道总成组成。靠背总成包括蒙皮、靠背泡沫总成、靠背骨架总成和加热垫总成,座垫总成包括蒙皮、座垫泡沫总成、座垫骨架总成和加热垫总成,电动滑道总成包括电动机、蜗杆、蜗轮、丝杠、升降机构、线束、电动开关和防护板等。座椅座垫高度的调整和靠背角度的调整是通过调整按钮实现的。

(二) 典型电动座椅控制电路

1. 六方向调节电动座椅控制电路

六方向调节电动座椅由三个电动机组成,即前部高度调整电动机、前后调整电动机和后部高度调整电动机。如果想将整个座椅向下调整,开关位置如图 7-49 所示,电路是电源经过端子 4、端子 6 和端子 8 分别到座椅前部和后部的高度调节电动机,再经端子 5 和端子 7 汇到端子 3,到搭铁。

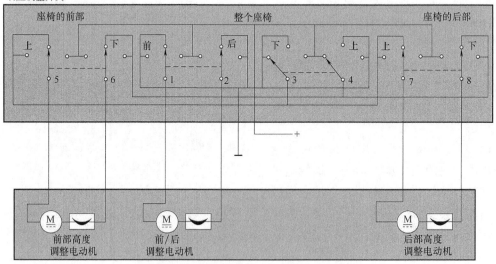

图 7-49 六方向调节的电动座椅控制电路

2. 八方向电动座椅控制电路

现在很多乘用车的电动座椅是八方向调节的电动座椅,比如中华轿车、广州本田雅阁轿车等。图 7-50 所示为八方向调节的电动座椅控制电路，具有八个方向的调节功能，即前端上下调节、后端上下调节、前后移动调节和靠背倾斜调节。

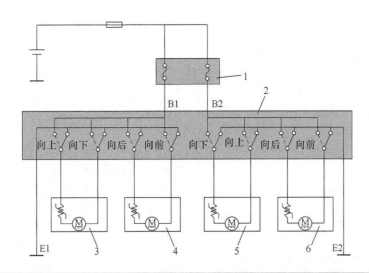

图 7-50　八方向调节的电动座椅控制电路
1—熔断器　2—电动座椅调节开关　3—前部上下调节电动机　4—前后移动调节电动机
5—后部上下调节电动机　6—靠背倾斜角度调节电动机

（1）前部上下调节电路　将前端上下调节开关置"向上"位置时，电路为电流从蓄电池正极→B1→前端上下调节开关向上触点→电动机3→搭铁点 E1→蓄电池负极，构成回路，使座椅前部向上升。

将前端上下调节开关置"向下"位置时，电路为电流从蓄电池正极→B1→前端上下调节开关的向下触点→电动机3→搭铁点 E1→蓄电池负极，构成回路，使座椅前部向下降。

（2）前后调节电路　将前后移动调节开关置"向后"位置时，电路为电流从蓄电池正极→B1→前后移动调节开关向后触点→电动机4→搭铁点 E1→蓄电池负极，构成回路，使座椅向后移动。

将前后移动调节开关置"向前"位置时，电路为电流从蓄电池正极→B1→前后移动调节开关向前触点→电动机4→搭铁点 E1→蓄电池负极，构成回路，使座椅向前移动。

（3）后部上下调节电路　将后端上下调节开关置"向上"位置时，电路为电流从蓄电池正极→B2→后端上下调节开关向上触点→电动机5→搭铁点 E2→蓄电池负极，构成回路，使座椅前部向上升。

将后端上下调节开关置"向下"位置时，电路为电流从蓄电池正极→B2→后端上下调节开关的向下触点→电动机5→搭铁点 E2→蓄电池负极，构成回路，使座椅前部向下降。

（4）靠背倾斜角度调节电路　将靠背倾斜角度调节开关置"向前"位置时，电路为电流从蓄电池正极→B2→靠背倾斜角度调节开关向前触点→电动机6→搭铁点 E2→蓄电池负极，构成回路，使靠背倾斜角向前。

将靠背倾斜角度调节开关置"向后"位置时，电路为电流从蓄电池正极→B2→靠背倾斜角度调节开关向后触点→电动机 6→搭铁点 E2→蓄电池负极，构成回路，使靠背倾斜角向后。

（三）带存储功能的电动座椅

带存储功能的电动座椅采用微机控制，它能将选定的座椅调节位置进行存储，其控制电路如图 7-51 所示。ECU 通过四个位置传感器来控制座椅的调定位置。只要座椅位置调节后，驾驶人按下存储器的按钮，ECU 就把这些电压信号存储起来，作为重新调节位置时的基准。使用时，只要一按按钮，座椅就会自动地调节到预先选定的座椅位置上。

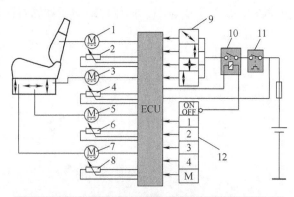

图 7-51　带存储功能的电动座椅控制电路
1—座椅靠背倾斜角度调节电动机　2—座椅靠背倾斜角度传感器　3—后部高度调节电动机　4—后部高度传感器　5—前后移动调节电动机　6—前后移动传感器　7—前部高度调节电动机　8—前部高度传感器　9—手动调节开关　10—继电器　11—断路器　12—自动调节开关

> 注意：在操作过程中，注意各功能键的有效性，注意座椅移动时是否有卡滞和异响。

三、实训内容

1. 实训准备
1）准备好电动座椅的零部件、万用表和常用工具等。
2）掌握本次实训课所用设备的使用方法。
3）强调实训课中的安全注意事项。

2. 实训流程
1）电动座椅控制开关及电动机检测。
2）电动座椅控制电路检测。
3）电动座椅传动机构检查。

操控电动后视镜及电动座椅控制开关，检查电动后视镜及座椅的运行状态。实训教师提供相应车型电路图，对电动后视镜及电动座椅等控制电路进行简单讲解，然后可利用故障元件设置简单故障，让学生进行电路分析，并由学生制定检测流程，经实训教师核准后，由学生分组完成相关数据的检测和分析，同时完成实训记录单。

> 注意：在操作过程中，注意操作程序与规范，注意设备的正确使用，防止出现事故。

3. 实训记录
完成实训记录单，见实训任务单 7.5。

项目七 安全舒适系统及控制电路 | 197

任务六 被动安全系统及控制电路

一、任务描述

学生：被动安全系统是如何保证人员安全的？

老师：当汽车遭受碰撞时，可以通过安全带和安全气囊的作用，减轻人体遭受伤害的程度。

安全气囊也称为辅助乘员保护系统（Supplemental Restraint System，简称 SRS），是一种被动安全保护装置，其功能是当汽车遭受碰撞导致减速度急剧变化时，气囊迅速膨胀，在驾驶人、乘员与车内构件之间迅速铺垫一个气垫，利用气囊排气节流的阻尼作用来吸收人体惯性力产生的动能，从而减轻人体遭受伤害的程度。目前，安全气囊不但更安全、更可靠，也具有多功能、智能型技术，也越来越成为轿车上不可缺少的安全装备。那么安全气囊由哪些部分组成？工作原理是什么？若出现故障应该如何检测？要掌握这些知识应该进入下面的学习任务：

1) 安全气囊系统的作用及组成。
2) 安全气囊系统的工作原理。
3) 安全气囊系统的控制电路及检测方法。

二、相关知识及技能

（一）安全气囊的组成及工作原理

目前，安全气囊的类型有很多种，不同车型装备的安全气囊也不同。按碰撞类型不同，气囊有正面碰撞安全气囊、侧面碰撞安全气囊和顶部碰撞安全气囊。正面碰撞安全气囊是保护驾驶人和乘员的面部与胸部，侧面碰撞安全气囊是保护驾驶人和乘员的头部与腰部，顶部碰撞安全气囊是保护驾驶人和乘员的头部。按系统装备气囊数量的不同分为单气囊系统和双气囊系统。按气囊触发形式的不同分为机械式安全气囊和电子式安全气囊。

1. 安全气囊的组成

安全气囊由电子控制系统和气囊组件构成。电子控制系统由碰撞传感器、安全传感器、

ECU 和点火器等组成，气囊组件包括气体发生器和气囊等。安全气囊系统的组成如图 7-52 所示。安全气囊触发后的状态如图 7-53 所示。

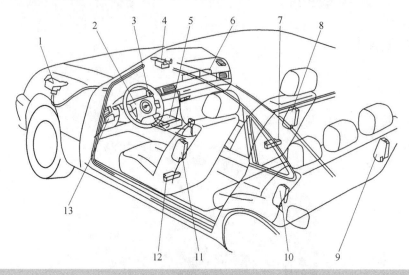

图 7-52　安全气囊系统的组成

1—左前碰撞传感器　2—气囊组件　3—安全气囊警告灯　4—右前碰撞传感器　5—安全气囊控制单元　6—前排乘员安全气囊　7—横向加速度传感器　8—侧面安全气囊　9—右后座侧面安全气囊　10—左后座侧面安全气囊　11—驾驶人侧面安全气囊　12—横向加速度传感器　13—自诊断插头

2. 安全气囊的工作原理

安全气囊的工作原理如图 7-54 所示。当汽车发生较严重的碰撞时，碰撞传感器将汽车碰撞信息（汽车减速度）转换成相应的电信号输入到安全气囊控制器，与此同时，安全传感器内部的触点也在汽车减速惯性力的作用下闭合，接通点火器电源。安全气囊控制器对碰撞传感器输入的信号进行分析处理后，迅速向点火器输出点火信号，点火器通电引燃点火剂并产生高温，使气体发生器产生大量的气体，并经过滤与冷却后，充入气囊，使气囊在 30ms 内突破衬垫而快速膨胀展

图 7-53　安全气囊触发后的状态

开。在车内人员还没触到硬物之前，抢先在两者之间形成弹性气垫，并及时由小孔排气收缩，吸收强大惯性冲击能量，以保护人体头部和胸部，减轻受伤程度。

当汽车受到碰撞时，不论是正面碰撞还是侧面碰撞，其碰撞时气囊的控制过程基本相同，图 7-55 所示为正面碰撞时安全气囊系统控制过程。

当汽车发生碰撞的瞬间开始，到气囊膨胀，再到气囊排气变软，经历的时间很短，一般为 120ms 左右。

（1）碰撞传感器　碰撞传感器通过汽车碰撞时的减速度来感知汽车的碰撞强度。按结构原理不同，碰撞传感器有机电式和电子式两种。根据机械装置的不同，机电式碰撞传感器

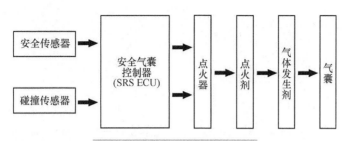

图 7-54 安全气囊的工作原理

分为偏心锤式和滚球式。电子式碰撞传感器一般为压敏电阻式。一些汽车的安全气囊将电子式碰撞传感器和安全气囊控制器一起安装在汽车的中间位置，并称其为中央安全气囊传感器。

1）偏心锤式碰撞传感器。偏心锤式碰撞传感器由壳体、偏心转子、偏心块、固定触点和动触点等组成，如图 7-56 所示。在正常情况时，偏心转子和偏心块在弹簧的作用力下，顶靠在止动块上，动触点与固定触点不接触，开关处于断开状态；当碰撞强度足够大时，偏心转子转动，使动触点与固定触点接触，电路闭合如图 7-56b 所示，此时碰撞传感器向 ECU 输送导通信号，则 ECU 才能引爆气体发生器，使气囊充气。

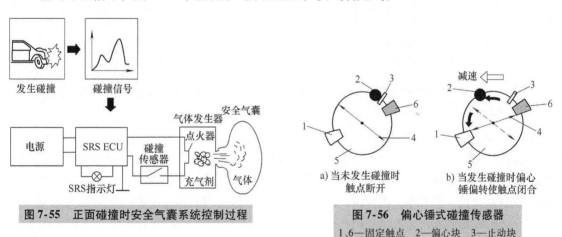

图 7-55 正面碰撞时安全气囊系统控制过程

图 7-56 偏心锤式碰撞传感器
1、6—固定触点　2—偏心块　3—止动块
4—动触点　5—偏心转子

2）滚球式碰撞传感器。滚球式碰撞传感器在很多轿车上使用，如奥迪轿车等。滚球式碰撞传感器主要由滚球、永久磁铁、导缸和固定触点等组成，如图 7-57 所示。滚球用来检测减速度大小，两个触点分别与传感器引线端子连接。在正常情况下，导缸内滚球被磁铁吸住，使两个触点与滚球分离，传感器电路处于断开状态（图 7-57a）；当汽车发生碰撞，减速度足够大时，使滚球在惯性力的作用下克服磁铁吸力，沿导缸向两个触点运动，而使两个触点接通，此时传感器将导通信号输送给 ECU，而 ECU 才能引爆气体发生器，使气囊充气。

3）电子式碰撞传感器。电子式碰撞传感器也称为压敏电阻式碰撞传感器，原理是利用敏感元件在受力变形后，使其电阻值会相应改变的电阻应变片，电阻的变化引起输出电压的变化，如图 7-58 所示。当汽车速度越大时，碰撞后产生的减速度越大，传感器输出的电压

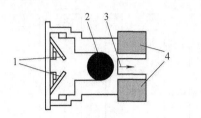 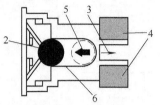

a) 当未发生碰撞时触点断开　　　b) 当发生碰撞时滚球使触点闭合

图 7-57　滚球式碰撞传感器

1—触点　2—滚球　3—磁铁吸力　4—永久磁铁　5—惯性力　6—导缸

也越大（图 7-59）。同时，这个电压信号不断输送给安全气囊 ECU，安全气囊 ECU 将这个信号进行分析处理，若满足要求，需要引爆安全气囊时，安全气囊 ECU 将会接通点火电路，如果此时碰撞传感器的触点也闭合，则气体发生器的电路接通，引爆安全气囊。

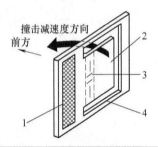 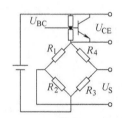

图 7-58　电子式碰撞传感器的工作原理　　　图 7-59　电子式碰撞传感器等效电路

1—集成电路　2—测量悬臂　3—电阻应变片　4—悬臂架

(2) 安全传感器　安全传感器（图 7-60）也称为安全开关，一般装在安全气囊 ECU 内，为水银开关式传感器。它串联在气囊点火器的电源电路中，用以防止气囊误膨胀。当汽车发生碰撞时，足够大的减速度惯性力将水银抛起，接通点火器电源电路，此时气囊充气装置在控制器的指令下工作；而在汽车正常行驶或故障检修时，由于安全传感器触点常开，即使车前碰撞传感器或有关电路短路而造成 ECU 误判，气囊充气装置会因为点火器未接通电源而不能被引爆。

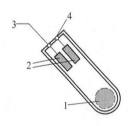 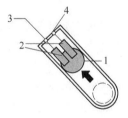

a) 当未发生碰撞时触点断开　　　b) 当发生碰撞时水银球抛起将触点闭合

图 7-60　安全传感器

1—水银球　2—触点　3—接电源　4—接点火器

(3) 安全气囊组件　安全气囊组件主要由气体发生器、点火器、气囊、衬垫、饰盖及底板等组成。驾驶人侧气囊组件安装在转向盘的中心处，前排乘员侧气囊组件安装在右侧杂物箱的上方。

1）气体发生器。气体发生器的作用是当安全气囊控制器发出引爆指令时，立刻产生气体并充入气囊，使气囊迅速膨起。气体发生器由气体发生剂、点火剂（火药）、点火器（电热丝）和滤清器等组成，如图7-61所示。

当安全气囊控制器发出指令时，点火器引爆点火剂，点火剂燃烧产生大量热量，使叠氮化钠受热分解，产生大量的氮气，经过滤除去烟尘后，充入气囊，使气囊在30ms内膨胀展开。

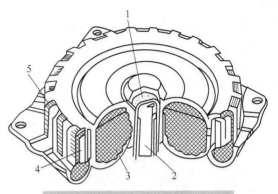

图7-61 气体发生器
1—点火剂 2—点火器 3—气体发生剂
4—金属过滤网 5—充气孔

> 注意：由于叠氮化钠分解时产生的少量副产品氢氧化钠和碳酸氢钠，这些物质是有害的，因此，在清洁膨胀后的气囊时，应采取保护措施，并注意通风。

2）点火器。点火器安装在气体发生器内部，其作用是根据安全气囊ECU的指令引爆点火剂，产生热量使充气剂分解。点火器主要由药筒、引药、电热头、永久磁铁和电极等组成，如图7-62所示。

3）气囊。气囊按布置位置分为驾驶人侧气囊、乘客侧气囊、后排气囊、侧面气囊和顶部气囊等。气囊一般由尼龙布制成，在尼龙布上还有些排气用的小孔。气囊充气膨胀展开后，能吸收冲击能量，使乘员的头部和胸部减少受伤率及受伤程度。气囊充气后可以通过小孔

图7-62 点火器
1—药筒 2—引药 3—电热头 4—电极
5—陶瓷片 6、8—绝缘垫片 7—永久磁铁
9—绝缘套筒 10—引出导线

排气，使气囊逐渐变软，以增强缓冲作用，同时避免对车内人员的伤害。

4）衬垫。衬垫一般由聚氨酯制成，一般情况衬垫都黏附在转向盘的上表面，把气囊保护起来。在汽车发生碰撞时，在气囊强大的膨胀力作用下，衬垫迅速被掀开，对安全气囊的膨胀展开不会有任何阻碍作用。

5）饰盖及底板。饰盖是气囊组件中的盖板，上面模制有撕缝，以便气囊能冲破饰盖。底板固定到转向盘或车身上，安全气囊及充气装置都安装在底板上，主要承受安全气囊膨胀展开时的爆发力。

（4）气囊ECU 气囊ECU也称为安全气囊控制器，其作用是根据接收到的碰撞传感器信号判断汽车是否发生了碰撞及碰撞的强度，并确定是否输出点火信号引爆点火剂给气囊充气。气囊ECU有中央处理器、只读存储器、随机存储器、I/O接口和驱动器等组成。此外，还有点火电路、安全气囊诊断电路等，有的还将安全传感器、安全气囊备用电源等都集装在

一个控制盒中。

（5）线束及保险机构　安全气囊系统的所有线束都套装在黄色的波纹管内，与车身线束连成一体，以便于区别。气囊组件的连接线束安装在转向盘和转向柱之间的螺旋电缆内（图7-63）。安全气囊线束插接器具有防止气囊误爆机构、端子双重锁定机构、插接器双重锁定机构和电路连接诊断机构。

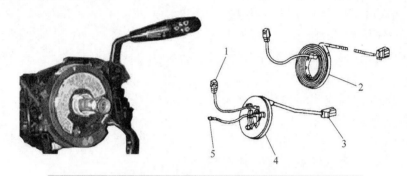

图7-63　安全气囊系统螺旋线束
1、3—线束插头或插座　2—螺旋电缆　4—弹簧壳体　5—搭铁接头

1）防止气囊误爆机构。在插接器中有一个短路片（图7-64a），当插接器插头与插座接在一起时，插头的绝缘体将短路片顶起（图7-64b），短路片与点火器的两个端子分开，点火器中电热丝电路处于正常连接状态。当插接器拔下时，短路片自动将点火器的两个引线端子短路，使点火器的电热丝与短路片构成回路，此时即使误将电源加到点火器上也不会引

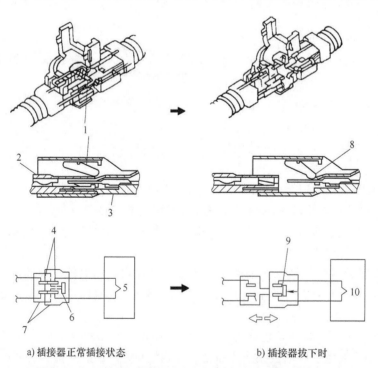

a) 插接器正常插接状态　　　　　　b) 插接器拔下时

图7-64　防止安全气囊误爆机构原理
1、6、8、9—短路片　2—插头　3—插座　4—端子　5、10—电热丝　7—插接器

爆,从而防止安全气囊误爆。

2)电路连接诊断机构。电路连接诊断机构用来监测插接器是否连接可靠,常用于前碰撞传感器。插接器中有一个诊断销和两个诊断端子。当插接器正常连接时,诊断销与前碰撞传感器中的常开触点并联。

当传感器插头与插座未可靠连接时,诊断端子与诊断销未接触(图7-65a),此时安全气囊ECU监测到该碰撞传感器的电阻为无穷大,即诊断该碰撞传感器为连接不可靠,自诊断电路便控制安全气囊指示灯闪亮报警,同时将故障码存储在存储器中。当传感器插头与插座的连接为可靠连接时,诊断端子与诊断销完全接触(图7-65b),此时电阻与碰撞传感器中的常开触点并联,安全气囊ECU检测到的阻值为该电阻的阻值,即可诊断为该插接器连接可靠。

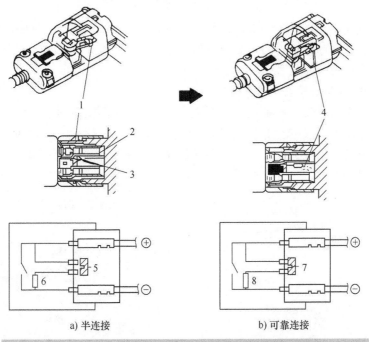

图7-65 电路连接诊断机构原理
1—诊断端子 2、5、7—诊断销 3—弹簧片 4—诊断销接触诊断端子 6、8—电阻

3)插接器双重锁定机构。安全气囊系统在线束中重要插接器上都采用了双重锁定机构,用于锁定插接器的插头与插座,防止插接器脱开,如图7-66所示。当主锁未锁定时,插头上的两个凸台阻止副锁锁定,如图7-66a所示;当主锁完全锁定时,副锁锁柄方能转动并锁定,如图7-66b所示;当主锁与副锁双重锁定时,插接器的插头与插座的连接状态如图7-66c所示,从而防止插接器插头与插座分开。

4)端子双重锁定机构。安全气囊系统中的每一个插接器都设有端子双重锁定机构,用于阻止引线端子滑出。如图7-67所示,插接器的插头与插座都是由锁柄和分隔片两部分组成,锁柄为一次锁定机构,可防止端子沿引线轴向方向滑动,分隔片为二次锁定机构,可防止端子沿引线径向移动。

(二)电控安全带的工作原理

电控安全带一般由电动机、系紧传感器、系紧继电器及安全带收紧器等组成。当汽车发

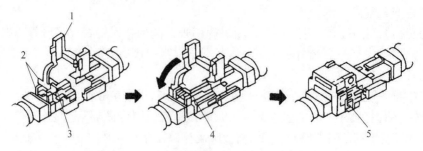

图 7-66　插接器双重锁定机构

1—副锁　2—凸台　3—主锁　4—主锁锁定　5—副锁锁定

生碰撞时,安全气囊传感器受到冲击,若前后方向的冲击力大于规定值,座位安全带收紧器就会动作,同时,转向盘衬垫内的安全气囊和前座乘客安全气囊总成会立即充气,以最大限度地保护驾驶人和乘客免受伤害。

1. 丰田 LS400 汽车电控安全带系统

丰田 LS400 汽车电控安全带系统由肩带调节开关、可调高度系紧电动机、可调高度系紧传感器、肩带系紧继电器及安全带收紧器等组成,如图 7-68 所示。当肩带调节开关合上,可调高度系紧传感器提供阻值信号,则肩带系紧继电器便接通可调高度系紧电动机的电路,其电路如图 7-69 所示。

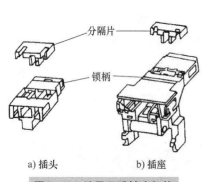

图 7-67　端子双重锁定机构

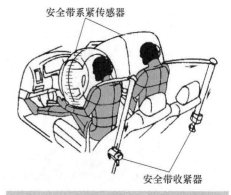

图 7-68　丰田 LS400 汽车电控安全带系统

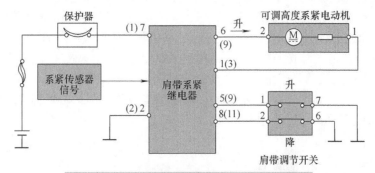

图 7-69　丰田 LS400 汽车电控安全带控制电路

2. 福特汽车电控安全带系统

福特汽车电控安全带系统能自动将肩部安全带和腰部安全带跨到驾驶人和乘员的身上，其主要结构组成如图7-70所示。安全带的一端固定在运载装置上，另一端接到惯性锁住收紧器，由直流电动机控制，借助导轨上的运载装置移动安全带，惯性锁住收紧器能在急加速瞬间锁紧安全带。

当车门打开时，肩部安全带外端超前移动至前立柱，使驾驶人和乘员顺利进入或离开座位，如图7-71a所示。当车门关闭且点火开关置于"ON"档时，电动机便移动安全带的外端至中立柱的锁止位置，如图7-71b所示。

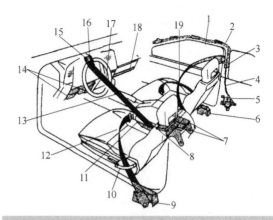

图7-70 福特汽车电控安全带的结构组成
1—电动机及导轨总成 2—导轨 3—锁止装置 4—软管 5—电动机 6、7、9—紧急锁住式收紧器 8—带子导向器 10—带子夹持器 11—内带总成 12—外带总成 13—警告标签 14、18—膝枕 15—肩部安全带插接器 16—紧急脱扣扣环 17、19—肩部安全带

福特汽车电控安全带系统的电路如图7-72所示，控制模块接收车门半锁联动开关、限位开关、紧急脱扣开关及惯性开关等信号时，便输出不同的信号来控制安全带的移动。

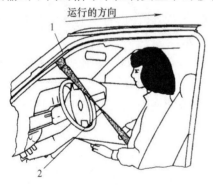
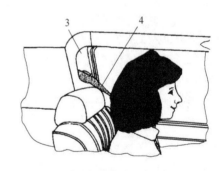

a) 车门打开安全带移至前立柱　　b) 车门关闭安全带移至中立柱

图7-71 安全带位置
1—前立柱 2—肩部安全带 3—中立柱 4—肩部安全带在锁止位置

（1）车门半锁联动开关　车门半锁联动开关的作用是向控制模块发出车门位置的信号。当车门全锁时，车门半锁开关是断开的。控制模块收到此信号，便会接通电动机电路，将肩部安全带移动到驾驶人和乘员肩后中立柱的锁止位置。如果控制模块收到车门是打开信号，不管点火开关处于什么档位，电动机电路都接通，将肩部安全带移动到前立柱的位置。

（2）限位开关　限位开关的作用是向控制模块发出肩部安全带的位置信号。当肩部安全带被电动机移开前立柱的位置时，前立柱上的限位开关A闭合；当肩部安全带移动到中立柱的锁止位置时，中立柱上的限位开关B张开，则电动机电路断开。当打开车门时，控制模块给电动机反向电流到限位开关A张开为止。

（3）紧急脱扣开关　紧急脱扣开关在系统发生故障时起作用。当按下脱扣按钮时，常

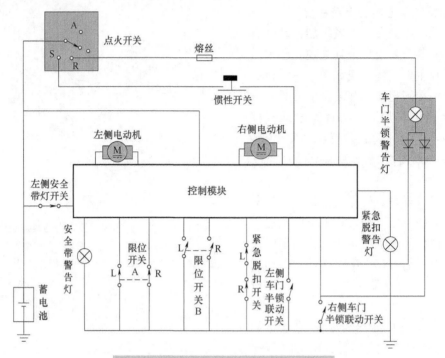

图 7-72　福特汽车电控安全带系统的电路

闭的紧急脱扣开关张开，同时仪表板上的警告灯亮起并发出蜂鸣声，肩部安全带收紧器开锁作用便停止，防止人员在意外的情况下，被甩出车外。

(4) 惯性开关　当控制模块接收到惯性开关张开的信号时，即使打开车门，控制模块也能阻止肩部安全带到前立柱的位置。惯性开关是一种常闭开关，当车速超过 8km/h 发生碰撞或翻车事故时，惯性开关便立即打开，并给控制模块一个打开信号。惯性开关一旦被触发，只有通过手动才能复原。

(三) 典型车型气囊控制电路

1. 奥迪 A6 轿车安全气囊控制电路

奥迪 A6 轿车安全气囊控制电路如图 7-73 所示。C22 是抗干扰电感线圈，D15 是点火开关 15 端子，E3 是警告灯开关，E224 是前排乘员侧安全气囊切断开关，F145 是左后碰撞传感器，F146 是右后碰撞传感器，F158 是后排中央碰撞传感器，H75 是安全气囊指示灯，H145 是前排乘员侧安全气囊切断警告灯，J218 是仪表板电路组合控制器，J234 是安全气囊 ECU，N95 是驾驶人安全气囊点火器，N131 是前排乘员侧安全气囊点火器，N153 是驾驶人安全带张紧点火器，N154 是前排乘员侧安全带张紧点火器，N196 是左后座椅安全带张紧点火器，N197 是右后座椅安全带张紧点火器，N198 是后排中央座椅安全带张紧点火器。

2. 新宝来轿车安全气囊控制电路

新宝来轿车安全气囊控制电路如图 7-74 所示，G179 是驾驶人侧侧面安全气囊碰撞传感器，G180 是副驾驶人侧侧面安全气囊碰撞传感器，G257 是副驾驶人侧后部侧面安全气囊碰撞传感器，G256 是驾驶人侧后部侧面安全气囊碰撞传感器，N153 是驾驶人侧安全带拉紧引爆装置，N154 是副驾驶人侧正面安全带拉紧引爆装置，N251 是驾驶人侧头部安全气囊引爆

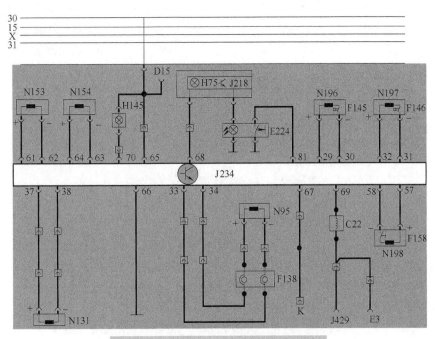

图 7-73 奥迪 A6 轿车安全气囊控制电路

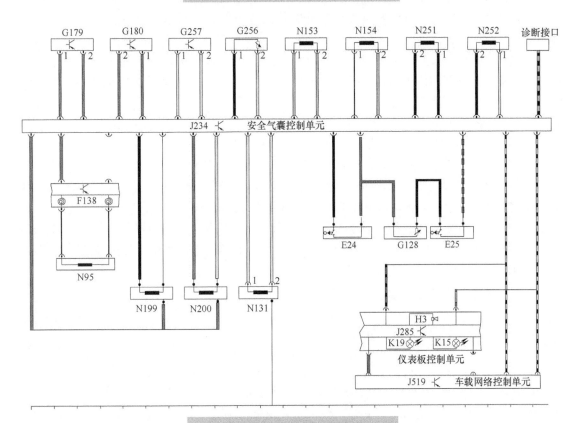

图 7-74 新宝来轿车安全气囊控制电路

装置，N252 是副驾驶人侧头部安全气囊引爆装置，J234 是安全气囊控制单元，F138 是安全气囊带集电环的复位环，N95 是驾驶人侧正面安全气囊引爆装置，N199 是驾驶人侧侧面安全气囊引爆装置，N200 是副驾驶人侧侧面安全气囊引爆装置，N131 是副驾驶人侧正面安全气囊引爆装置，E24 是驾驶人侧安全带开关，G128 是副驾驶人侧座椅占用传感器，E25 是副驾驶人侧安全带开关，J285 是仪表板控制单元，J519 是车载网络控制单元。

（四）智能安全气囊系统

目前，由于常规型安全气囊存在很多问题，汽车安全气囊系统正在向智能型发展。

1. 常规型安全气囊存在的问题

1）当乘员座位无人时，碰撞也会使气囊起爆，造成无谓损失。
2）常规气囊系统不能识别乘员的具体情况，这样就不能保护儿童或身体矮小人员。
3）当出现碰撞时，气囊在保护人员的同时，也可能对人员造成一定的伤害。
4）叠氮化钠燃烧反应后产生的氮化钠和氢氧化钠，对人员的呼吸器官有伤害。
5）在碰撞发生时，安全带不能很好地阻止车上人员扑上气囊，这样将造成人员伤害。
6）常规气囊系统在车辆碰撞过程中不能完整地存储事故信息。

2. 智能型安全气囊

新型的智能安全气囊系统增设了红外线乘员传感器，以检测乘员的有无与其身材的大小。同时，安全带增设了收紧装置，能在气囊起爆前先收紧安全带，以缓解冲撞伤害，碰撞后又能自动解除收紧力。智能安全气囊系统最主要是 ECU 的存储和记忆功能完善了，主要体现在以下几个方面：

1）新系统能根据事故和乘客的具体参数来决定气囊的展开力度。这些参数可能包括碰撞的严重程度、乘客的体重和座椅相对气囊的位置等。智能型气囊还能识别乘客座椅是否空置，以决定需不需要使用乘客安全气囊。

2）越来越多的车辆安装了事故数据记录仪（EDR），用来收集碰撞相关的信息，类似于飞机"黑匣子"。EDR 的功能一般被包含在安全气囊 ECU 中。

3）在"智能安全气囊"系统上 ECU 不仅需要加速度信息，同时也需要乘客信息。新型的智能安全气囊系统需要把直到事故发生前的乘客信息都记录下来，其中包括座椅位置和乘客体重。为了在事故之前能够获得有关乘客情况的可靠记录，就必需连续存储信息。

4）EDR 技术的关键在于所需的数据量及存储这些数据所需要的时间。当发生严重事故时，极有可能出现断电情况。对于这种情况，EDR 系统必须赶在系统电源失去之前把数据保存下来，非易失性铁电存储器（FRAM）便具有这方面的技术能力。

（五）安全气囊的安全事项与处理

1. 使用与检查时的注意事项

1）安全气囊检测必须由专业人员利用专用检测仪来检查。
2）不可使用检测灯、电压表和欧姆表等简单工具，应该用高阻抗万用表检测安全气囊系统的电路及安全气囊警告灯。
3）拆卸工作必须在点火开关关闭下，并将蓄电池负极电缆线拆下 20s 以后才能开始。

4）将安全气囊与电源相连时，车内不可有人。

5）安全气囊从运输器具内取出后必须马上装车，如需终止工作，应将安全气囊放回运输器具内。

6）不可将安全气囊放到无人照管的地方，存放时，应将起缓冲作用的面朝上，拆下的安全气囊应使表面朝上放置。如果安全气囊在存放时表面朝下，可能会发生意外展开而导致严重事故。切勿在安全气囊总成上放置任何物体。若充气组件从90mm以上落地就不能再用了。

7）安全气囊不可打开及修理，必须使用新件。

8）为防止损坏安全气囊总成，应使其远离任何机油、油脂、清洁剂和水等。

9）在使用喷灯或焊接设备时，不得靠近充气装置，以防引起安全气囊自动充气。

10）在检修时不要让转向盘衬垫、碰撞传感器、座位安全带收紧器或前排乘员安全气囊总成直接暴露在热空气中或接近火源，充气组件不能承受65℃以上的温度。

11）在拆检或更换安全气囊时，切勿将身体正面朝向气囊总成。

12）若车辆发生轻微碰撞，安全气囊系统虽然没有触发，但也应检查转向盘衬垫、前排乘客安全气囊总成、座位安全带收紧器和安全气囊传感器。

13）气囊系统只能工作一次，发生事故被引爆后的气囊必须更换。为安全起见，气囊系统的所有元件也需更换。

14）安全气囊有一定的使用寿命（见B柱上不干胶标签）。如更换安全气囊，应将新标签取下并贴到B柱的旧标签上面。理论上安全气囊设计寿命和整车使用寿命一致，但实际上气囊起爆化学物质一段时间后可能失效，气囊上密封涂料也可能失效，所以，最好在使用8~10年内更换气囊。

注意：安全气囊的存储、运输和使用当中要严格遵守相关规定，以防人身伤害事故的发生。

2. 安全气囊报废处理

在报废整车或报废安全气囊组件时，应在报废之前先用专用维修工具SST将安全气囊引爆。因为未引爆的气囊仍处于危险状态，很可能引起人员伤亡事故。未经处理的安全气囊的气体发生器内部存在未经点燃的点火剂或气体发生剂，其中叠氮化钠有剧毒，但如果燃烧后会转化为无害物质。安全气囊引爆时的力非常大，若把安全气囊面向地面展开，其反冲力足够把安全气囊冲高20m左右。为了避免这些危险，报废车辆时必须把安全气囊引爆展开。

（1）车下引爆的方法 采用各公司规定的引爆展开处理用插接件或电缆线束进行连接，把五个没有轮辋的轮胎堆放起来，把安全气囊旋转于其中，利用蓄电池作为电源引爆展开作业，如图7-75所示。

（2）车上引爆方法 将车移到空旷处，打开所有的车窗和车门，拆下蓄电池的负极和正极，然后将蓄电池搬出车外，等待30s后进行下面操作（图7-76）。

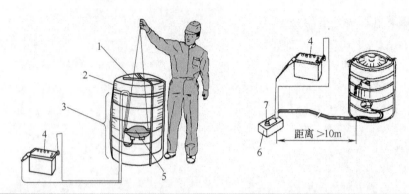

图 7-75 车下引爆气囊的方法
1—绳索 2—带轮辋的轮胎 3—无轮辋的轮胎 4—蓄电池 5—安全气囊 6—引爆器 7—引爆开关

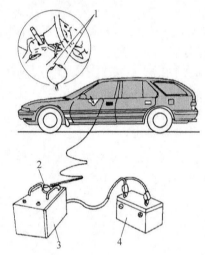

图 7-76 车上引爆气囊的方法
1—安全气囊 2—引爆开关 3—引爆器 4—蓄电池

1）拔下安全气囊组件与螺旋线束之间的插接器。
2）剪断安全气囊组件线束，使插接器与线束分离。
3）连接引爆器接线夹与安全气囊组件引线。
4）先将引爆器放置距安全气囊组件 10m 以外的地方，然后再将电源夹与蓄电池连接。
5）查看引爆器上的红色指示灯是否发亮，当红色指示灯发亮后才能引爆。
6）按下引爆开关引爆安全气囊。待绿色指示灯亮后，将引爆后的安全气囊装入塑料袋内再作为废物处理。

注意：在引爆气囊操作过程中，注意操作程序与规范，防止出现事故。

（六）安全气囊系统故障自诊断

在点火开关接通以后，安全气囊警告灯将闪烁约 4s 后熄灭，完成自诊断过程。若警告灯在4s后不熄灭，应使用故障诊断仪进行故障查询，根据所显示的故障信息并参照相应车型故障码表，即可找到故障原因及维修措施。

三、实训内容

1. 实训准备

1）准备各种安全气囊的组件、常用工具、解码器和实训车。
2）强调实训中的安全注意事项。

2. 实训流程

1）熟悉安全气囊的组成及作用。
2）利用安全气囊电路分析其控制原理。
3）用诊断仪读取故障码和数据流，并进行正确分析。

> 注意：在操作过程中，注意操作程序与规范，注意设备的正确使用，防止出现事故。

3. 实训记录

完成实训记录单，见实训任务单7.6。

【项目总结】

1. 风窗刮水器有自动复位、间歇、低速和高速档。刮水器的变速是利用直流电动机变速原理来实现的。

2. 风窗玻璃洗涤器与刮水器配合工作。风窗玻璃洗涤器由洗涤液罐、洗涤泵、软管、三通、喷嘴及刮水器开关组成。

3. 对于电动调节后视镜，驾驶人可通过操作开关控制两个可逆永磁电动机，即可将后视镜调到合适的位置。

4. 电动升降车窗、电动调整座椅和中央控制门锁一般使用永磁电动机，电动机的旋转方向由电流方向决定。

5. 雨滴感知型刮水器能根据雨量的大小自动调节刮水器刮水频率，使驾驶人始终保持良好的视线。雨滴感知型刮水器由雨滴传感器、间歇刮水放大器和刮水器电动机等组成。

6. 安全气囊按碰撞类型的不同分为正面碰撞安全气囊、侧面碰撞安全气囊和顶部碰撞安全气囊，正面碰撞安全气囊是保护驾驶人和乘员的面部与胸部，侧面碰撞安全气囊是保护驾驶人和乘员的头部与腰部，顶部碰撞安全气囊是保护驾驶人和乘员的头部；按系统装备气囊的数量不同分为单气囊系统和双气囊系统；按气囊触发形式的不同分为机械式安全气囊和电子式安全气囊。

7. 安全气囊由电子控制系统和气囊组件构成，电子控制系统由碰撞传感器、安全传感器、ECU、点火器及气囊警告灯等组成；气囊组件包括气体发生器和气囊等。安全气囊警告灯在点火开关接通以后将闪烁约4s后熄灭，完成自诊断过程。

8. 电控安全带一般由电动机、系紧传感器、系紧继电器及安全带收紧器等组成。

【思考与练习】

1. 单选题

（1）汽车的电动车窗电动机一般为（　　），它可以双向旋转，通过改变电动机的电流方向，使电动机得到不同的旋转方向，来控制车窗玻璃的上升或下降。
　A. 交流型　　　　B. 直流型　　　　C. 永磁型　　　　D. 无刷型

（2）当清洗刮水器刮水片时，可用蘸有（　　）的棉纱轻轻擦去刮水片上的污物，刮水器刮水片不可用汽油清洗和浸泡，否则刮水片会变形而影响其工作。
　A. 酒精　　　　B. 香蕉水　　　　C. 清洗剂　　　　D. 汽油

（3）具有防夹功能的轿车，在玻璃一个升降行程内有（　　）防夹功能。
　A. 一次　　　　B. 两次　　　　C. 三次　　　　D. 一直具有

（4）当电动座出现（　　）时，常常会引起座椅运动不灵活或不到位。
　A. 机械故障　　　B. 断路故障　　　C. 短路故障　　　D. 搭铁不良

（5）某汽车电动车窗出现都不能上升或下降故障时，可能的原因有（　　）。
　A. 开关损坏或控制电路出故障　　　　B. 总开关上的安全开关出故障
　C. 熔丝熔断或搭铁不良　　　　　　　D. 电动机故障

（6）电动后视镜的电动机常采用（　　）型，能实现正反转动。
　A. 交流型　　　　B. 直流型　　　　C. 永磁型　　　　D. 无刷型

（7）下列不属于安全气囊电子控制系统的是（　　）。
　A. 气囊组件　　　B. 安全传感器　　C. ECU　　　　　D. 点火器

（8）电动车窗的（　　）能控制除驾驶人侧以外的车窗，当开关接通时，其他车窗能够自由控制升降；当开关断开时，其他车窗则不能自由控制升降。
　A. 保护开关　　　B. 安全开关　　　C. 点火开关　　　D．总开关

（9）安全气囊传感器有机械式和电子式的，而电子式碰撞传感器一般为（　　）。
　A. 水银式　　　　B. 偏心锤式　　　C. 压敏电阻式　　D. 滚球式

（10）福特汽车电控安全带系统的一端固定在运载装置上，另一端接到惯性锁住收紧器，在急加速瞬间由（　　）控制锁紧安全带。
　A. 继电器　　　　B. 直流电动机　　C. 开关　　　　　D. 车速传感器

2. 多选题

（1）车窗起动防夹功能的依据可能为（　　）。
　A. 车窗电动机的运转噪声
　B. 霍尔传感器传送来的车窗电动机转速变化数据
　C. 车窗控制模块改变电流方向信号
　D. 电流检测电路检测到的电动机电流变化数据

（2）电动座椅一般由（　　）组成。
　A. 调节开关　　　B. 座椅调节电动机　C. 蓄电池　　　　D. 过载保护器

（3）电动车窗常见的故障现象有（　　）。
　A. 所有车窗均不能工作　　　　　　　B. 车窗只能向一个方向运动
　C. 驾驶人侧车窗工作，其他车窗不工作　D. 车窗运动过程中有卡滞现象

(4) 电动刮水及清洗系统在使用过程中应注意的事项有（　　）。
A. 不要随意拆下电动机　　　　　B. 定期检查刮水器的刮水片
C. 必须用蘸有汽油的面纱轻轻擦去刮水片上的污物
D. 刮水器电动机不要随意拆卸
(5) 电动后视镜开关可以分别控制电动后视镜的（　　）位置。
A. 水平　　　　　B. 上下　　　　　C. 垂直　　　　　D. 左右

3. 判断题

(1) 除驾驶人侧车窗外，其他车窗都不能工作，可能是驾驶人侧总开关上面的安全开关出现故障引起的。（　　）

(2) 倾斜调节电动机可以控制座椅前端上下的升降动作，改变座椅的水平角度，以适应不同身材驾乘人员的需要。（　　）

(3) 在座椅调节过程中，若电动座椅调节电动机电路电流过大，过载熔丝就会熔断。（　　）

(4) 对于多数轿车，只要设有玻璃防夹功能，则所有车门玻璃升降都具有该功能。（　　）

(5) 对于玻璃防夹功能起了一次作用后，必须要初始化玻璃的上下位置才可再次实现防夹功能。（　　）

(6) 每个电动后视镜上有两套调整电动机和驱动器。（　　）

(7) 电子感应式刮水器是根据雨量自动调节刮水器的刮水速度的。（　　）

(8) 当冬季使用刮水器时，若刮水片被冰冻住或被雪团卡住，应立即断开开关，清除冰块、雪团后方可继续使用，否则，会因刮水片阻力过大而烧坏电动机。（　　）

(9) 如果安全气囊在存放时缓冲作用表面朝上，可能会发生意外事故。（　　）

(10) 安全传感器一般装在安全气囊 ECU 内，串联在气囊点火器的电源电路中，用以防止气囊误膨胀。（　　）

4. 问答题

(1) 汽车上附属电器装置主要有哪些？举例说明各装置的作用。
(2) 以桑塔纳轿车的电动刮水器为例，介绍其工作原理。
(3) 当关闭电动刮水器时，其刮水片为什么总是停在风窗玻璃的下边缘？
(4) 简述雨滴感知型刮水器系统的工作过程。
(5) 汽车玻璃除霜一般采用哪些方式？最常用的是什么方法？
(6) 简述电动车窗的工作过程。
(7) 简述安全气囊系统的工作过程。
(8) 简述中央门锁的功能及工作原理。
(9) 简述电动后视镜的工作原理。
(10) 简述电动座椅的工作原理。

项目八 空调制冷系统及控制电路

➤ 目标及要求

教学目标	(1) 掌握空调制冷系统的组成及工作原理 (2) 掌握空调制冷系统的控制电路 (3) 掌握空调制冷系统的检测内容和方法
能力要求	(1) 能独立分析空调系统的制冷原理 (2) 学会空调电路检测及故障诊断方法 (3) 学会空调制冷系统检漏、抽真空及制冷剂加注的方法

➤ 项目概述

从 20 世纪 30 年代开始汽车上就安装了单一功能的取暖或制冷系统,到现在很多汽车已经配备了自动控制空调系统。汽车空调技术是随汽车的普及而发展起来的,就其发展过程,可以概括为五个阶段:单一取暖阶段——单一冷风阶段——冷暖一体化阶段——自动控制阶段——微处理器控制阶段。冷暖一体化阶段使汽车空调具有了调控车内温度与湿度的功能,自动控制阶段使空调系统可预先设置温度,空调能自动在设定的温度范围内工作。为了更好地掌握汽车空调系统的工作原理及控制电路,本项目设置三个学习任务。任务内容如下:

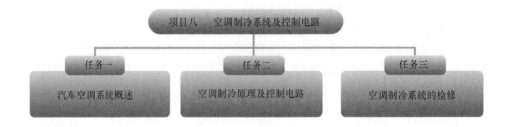

任务一 汽车空调系统概述

一、任务描述

为了改善驾驶人的工作条件和提高乘员的乘坐舒适性，现代的汽车上普遍采用了空气调节系统。那么，目前汽车空调系统有哪些类型？汽车空调系统又有哪些功能？要掌握这些内容，应进入下面的学习任务：

1）汽车空调系统的作用。
2）汽车空调系统的类型。
3）汽车空调系统的组成。

二、相关知识及技能

现代汽车普遍装备空调系统，用于提高车内驾乘人员的舒适性。汽车空调给人带来的舒适性主要体现在车内空气的温度与湿度、空气清新度等参数指标，汽车空调可将车内环境调整到对人体最适宜的状态。创造良好的车内环境，以提高驾驶人的劳动生产率和行车安全性，保护乘员的身体健康。

（一）空调系统的作用及组成

1. 空调系统的作用

（1）制冷　空调系统能对车内空气或车外进入车内的新鲜空气进行冷却和除湿，使车内达到凉爽和舒适的程度。

（2）取暖　空调系统能对车内空气或车外进入车内的新鲜空气进行加热，使车内达到温暖和舒适的程度。

（3）通风　空调系统能将车外的新鲜空气引进车内，达到通风和换气的目的。

（4）空气净化　空调系统能除去车内空气中的尘埃和异味，使车内空气变得清洁，目前只用于高级轿车和豪华客车上。

（5）自动控制　空调系统能将制冷、采暖、新鲜空气有机地组合，形成冷暖适宜的气流，并自动对车内环境进行全季节、全方位、多功能的最佳控制。

2. 空调系统的分类

汽车空调系统有很多种类型，其分类方法及种类见表8-1。

表8-1　汽车空调系统的类型

分类方法	类型	功能
按驱动方式不同分类	独立式空调	独立式汽车空调由专用空调发动机来驱动制冷压缩机。独立式空调系统的制冷量大，工作稳定，但成本高，体积及质量增大。独立式汽车空调多用于大、中型客车上
	非独立式空调	非独立式汽车空调由汽车发动机直接驱动制冷压缩机。这种汽车空调的缺点是制冷性能受汽车发动机工作的影响，工作稳定性较差。非独立式汽车空调多用于小型客车和轿车上
按空调功能不同分类	单一功能型空调	单一功能型汽车空调是将制冷系统、取暖系统、强制通风系统各自安装、单独操作，互不干涉，多用于大型客车和载货汽车上
	冷暖一体型空调	冷暖一体型汽车空调的制冷、取暖和通风共用一台风机及一个风道，冷风、暖风和通风在同一控制板上进行控制。冷暖一体型汽车空调结构紧凑，操作方便，多用于轿车上
按空调调节方式不同分类	手动调节空调	由驾驶人拨动控制板的功能键和转动调节旋钮完成对温度、通风机构和风向、风速的调节
	自动控制空调	由ECU根据各个传感器的信号，自动对温度、风量及风向等进行调节，能够对车内空气环境进行全季节、全方位、多功能的最佳调节和控制

3. 空调系统的组成

汽车空调系统主要包括通风系统、暖风系统、制冷系统、空气净化系统和控制系统五大部分。

（1）通风系统　通风系统是为了保证新鲜空气不断地进入车内，使车内污浊的空气排到车外。通风系统主要由鼓风机风扇、进出口风门、空气混合门和通风管路等组成，奥迪A6轿车通风系统的组成如图8-1所示。

按照通风系统的操控方式不同可分为手动式和自动式两种。手动式空调通风系统是驾驶人直接通过空调控制面板上的控制开关来控制通风的风量、进气方式、出风温度及送风的方式等；自动式空调通风系统是空调系统ECU根据驾驶人设定的空调工作状态及相关的传感器信号，输出电信号给执行器，自动调节风扇转速和各风门位置。

（2）空气净化系统　汽车空调净化系统包括进入车内空气的净化和车内循环空气的净化。进入车内的空气主要是受到环境的污染，如尘土、烟尘及车辆尾气等。车内循环的空气受到人的活动和工作过程的污染，如人体呼出的CO_2及汗液味等，这些都对车内人员的健康不利，因此汽车空调需设空气净化系统。净化方式有两种：一种是采用空气净化器，让车内空气通过静电除尘器、空气过滤除尘器（图8-2所示为帕萨特空调滤清器，要根据使用里程定期更换）、活性炭吸附器、负离子发生器和有害气体催化器等装置达到空气净化的目的；另一种是利用光电传感器测出车内空气的污染程度，自动控制新鲜空气风门的开启程度，让车内受污染的空气排出车外，达到净化车内空气的目的。

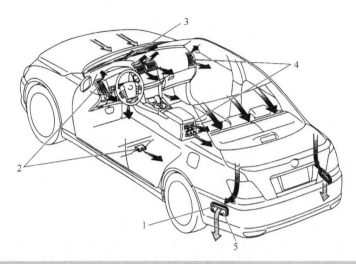

图 8-1 奥迪 A6 轿车通风系统的组成
1—角撑通风蝶阀 2、4—空调系统的出风口 3—车颈上部的进气口 4—空调系统的出风口 5—角撑通风管

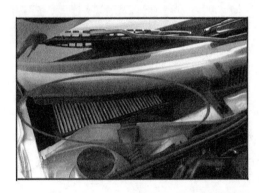

图 8-2 帕萨特空调滤清器
1—灰尘和花粉滤清器 2—吸气罩 3—除霜喷嘴

（3）汽车空调采暖系统　汽车空调采暖系统是用来为乘室内冬季取暖及车窗玻璃除霜、夏季雨天车窗玻璃除雾。根据热源的不同可分为余热式、独立式和电热式三种。一般后风窗玻璃多采用电热式除霜、除雾，使用时通电对玻璃加热即可。

余热式采暖装置又分为水暖式和气暖式两种，即利用发动机工作时冷却液和排气的热量，对乘室内进行采暖。主要由加热器、鼓风机、热水阀和水管等组成，如图 8-3 所示。

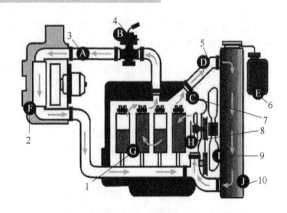

图 8-3 余热式采暖系统
1—发动机 2—加热器芯 3—加热器软管 4—热水阀 5—散热器软管 6—膨胀水箱 7—节温器 8—水泵 9—风扇 10—散热器

其原理是：发动机缸体内的一部分热水经热水阀、热水管进入加热器，经回水管通过水泵抽回到缸体水套内，热水如此周而复始地循环。空气在鼓风机的作用下强迫通过加热器，空气被加热后送到乘室内用来取暖或除霜、除雾。一般通过调节热水阀的开度或鼓风机转速控制采暖量。这种方式能够充分利用发动机的余热，成本低、经济性好，并且结构简单，使用维修方便。但采暖热量受发动机工况的影响，停车怠速时热量较少，不能满足大型车辆及严寒地区车辆的使用，因此，多用于轿车、货车和中小型客车。

独立式采暖装置也分为独立热源水暖式和独立热源气暖式两种。通过利用汽油、柴油、煤油或丙烷气等燃料在燃烧器中燃烧所产生的热能，采用热交换技术把热量释放到乘室内进行采暖。这种方式使用独立的加热装置，结构较复杂，使用与维修成本也高，但采暖与发动机工作状况无关，不受车辆运行状态的影响，因此，广泛应用于大型豪华旅游车及寒冷地区使用的大客车和轿车上。

电热式采暖装置主要是利用电热丝对后风窗玻璃加热除霜、除雾，对乘员座椅进行加热取暖。这种方式结构简单，成本低，但需要消耗大量电能。现代车辆还有采用金属镀膜玻璃的，通电后玻璃温度可达70～90℃，达到除霜和采暖的目的。

> ⚠️ 注意：后期加装的座椅加热电源要加装在点火开关控制的电路后，防止出现火灾！

（二）制冷系统的工作原理

1. 基本组成

汽车空调制冷系统通过制冷剂的循环流动实现制冷功能的。其主要由压缩机、冷凝器、储液干燥器、膨胀阀、蒸发器、高低压管、鼓风机和风扇等组成，如图8-4所示。

当制冷系统工作时，制冷剂不断地从气态转变为液态，再从液态转变为气态，从而与空气进行热交换，完成制冷循环。制冷循环是由压缩、冷凝、干燥过滤、节流膨胀和蒸发吸热等过程组成的，如图8-5所示。

2. 工作过程

（1）压缩过程　压缩机将蒸发器内产生的低温低压制冷剂蒸气经低压软管吸入并进行压缩，使它成为高温高压（70℃、1471kPa）的制冷剂气体，并送入冷凝器。此过程中制冷剂为气态。

（2）冷凝过程　高温高压的制冷剂气体经高压管送入冷凝器，与车外大气进行热交换，由于压力及温度的降低（40～50℃），制冷剂气体冷凝成液体。此过程制冷剂由气态变为液态。

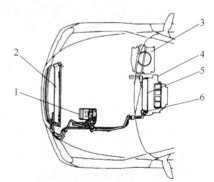

图8-4　制冷系统的基本组成
1—压缩机　2—冷凝器　3—鼓风机风扇
4—空调控制器　5—蒸发器　6—膨胀阀

（3）干燥过滤过程　冷凝后的制冷剂液体送入储液干燥器中进行除湿过滤，除去杂质和水分，然后又经高压软管送入膨胀阀。

（4）节流膨胀过程　液态制冷剂进入膨胀阀节流小孔，在节流降温降压后（1～4℃、150～300kPa），以雾状小液滴排出膨胀阀流入蒸发器。此过程制冷剂为雾状。

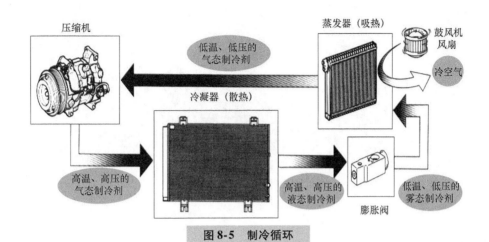

图 8-5　制冷循环

（5）蒸发吸热过程　雾状制冷剂通过蒸发器与车内空气进行热交换，吸收车内空气的热量后变成气态制冷剂，然后气态制冷剂再次被压缩机吸入。制冷剂不断进行液态到气态的转变，与周围空气进行热交换，不断地将车内空气热量带到车外空气中，从而降低了车内的温度和湿度。

（三）制冷系统主要组成部件

1. 压缩机

压缩机是制冷系统中最重要的部件，其作用是泵送制冷剂以维持制冷剂在制冷系统中的循环流动，如图 8-6 所示。目前汽车空调压缩机的形式有曲柄连杆式压缩机、斜盘式压缩机、摆盘式压缩机、刮片式压缩机、滚动活塞式压缩机和变排量压缩机等。下面以斜盘式压缩机、摆盘式压缩机和变排量压缩机为例介绍压缩机的工作原理。

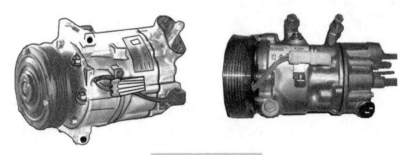

图 8-6　空调压缩机

（1）斜盘式压缩机　斜盘式压缩机是轴向双向往复活塞式压缩机，主要由双向活塞、气缸、主轴及斜盘、进气阀和排气阀等组成，如图 8-7 所示。

工作原理：当主轴转动时，则斜盘转动，而活塞做往复轴向移动，实现对制冷剂气体的吸入和压缩。在斜盘的圆周上均布五个双向活塞，组成 10 缸压缩机。斜盘每转动一周，前后两个活塞各自完成吸气、压缩、排气和膨胀过程，即完成一个循环，相当于两个工作循环。

（2）摆盘式压缩机　摆盘式压缩机是单向往复活塞式压缩机，主要由活塞、气缸、摆盘、传动板、主轴、进气阀和排气阀等组成，如图 8-8 所示。这种压缩机应用比较广泛，常见的类型是日本三电公司的 SD-5 压缩机。

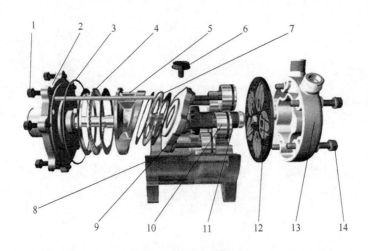

图 8-7 斜盘式压缩机
1—前盖螺栓 2—前盖 3—密封圈 4—推力轴承1 5—斜盘 6—注油塞
7—推力轴承2 8—缸体 9—带锥齿轮的行星盘 10—连杆及活塞
11—固定锥齿轮 12—阀板组合 13—头盖 14—头盖螺栓

 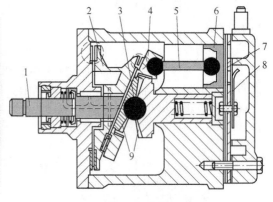

a) 结构图 b) 原理图

图 8-8 SD-5 摆盘式压缩机
1—主轴 2—传动板 3—钢球 4—摆盘 5—连杆 6—活塞 7—阀板 8—排气阀 9—锥齿轮

工作过程：当主轴转动时，摆盘随传动板斜面圆周方向摆动，通过连杆带动活塞往复移动。在摆盘圆周上，均匀布置五个连杆及活塞，组成五缸压缩机。

（3）变排量压缩机 变排量压缩机常用于自动空调控制系统中，是在斜盘式压缩机的基础上加设一个变排量机构，可以使全部气缸（10 个气缸，即全容量）同时工作，也可以使部分气缸（五个气缸，即半容量）工作。变排量压缩机主要由柱塞、电磁阀、单向阀和排气阀等组成，其原理是空调 ECU 根据冷却液温度传感器信号，确定是否给变排量机构的电磁阀线圈通电，来控制压缩机在全容量和半容量之间转换。

工作过程：当全容量工作时，ECU 不给电磁阀线圈通电，电磁阀在弹簧的作用力下将 A 孔打开，B 孔关闭，如图 8-9a 所示。高压制冷剂从旁通回路进入，作用在柱塞右侧并使其移动，直至使排气阀压在阀盘上，于是压缩机的所有气缸都能随活塞的运动而产生高压，此时即为压缩机全容量工作。此时单向阀在高压作用下，将 C 孔打开，使压缩机前后高压气体一起进入冷凝器。

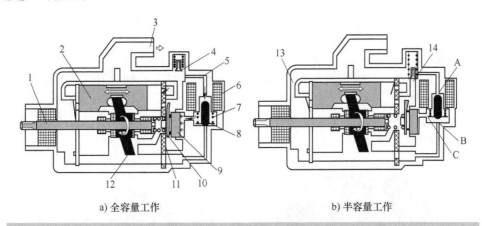

a）全容量工作　　　　　　　　　　b）半容量工作

图 8-9　变排量压缩机
1—压缩机轴　2—活塞　3—接冷凝器　4—单向阀　5—旁通回路　6—电磁线圈　7—弹簧　8—电磁阀
9—柱塞　10—排气阀　11—阀盘　12—旋转斜盘　13—前高压出口　14—后高压出口

当半容量工作时，ECU 给电磁阀线圈通电，电磁阀中阀芯在电磁力作用力下将 A 孔关闭，B 孔打开，如图 8-9b 所示。高压制冷剂就不能从旁通回路进入，柱塞则不能使排气阀压在阀盘上，于是压缩机只有部分气缸能随活塞的运动而产生高压，此时即为压缩机半容量工作。此时单向阀将 C 孔关闭，防止压缩机前部产生的高压冷却剂回流。

当压缩机停止工作时，单向阀关闭 C 孔；当压缩机起动时，以半容量工作，从而减小压缩机起动时的振动。

2. 冷凝器

冷凝器是车用空调系统的热交换设备，其功用是把来自压缩机的高温高压制冷剂蒸气，通过管壁和散热片将热量散发到大气中，使制冷剂在冷凝器中得到液化或冷凝。常见的冷凝器有管片式、管带式和平流式等类型。管片式冷凝器散热效果较差，目前很少采用。

（1）管带式　管带式冷凝器的管子是由铝合金材料制成多孔道的扁管，将其弯成蛇形管，然后把带状铝散热片折成 S 形，两者焊接而成，如图 8-10 所示。这种冷凝器散热效果

图 8-10　冷凝器
1—接头　2—铝制内肋扁管　3—波形散热翅片　4—圆筒集管　5—连接管

比管片式冷凝器好,高出15%~20%。但制造工艺较复杂,特别是焊接工艺难度较大,对材料要求也较高,目前主要应用在小型车辆的制冷装置上。

（2）平流式　平流式冷凝器是由管带式冷凝器演变而来的,只是将铝合金材料制成的多孔道扁管做成平直的,两端各有竖直的集流管相通。平直扁管中间安装有波浪形散热片。

3. 蒸发器

蒸发器也是一种热交换设备,其功用是使低温低压雾状制冷剂,通过蒸发器内管壁吸收乘员室内空气的热量后蒸发汽化变成蒸气,从而使乘员室内的温度降低。因此,蒸发器是制冷循环系统中获得冷风的直接部件。常见的蒸发器有管片式、管带式和层叠式等几种,其结构如图8-11所示,与冷凝器相似。

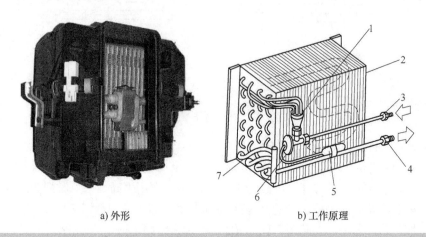

a) 外形　　　　　　　　　　b) 工作原理

图 8-11　蒸发器

1—分配器　2—散热片　3—接储液干燥器接口　4—接压缩机接口　5—感温包　6—膨胀阀　7—管子

4. 储液干燥器/集液器

（1）储液干燥器　储液干燥器由滤网、干燥剂、泄压阀和视液镜等组成,如图8-12所示。视液镜是用来观察制冷剂状况的,即观察制冷剂量的多少。储液干燥器串联在冷凝器与膨胀阀之间的管路上,其作用如下:

1）当制冷工作负荷增大时,可以随时向蒸发器补充制冷剂;当制冷工作负荷减小时,又可以将制冷剂存储起来。

2）过滤掉制冷系统中的杂质或氧化物,防止产生脏堵现象。

3）吸收制冷剂中的水分,防止产生冰塞现象。

（2）集液器　集液器（图8-13）安装在系统的低压侧,即靠近压缩机入口处,其作用是存储过多的液态制冷剂,内装有干燥剂,具有储液干燥器的作用。装有集液器的空调系统通常使用孔管。

5. 膨胀阀

膨胀阀也称为节流阀,其作用是将经冷凝器、储液干燥器流出的液态中温高压制冷剂从节流小孔喷出而降压,变成易蒸发的低温低压雾状体,确保流入压缩机的制冷剂为气态。常见的类型有内平衡膨胀阀、外平衡膨胀阀、H形膨胀阀和节流膨胀管等。

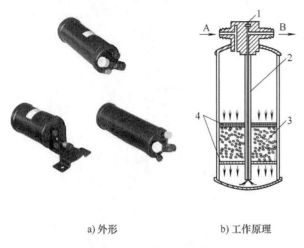

图 8-12 储液干燥器
1—视液镜 2—出液管 3—干燥剂
4—滤网 A—接冷凝器 B—接膨胀阀

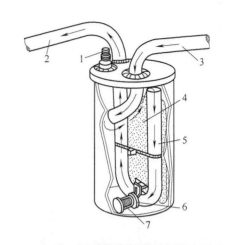

图 8-13 集液器
1—测试孔 2—接压缩机 3—接蒸发器
4—干燥剂 5—出气管 6—泄油孔 7—滤网

（1）内平衡膨胀阀 内平衡膨胀阀由感温包、毛细管、阀体、膜片、针阀和过热弹簧等组成，如图 8-14 所示。感温包与蒸发器出口处紧密接触，感受蒸发器出口处制冷剂蒸气的温度，并随着蒸发器温度的变化，而使内平衡膨胀阀的节流孔开度相应变化。

当蒸发器温度增高时，膜片上方压力增大，针阀相应开大，输送给蒸发器的制冷剂的量也增加。制冷剂流入蒸发器后，使膜片下方压力开始增加，直至针阀关小。

当蒸发器温度下降时，内平衡膨胀阀的节流孔开度相应减小，给蒸发器的制冷剂的量也减少。当蒸发器的温度下降到 0℃ 以下，吹出的冷风在 0~4℃ 时，则电磁离合器电磁线圈的电路切断，压缩机停止工作，这样可防止蒸发器发生冻结。

（2）外平衡膨胀阀 外平衡膨胀阀由感温包、毛细管、阀体、膜片、针阀、过热弹簧和外平衡管等组成，如图 8-15 所示。其结构原理与内平衡膨胀阀相同，只是膜片下方取自蒸发器出口处的压力，而蒸发器出口处的压力要小于蒸发器进口处的压力。这是因为制冷剂在蒸发器内部管路流动产生压力损失引起的。由于外平衡膨胀阀膜片下方压力相对内平衡膨胀阀的小，因此，要达到与内平衡膨胀阀的开度一样，感温包内的气压相对小一些，其过热度也小一些。所以，采用外平衡膨胀阀的制冷系统，能充分发挥蒸发器传热面积的作用，提高蒸发器的容积效率，提高制冷效果。

（3）H 形膨胀阀 H 形膨胀阀的内部通路为 H 形，如图 8-16 所示，控制精度不受环境温度等因素的影响，同时具有安装简单，可靠性高，维修方便等特点，因此在克莱斯勒等汽车上广泛使用。

首先，制冷剂经过储液干燥器后，进入 H 形膨胀阀，节流减压；然后进入蒸发器吸热，再回到 H 形膨胀阀；最后从阀中流出进入压缩机。当蒸发器温度过低时，恒温器将电磁离合器电磁线圈等电路切断，压缩机停止运转。同时，感温器控制节流孔开度变小，进而控制制冷剂流量变小。

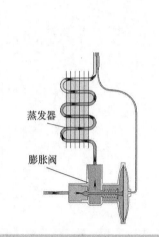

图 8-14 内平衡膨胀阀的工作过程

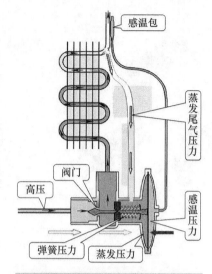

图 8-15 外平衡膨胀阀的工作过程

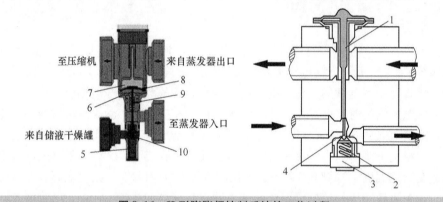

图 8-16 H 形膨胀阀控制系统的工作过程
1—感温器 2、5—弹簧 3—调整螺母 4、10—阀芯 6—膨胀腔 7—感温包 8—膜片 9—推杆

（4）节流膨胀管 节流膨胀管也称为孔管，简称 CCOT。其结构如图 8-17 所示，在一根工程塑料套管内安装一根起节流作用的细铜管，一端插入蒸发器，另一端插入冷凝器来的橡胶管。细铜管只有节流作用，而不具备自动调节制冷剂流量的功能，所以，系统中容易产生大量的液态制冷剂。为了防止压缩机"液击"现象，在系统中应采用集液器来使液气分离。节流膨胀管结构简单，不易损坏，可以取代结构较复杂的热力膨胀阀，应用比较广泛。其缺点是滤网常发生堵塞，需要经常更换新的节流膨胀管。

目前，新型的节流膨胀管制冷系统中，在集液器上装有压力开关，来监测蒸发器出来的压力，以实现空调制冷系统的控制，如图 8-18 所示。当压力低于限定值时，低压开关便切断离合器电磁线圈的电路，使压缩机停止工作。

（四）制冷剂和冷冻油

1. 制冷剂

制冷剂是制冷系统中不断进行热量转换且循环流动的物质。制冷剂种类很多，用于汽车空调制冷系统的有 R12 和 R134a，字母 R 是 Refrigerant 的简称，数字 12 和 134 是美国制冷工程师协会编制的代码。

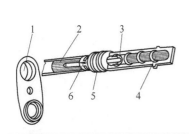

图 8-17　节流膨胀管的结构
1—蒸发器入口　2—制冷剂滤网　3—孔口
4—灰尘滤网　5—密封圈　6—制冷剂流向

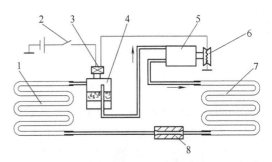

图 8-18　节流膨胀管制冷系统的工作原理
1—蒸发器　2—空调开关　3—压力开关　4—集滤器
5—压缩机　6—电磁离合器　7—冷凝器　8—孔管

由于制冷剂 R12 泄漏会破坏地球的臭氧层，危害人类的健康和生存，引起地球的温室效应，因此，汽车空调制冷系统从 2006 年起全部使用 R134a，R12 已彻底停用。

（1）R134a 的主要特性

1）R134a 的分子式为 CH_2FCF_3，不含氯原子，对大气臭氧层没有破坏作用。

2）具有良好的安全性能，不易燃、不爆炸、无毒、无刺激性、无腐蚀性等。

3）传热性能好，传热损失小，可减少制冷剂的用量。

4）与矿物油不相溶，而与合成润滑油（比如 PAG 类润滑油）相溶。

5）吸水性和水溶解性能较高。

（2）R134a 的使用注意事项

1）密封良好的制冷剂瓶，应存储在阴凉、干燥和通风的地方，防止受潮。

2）R134a 的仪器、设备和量具等要专用，不能与用 R12 的互换。

3）当检修制冷系统时应戴好安全防护眼镜和手套，切忌让液态制冷剂接触皮肤，特别是手和眼睛，以免被冻伤。

4）当加注 R134a 时，应先将制冷剂瓶放在 40℃ 以下的热水中进行加热，但禁止用喷灯类的加热装置加热，否则，会引起制冷剂瓶内压力增大而发生爆炸。

5）必须使用专用密封圈或密封垫，防止制冷剂泄漏。

6）加注时，应使制冷剂瓶保持在直立状态，防止制冷剂以液态方式进入压缩机。

注意：加注时，应在空气流通的地方进行，以防操作人员因缺氧而窒息。

2. 冷冻油

冷冻油是制冷压缩机专用润滑油，可以保证压缩机正常运转，工作可靠，延长使用寿命。

（1）冷冻油的作用

1）润滑作用。润滑压缩机轴承、活塞、曲轴和连杆等机件的表面，减少其阻力和磨损，延长使用寿命。

2）密封作用。在压缩机传动轴和活塞环上的润滑油还具有密封作用。

3）冷却作用。冷却各个运动机件摩擦表面，防止产生高温，提高制冷系数，延长压缩机使用寿命。

4）降噪作用。降低压缩机工作时产生的噪声。

（2）冷冻油的性能要求　冷冻油在空调制冷系统中完全溶于制冷剂中，并随制冷剂一起在制冷系统中循环。为保证冷冻油工作正常，冷冻油应满足以下几点要求：

1）冷冻油的凝固点要低，在低温下具有良好的流动性。

2）冷冻油应具有一定的黏度，且受温度的影响要小。

3）冷冻油与制冷剂的溶解性能要好。

4）冷冻油的闪点温度要高，具有较高的热稳定性。

5）冷冻油中应无水分。

（3）冷冻油的使用注意事项

> 1）必须使用原车空调压缩机所规定的冷冻油牌号，不得使用其他油来代替。否则会损坏压缩机。
> 2）冷冻油吸收潮气能力极强，所以，在加注或更换冷冻油时，操作必须迅速。在加注完后应立即将油罐的盖子封紧存储，不得有渗透现象。
> 3）不能使用变质的冷冻油。
> 4）冷冻油加注量要符合要求，不要过多，以免影响制冷效果。

注意：当排放制冷剂时，要缓缓进行，以免冷冻油和制冷剂一起喷出。

（五）空调系统基本检查

1. 控制面板及出风口检查

空调控制面板检查主要有控制开关的通/断检查、鼓风机开关各个档位接通情况检查、气流分布拨杆控制风向的检查、控制空调温度的开关检查及各操纵机构各个操作情况的检查等，大众新宝来轿车空调系统控制面板如图8-19所示。不同车型出风口布置也不同，但基本出风口设置如图8-20所示，当汽车空调风量不佳时，需要对各个出风口进行检查和清理。

2. 制冷剂量的检查

当轿车上设置有制冷剂观察窗口时，如图8-21所示，在环境温度高于15℃的条件下，使发动机怠速运转。将鼓风机控制开关置于"高速"位置，温度控制开关置于"最冷"位置，空调开关A/C置于"ON"位置，并完全打开所有车门。使发动机转速逐渐上升到1500r/min，观察干燥过滤器观察窗口。若瞬间有气泡如图8-21b，但马上消失，说明制冷剂量正常；若有大量气泡如图8-21a，且长久不消失，则说明制冷剂量不足；若根本无气泡出现如图8-21c，则说明制冷剂量过多（或没有）。

当轿车上没有设置制冷剂观察窗口时（现代很多新型轿车已不再设置制冷剂观察窗口，如大众新宝来车等），则需用压力表测试的方法来判断制冷剂量是否足够。

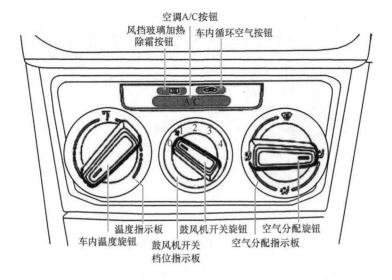

a) 手动空调控制面板

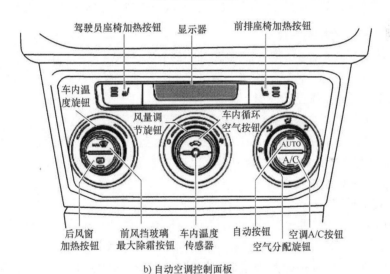

b) 自动空调控制面板

图 8-19 大众新宝来 1.6L 轿车空调系统

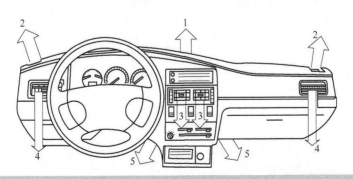

图 8-20 空调系统出风口布置

1—风窗玻璃中心出风口 2—风窗玻璃两侧出风口 3—仪表板出风口 4—仪表板两侧出风口 5—脚部出风口

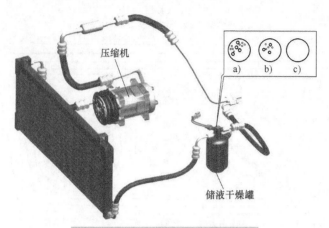

图 8-21　通过视液镜检查制冷剂量

> **注意**：在寒冷天气，视液镜中连续不断地出现气泡是正常的。

3. 空调制冷性能的检查方法

空调制冷性能的检查方法主要有用手感觉各部分温度是否正常，用肉眼检查表面情况及泄漏部位，用耳听一听是否有异常响声，用鼻闻一闻是否有异常气味，再通过储液干燥器上的视液镜判断系统工作状况是否正常。

在正常情况下，低压管路呈低温状态，高压管路呈高温状态。从压缩机出口→冷凝器→储液干燥器→膨胀阀进口处是制冷系统的高压区，这些部件应该先暖后烫（注意手摸时要小心被烫伤）。从膨胀阀出口→蒸发器→压缩机进口处是低压区，这些部位表面应该由凉到冷，但膨胀阀处不能发生结霜现象。

4. 其他方面的检查

1）检查冷凝器是否有明显污垢和杂物，是否通畅。长期行驶在灰土路面，或经常跑夜车会造成冷凝器沉积污垢和杂物，造成空气流通不畅，降低制冷性能。

2）检查压缩机传动带张力是否正常。压缩机传动带张力过低，会造成空调离合器打滑，造成制冷剂量减少，降低制冷性能。

3）检查软管及连接处是否牢固。

4）检查系统运行时是否有异响。

5）空调滤网要定期更换，进气道要定期消毒，去异味，否则空调运行时会有异味。

三、实训内容

1. 实训准备

1）准备好几种空调压缩机、实训车和常用工具等。

2）掌握本次实训课所用设备的使用方法。

3）强调实训中的安全注意事项。

2. 实训流程

1）熟悉汽车空调系统的基本组成。

2）根据故障现象制定检查流程。

3）按照流程完成检查项目，并确定故障原因。

实训教师可结合实际维修项目设计场景供学生操作，提高学生实践能力，激发学生学习兴趣。例如，某辆轿车空调进入外循环状态时风量明显减少，经检查空调风机正常，车主要求检查维修。

> 注意：在操作过程中，注意操作程序与规范，注意设备的正确使用，防止出现事故。

3. 实训记录

完成实训记录单，见实训任务单8.1。

任务二　空调制冷原理及控制电路

一、任务描述

随着汽车技术的不断发展，空调控制技术越来越完善，从简单的手动空调发展为自动空调，而且自动空调也是未来汽车空调的主流。那么，空调电路有哪些控制功能？控制方式有哪些？要掌握这些内容，应进入下面的学习任务：

1）电磁离合器的结构及控制。

2）空调安全控制的内容及方法。

3）自动空调控制原理。

二、相关知识及技能

汽车用空调系统有各种不同的形式，其控制方法也各不相同，主要的调控方法有手动调控、全自动调控和微机调控等。各种调控方法所采用的控制部件是不同的。控制各种功能性风门、阀门、热水阀以及提高发动机转速的动作最简单的是用拉绳手动控制，多数采用真空回路通过真空电磁阀、真空马达来控制，少数采用微型伺服电动机控制。部分高级车辆采用全自动调控或微机智能调控系统，在车辆上安装了车外温度传感器、车内温度传感器、太阳辐射传感器、调温器电阻电桥和比较计算器等，这样不仅能实现常规的调控功能，还具备了空调运行节能控制、故障安全报警、调控指标参数显示、故障信息存储和自动诊断等功能，实现了对车辆乘室内空气环境全季节、全方位、多功能的调节和控制。汽车用空调正向着高度自动化、安全可靠和经济舒适的方面发展。

（一）空调控制及保护元件

1. 电磁离合器

电磁离合器一般安装在压缩机前端面，成为压缩机总成的一部分，主要由带轮、压力盘、电磁线圈和驱动盘等组成（图8-22）。电磁线圈固定在压缩机的外壳上，压力盘与压缩机的主轴相连接，带轮通过轴承套在轴上，可以自由转动。其工作原理：当空调开关接通时，电磁线圈通电而产生电磁吸力，使压力盘与带轮结合，将发动机的转矩传递给压缩机主轴，压缩机运转；当空调开关断开时，电磁吸力消失，压力盘与带轮脱离，压缩机停止运转。

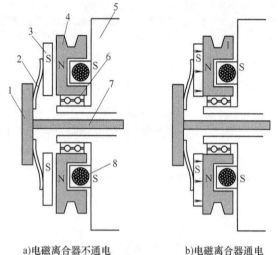

图8-22　电磁离合器的工作原理
1—驱动盘　2—弹簧片　3—压力盘　4—带轮
5—压缩机　6—轴承　7—压缩机轴　8—电磁线圈

2. 温度控制器

温度控制器也称为温度开关或恒温器，是一种通过感受温度的变化来触发的电器开关。当乘室内温度上升到限定值时，温度开关的触点闭合，电磁离合器线圈通电，压缩机工作。当乘室内的温度下降到限定值时，温度开关的触点脱开，电磁离合器线圈断路，压缩机停止工作。温度控制器有波纹管式和热敏电阻式。

（1）波纹管式　波纹管式温度控制器主要由波纹管、毛细管、调节凸轮、调节弹簧、触点和杠杆等组成，如图8-23所示。波纹管与毛细管相连，其内部充有饱和感温剂液体。毛细管的端头插入蒸发器的吸热片内，插入深度约为25mm，感受蒸发器表面的温度。

当蒸发器表面温度升高时，毛细管内感温剂液体膨胀，波纹管内压力增大而伸长，推动传动杠杆放大机构使触点闭合，电磁离合器通电吸合，压缩机开始工作。

当蒸发器表面温度下降后，毛细管内感温液体收缩，波纹管内压力减小而缩短。当温度下降到调定值时，使触点打开，电磁离合器断电，压缩机停止工作。转动调节凸轮可以改变弹簧的预紧度，从而改变温度的设定值。

（2）热敏电阻式　热敏电阻式温度控制器主要由热敏电阻、调温电阻、电子电路和继电器等电器元件组成，如图8-24所示。通常把热敏电阻制成小圆片形，插在蒸发器吸热片内，用导线与电子电路相连，当蒸发器表面温度发生变化时，热敏电阻的电阻值随即发生变化，并将这种变化的电信号输入电子电路。

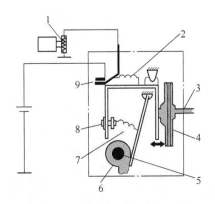
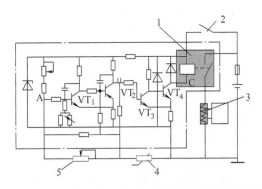

图 8-23 波纹管式温度控制器
1—电磁离合器 2—弹簧 3—毛细管 4—波纹膜盒
5—凸轮轴 6—调节凸轮 7—调节弹簧
8—调节螺钉 9—触点

图 8-24 热敏电阻式温度控制器的控制电路
1—继电器线圈 2—点火开关 3—电磁离合器
4—热敏电阻 5—调温电阻

调温电阻一般安装在驾驶台操作面板上或电子温控盒内。通过调节其电阻的阻值大小，改变输入电子电路的基准电压来设定冷风的温度。

当热敏电阻感受蒸发器温度的变化输出一个电压信号后，若蒸发器表面温度高于设定温度值时，则继电器触点接通电磁离合器线圈，离合器吸合，压缩机开始工作，使蒸发器表面温度下降。当蒸发器表面温度达到或略低于设定值时，继电器断开，切断电磁离合器线圈的电路，压缩机停止工作。

3. 压力开关

（1）高压保护开关　高压保护开关一般安装在压缩机到冷凝器的高压管路上或储液干燥器上，用来防止制冷系统压力过高致使压缩机过载或高压管路爆裂。高压保护开关主要由膜片、定触点、动触点、弹簧、外壳和接线柱等组成（图 8-25），当制冷系统压力超过 2.75MPa 时，膜片通过推杆使动触点与定触点分离开，切断电磁离合器线圈电路，压缩机停止工作。

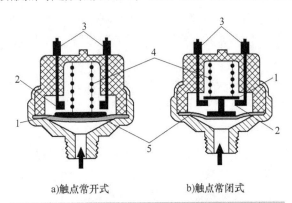

图 8-25 高压保护开关的组成
1—动触点 2—静触点 3—接线柱 4—弹簧 5—膜片

（2）低压保护开关　低压保护开关也称为制冷剂泄漏检测开关，一般安装在冷凝器与膨胀阀之间的高压管路上或储液干燥器上，用来感受制冷系统高压侧的制冷剂压力是否正常。低压保护开关主要由膜片、定触点、动触点、弹簧、外壳和接线柱等组成，如图 8-26 所示。当制冷剂压力低于 0.423MPa 时，膜片带动动触点与定触点分离，切断电磁离合器线圈电路，压缩机停止工作。

（3）高低压组合开关　高低压组合开关一般均安装在制冷系统高压侧的储液干燥器上，用来感受高压端制冷剂的压力变化，使触点开闭，控制电磁离合器的接通与断开。高低压组合开关既有高压保护作用，又有低压保护作用。

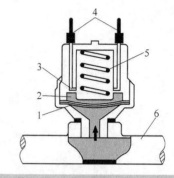

图 8-26　低压保护开关的组成
1—膜片　2—动触点　3—静触点　4—接线柱
5—弹簧　6—制冷剂低压管

当制冷剂压力正常时，压力应在 0.423～2.75MPa 范围内，高压触点和低压触点均闭合，电磁离合器电路接通。当制冷剂压力高于 2.75MPa 时，高压触点断开，如图 8-27b 所示；当制冷剂压力低于 0.423MPa 时，低压触点也断开，如图 8-27a 所示，电磁离合器电路均断路，压缩机不工作。

4. 压力安全阀

压力安全阀一般安装在储液干燥器上，主要由阀体、密封阀和弹簧等组成，如图 8-28 所示。当空调系统制冷剂压力过高时，阀门打开，使少量制冷剂溢出，待压力下降后，阀门在弹簧的作用下自动关闭，以保证系统正常工作。

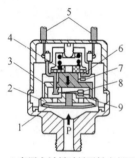 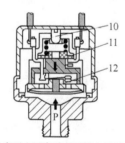 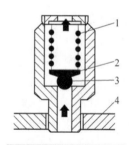

a) 当压力过低时低压触点打开　　b) 当压力过高时高压触点打开

图 8-27　高低压组合开关
1—膜片　2—膜片座　3—钢座　4—弹簧　5—接线柱
6—低压静触点　7—低压动触点　8—高压动触点
9—高压静触点　10—调整螺钉　11—绝缘片　12—顶销

图 8-28　压力安全阀
1—弹簧　2—弹簧座
3—阀门　4—压缩机壳

5. 过热开关

过热开关包括冷却液过热开关和冷凝器过热开关。冷却液过热开关安装在发动机散热器或冷却液管路上，监测发动机冷却液温度。当温度高于规定值时，触点断开，切断电磁离合器电路，压缩机停止工作；当发动机冷却液温度下降到某一值时，触点闭合，电磁离合器电路接通，压缩机工作。

冷凝器过热开关安装在冷凝器上，监测冷凝器的温度情况。当温度过高时，接通冷凝器风扇电动机，使风扇工作。桑塔纳轿车的冷凝器过热开关有两个。当冷凝器温度为 95℃时，风扇低速运转；当温度为 105℃时，风扇以高速运转，来增强冷却效果。

6. 环境温度开关

环境温度开关一般串联在电磁离合器电路中，或串联在空调放大器电路中，用以监测环境温度情况。当环境温度低于4℃时，触点将电磁离合器的电路或空调放大器电路切断；当环境温度高于4℃时，触点自动接通电磁离合器的电路或空调放大器电路。

（二）手动空调控制过程

1. 桑塔纳2000轿车手动空调控制电路

桑塔纳2000轿车手动空调控制电路如图8-29所示，由鼓风机开关、空调开关、蒸发器温控开关、冷却风扇热敏开关、环境温度开关、空调冷却液温度控制开关、组合开关、压缩机切断继电器、空调继电器、空调控制器、压缩机电磁离合器、新鲜空气电磁阀、左冷却风扇和右冷却风扇等组成。

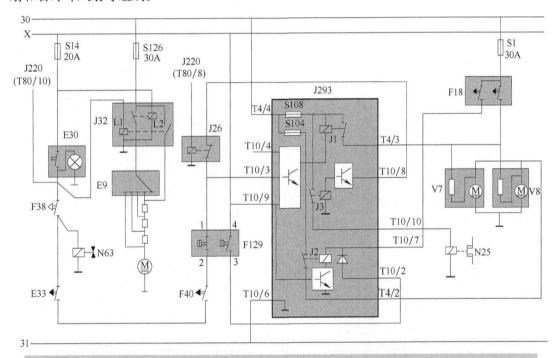

图8-29 桑塔纳2000轿车手动空调控制电路

E9—鼓风机开关　E30—空调开关　E33—蒸发器温控开关　F18—冷却风扇热敏开关　F38—环境温度开关　F40—空调冷却液温度控制开关　F129—组合开关　J26—压缩机切断继电器　J32—空调继电器　J293—空调控制器　N25—压缩机电磁离合器　N63—新鲜空气电磁阀　V7—左冷却风扇　V8—右冷却风扇

（1）电磁离合器接合使压缩机工作的电路　当空调（A/C）开关闭合时，N25压缩机电磁离合器控制电路为：E30空调开关闭合时电流经S14→E30空调开关→F38环境温度开关→E33蒸发器温控开关→F40空调冷却液温度控制开关→F129组合开关→J26压缩机切断继电器→J3线圈→搭铁，J3触点闭合，则电流由30线→J3触点→N25压缩机电磁离合器→搭铁，电磁离合器接合，压缩机工作。

（2）鼓风机工作电路　当点火开关置于"ON"档时，当空调继电器J32中的线圈L2接通，鼓风机开关通电，可以操作鼓风机开关，使鼓风机能在其他档位转速下运转。

（3）压缩机工作而冷却风扇慢速档电路　V7、V8左右冷却风扇慢速档控制电路为：

E30 空调开关关闭控制 J1 线圈搭铁，电流经 S108→J1 触点→V7、V8 左右冷却风扇调速电阻→电动机→搭铁，V7、V8 左右冷却风扇慢速运转。

（4）压缩机工作而冷却风扇高速档电路　V7、V8 左右冷却风扇高速档控制电路为：F129 组合开关高压触点闭合，电流经 F129 组合开关高压触点闭合（3-4 脚接通）→二极管→J2 线圈→晶体管→搭铁，J2 触点吸合。电流经 S104→J2→V7、V8 左右冷却风扇电动机→搭铁，V7、V8 左右冷却风扇高速运转，加快冷凝器冷却，降低空调管路压力。

2. 丰田威驰轿车空调控制电路

丰田威驰轿车空调控制电路如图 8-30 所示。空调电磁离合器控制电路为：空调控制器收到空调开关闭合信号，收到环境温度传感器信号，收到压力开关信号后接通空调继电器，电磁离合器获得电流吸合，压缩机工作。空调控制器将空调工作信号传输给发动机控制 ECU 控制发动机怠速提升，以防发动机熄火。空调继电器工作信号传输给传动系统控制 ECU 控制装备自动变速器车型，实现空调与自动变速器互控，降低空调系统对动力传动的影响。

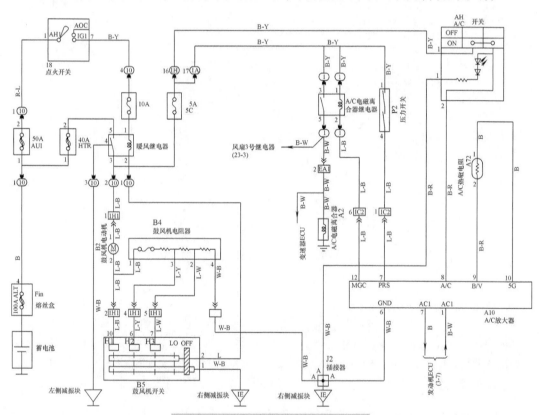

图 8-30　丰田威驰轿车空调控制电路

空调鼓风机的控制电路为：空调鼓风机开关在不同档位实现鼓风机电动机不同转速控制。调速是通过调速电阻实现的。

（三）自动空调控制过程

很多轿车采用自动空调系统，空调控制 ECU 将各种传感器输入的电信号与空调控制面板设定的信号进行比较，经计算处理后做出判断，然后输出相应的调节和控制信号，通过相应的执行机构，对压缩机的开与停、送风温度、送风模式及风量和热水阀开度等进行调整，以实现对车内空气环境进行全季节、全方位、多功能的最佳调节和控制。有的自动空调设置了经济运行方式。在此方式下运行，空调控制器会让压缩机在尽可能少的时间内工作，甚至不工作的情况下保持车内设置温度。如在车外温度与设定温度相差不大时，空调便可在此方式下工作，以达到节能的目的。

1. 自动空调系统传感器及开关

空调系统传感器及开关用于向空调 ECU 提供车内外空气温度状态、空调系统的温度与压力、驾驶人对空调的使用要求等信息，以使空调 ECU 进行最佳的车内空气环境控制。

（1）车内温度传感器　车内温度传感器将车内温度转换为相应的电信号，送入空调 ECU，用于车内温度自动控制。

（2）车外温度传感器　车外温度传感器将车外温度转换为相应的电信号，送入空调 ECU，用于车内温度自动控制。

（3）冷却液温度传感器　冷却液温度传感器将发动机冷却液温度转换为相应的电信号，送入空调 ECU，用于冷却风扇电动机转速控制。当发动机冷却液温度过高时（控制点临界温度为 105℃），自动空调会切断空调压缩机，防止发动机进一步高温。

（4）蒸发器温度传感器　蒸发器温度传感器将蒸发器处的温度转换为相应的电信号，并送入空调 ECU，用于控制压缩机电磁离合器的工作，避免蒸发器结冰。

（5）阳光传感器　阳光传感器将车外阳光照射量转换为相应的电流，并通过测量电路转换为电压信号，送入空调 ECU，用于控制空调通风量和出风温度。阳光传感器一般安装在驾驶室仪表板上方容易接受阳光之处。

（6）压力开关　向空调 ECU 提供制冷系统压力异常电信号，当制冷系统压力异常时，空调 ECU 根据压力开关输入的电信号立刻做出安全保护控制，如系统压力过高、过低时空调 ECU 切断压缩机。

（7）空调操纵控制面板　在空调操纵控制面板上设有多个空调操纵开关，由驾驶人手动操纵，用于开、关空调和选择空调的工作方式等。不同车型其空调显示面板上设置的空调操纵开关种类和数量会有所不同。

2. 自动空调系统执行元件

（1）内外循环控制伺服电动机　车厢内的空气可通过空气循环键改变空调进风方式，即车外空气导入或车内空气循环，当车内空气质量差时可进入车外空气导入模式，即外循环状态。

（2）冷暖空气混合控制伺服电动机　冷暖空气混合伺服电动机用于控制热水阀的开闭角度，进而控制出风温度，工作原理与内外循环控制伺服电动机相近。

（3）送风口风门控制伺服电动机　送风口风门控制伺服电动机用于控制空调送风位置，可执行控制 ECU 的吹脚、吹脸和除霜等功能。

3. 典型汽车空调电路

大众新宝来 1.6L 自动空调（不带座椅加热）电路如图 8-31 所示，电路图中的元件符号及名称见表 8-2。J519 与 J255 通过舒适 CAN 线连接，J519 与 J623、J285 通过驱动 CAN 线连接，传感器 G17 将环境温度信号输送给仪表板控制单元 J285，传感器 G65 将空调管路制冷剂压力信号输送给发动机控制单元 J623，发动机控制单元 J623 控制空调继电器 J44 通断，新鲜空气鼓风机控制单元 J126 由空调控制单元 J255 控制，同时将鼓风机 V2 工作信号反馈给 J255。

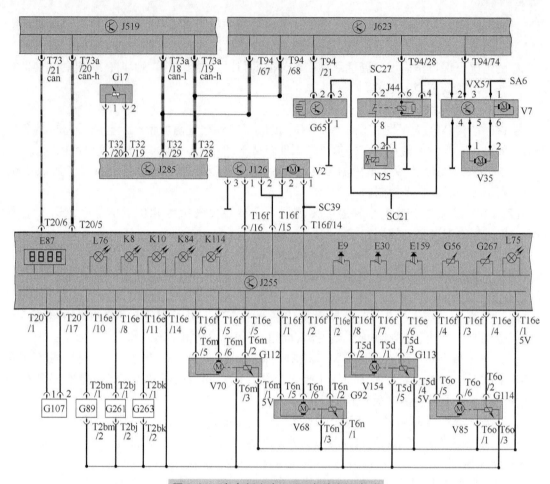

图 8-31 大众新宝来 1.6L 自动空调电路

表 8-2 电路图中的元件符号及名称

符号	名称或含义	符号	名称或含义	符号	名称或含义	符号	名称或含义
J519	车载电网控制单元	N25	压缩机电磁离合器	E9	鼓风机开关	G263	蒸发器出口温度传感器
J623	发动机控制单元	V35	辅助风扇电动机	E30	空调开关	V70	中央风门伺服电动机
J285	仪表板控制单元	J126	新鲜空气鼓风机控制单元	E159	空气循环风门开关	G112	中央风门伺服电动机电位计
J255	自动空调控制单元	V2	新鲜空气鼓风机	G56	面部出风口温度传感器	V68	温度风门伺服电动机
G17	环境温度传感器	L76	按钮照明灯	G267	温度旋钮电位计	G92	温度风门伺服电动机电位计
G65	高压传感器	K8	鼓风机指示灯	L75	数字显示器照明灯	V154	空气循环风门伺服电动机
J44	空调继电器	E87	空调操作和显示单元	G107	阳光传感器	G113	空气循环风门伺服电动机电位计
VX57	散热器风扇控制单元	K84	空调器指示灯	G89	新鲜空气进气道温度传感器	V85	脚部空间风门伺服电动机
V7	风扇电动机	K114	车内外空气循环运行指示灯	G261	脚部出风口温度传感器	G114	脚部空间风门伺服电动机电位计

(四) 主要电控元件的检测

当空调控制开关 E30 闭合后，如果空调压缩机不工作，可能原因有压缩机本身损坏或电磁离合器 N25 不吸合。以大众新宝来 1.6L 自动空调（不带座椅加热）系统为例，参照其电路可知，电磁离合器 N25 不吸合的原因见表 8-3。

表 8-3 电磁离合器 N25 不吸合的原因

序号	可能原因及诊断分析	序号	可能原因及诊断分析
1	E30 损坏，未将电路接通	7	传感器 G17 损坏或环境温度低于 3℃
2	继电器 J44 或电路损坏	8	供电电压低于 9.5V
3	熔丝 SC27 或 SC21 或 SC39 断路	9	控制单元 J255 过热
4	管路压力过大或过小	10	控制单元 J623 通过 J255 切断 N25
5	高压传感器 G65 或电路损坏	11	鼓风机电动机 V2 本身或电路损坏
6	鼓风机开关 E9 关闭	12	鼓风机控制单元 J126 本身或电路损坏

1. 电磁离合器 N25 的检测

1）拔下电磁离合器 N25 连接插头，检查供电电路，应为蓄电池电压。

2）用外接电源直接驱动电磁离合器，或用万用表检查电磁离合器线圈是否导通来确定电磁离合器好坏，也可参照相关维修手册进行阻值测试。当电磁离合器打滑或干涉时，应检查转子与衔铁之间的间隙，应该确保在离合器断电时无碰擦，通电时无打滑。

2. 空调继电器 J44 及电路的检查

空调继电器 J44 及电路如图 8-32 所示，检查内容包括空调继电器 J44 本身及连接电路是否正确。

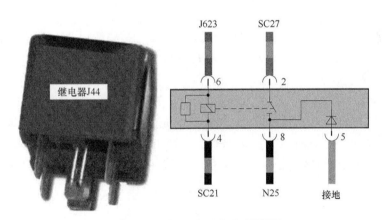

图 8-32 空调继电器及控制电路

1）用万用表测量电路，即插座端子 2、4 对地应有蓄电池电压，否则，电路有断路或对应的熔丝断路。

2）用万用表检查继电器，当继电器端子 4 与 6 接通电源时，端子 8 与 2 应导通，否则，说明空调继电器有故障。

3. 传感器 G17 和 G89 的检测

大众新宝来自动空调传感器 G17 和 G89 的安装位置及电路如图 8-33 所示。

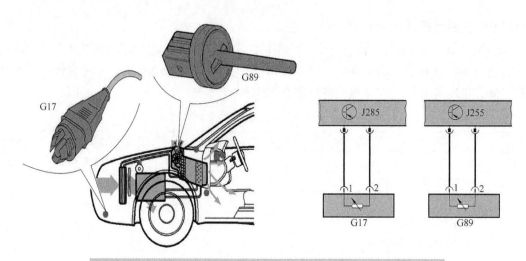

图 8-33 大众新宝来自动空调传感器 G17 和 G89 的安装位置及电路

1)传感器 G17 是环境温度传感器，安装在车前保险杠内，向空调控制单元提供外界的环境温度，空调控制单元根据该信号控制温度翻板位置及新鲜空气鼓风机转速。当环境温度低于 5℃ 时，压缩机不工作。

2)传感器 G89 是进风口新鲜空气温度传感器，安装在空调箱总成的新鲜空气进风口处，向空调控制单元提供进入空气的温度，空调控制单元根据该信号控制温度翻板位置及新鲜空气鼓风机转速。

传感器 G17 和 G89 均正常时，空调控制单元以两个温度信号低的一个为依据进行控制。若一个温度传感器信号失真导致测量值低于 3℃，则空调控制单元以低于 3℃ 工作，即切断向发动机控制单元发出的 A/C 请求信号，空调制冷不会工作。

若传感器 G17 和 G89 其中一个信号中断时，则控制单元依据一个传感器信号控制空调工作；若两个传感器同时失效，则以 10℃ 为替代值，并且此时无内循环控制，控制单元记忆故障码，空调不能正常工作。

4. 高压传感器 G65 检查

高压传感器 G65 的结构如图 8-34 所示，压电元件是硅晶体，当压力不同时，硅晶体的变形则不同，导致电阻的不同。高压传感器 G65 输出的信号为脉宽调制信号，如图 8-35 所示，即 G65 将制冷剂压力转化成一个脉宽信号，再将信号传送给发动机控制单元，根据空调的负荷信号调节发动机的功率、控制风扇及压缩机工作。

图 8-34 大众新宝来车传感器 G65 结构

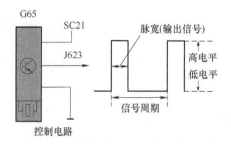

图 8-35 传感器 G65 电路及信号波形

对于大众新宝来车安装的高压传感器 G65，在系统压力大于 3.2MPa 时，散热器风扇控制单元切断压缩机电磁离合器；当系统压力降到 2.4MPa 时，接通压缩机电磁离合器。

当系统压力小于 0.2MPa 时切断压缩机，当系统压力升到 0.24MPa 时压缩机接通。

当制冷系统压力大于 1.6MPa 时，接通风扇 Ⅱ 档工作，加强冷凝器和散热器的散热能力。

5. 传感器 G263、G107、G56 及 G261 的检查

大众新宝来自动空调系统的蒸发器温度传感器 G263、阳光照度传感器 G107、面部出风口温度传感器 G56 及脚部出风口温度传感器 G261 安装位置如图 8-36 所示，控制电路如图 8-37 所示。

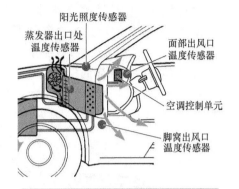

图 8-36 大众新宝来车传感器 G263、G107、G56 及 G261 安装位置

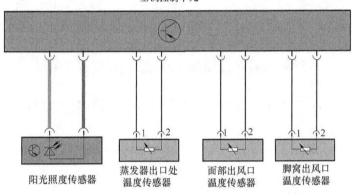

图 8-37 传感器 G263、G107、G56 及 G261 的控制电路

1）蒸发器温度传感器 G263。安装在蒸发器出口处，为热敏电阻传感器，监测蒸发器表面温度并输送给空调控制单元 J255。当蒸发器表面温度为 -1～0℃ 时，切断压缩机电磁离合器工作，防止蒸发器结霜。当传感器 G263 失效或线路有故障时，空调控制单元 J255 则收不到信号。确认蒸发器传感器 G263 是否失效，方法是对传感器进行加热，用风筒加热或放入水中（注意开关不要浸入水中）均可，当温度增加到 2℃ 时，用万用表测量传感器应导通。

2）阳光照度传感器 G107。安装在仪表板上方中间位置，光敏二极管传感器，太阳光通过过滤器和光学元件照在光敏二极管上，光敏二极管则有电流通过，电流大小随光线强度增大而变大。空调控制单元利用通过的电流的大小来判断阳光照度的强弱，进而控制温度翻版位置及新鲜空气鼓风机转速来达到车内所需温度。信号中断时，控制单元用固定值替代工作。

3）面部出风口温度传感器 G56。装在仪表板中，通过鼓风机将室内空气不断地吹到传感器上，将真实的车内温度传给空调控制单元，控制温度翻板位置及鼓风机转速。当信号中断时，用 24℃ 替代，系统保持工作状态。

4）脚窝出风口温度传感器 G192。装在空调箱总成的吹脚风道中，测量从空调箱中吹出的空气温度，空调控制单元控制脚窝/除霜翻版位置，控制鼓风机转速。当信号中断时，用 30℃替代，系统保持工作状态。

6. 鼓风机及控制单元的检测

大众新宝来自动空调系统的鼓风机 V2 由鼓风机控制单元 J126 控制，安装位置及控制电路如图 8-38 所示。

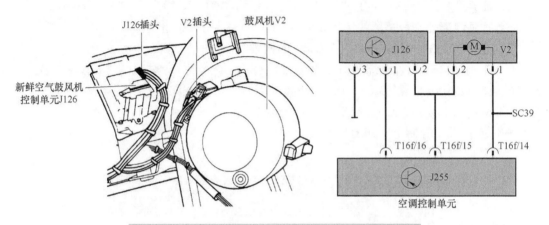

图 8-38　大众新宝来鼓风机及控制单元安装位置及电路

方法一：利用诊断仪部件驱动功能，对鼓风机及其控制电路进行检测，查找故障位置。

方法二：利用万用表，测量鼓风机电阻值来判断鼓风机是否完好，测量电路电压值判断电路是否完好。

三、实训内容

1. 实训准备

1）准备配置手动或自动空调实训车辆、维修手册、解码器、万用表和常用工具等。
2）强调实训中的安全注意事项。

2. 实训流程

1）熟悉自动空调控制内容。
2）根据故障现象制定检查流程。
3）按照流程完成检查项目，并确定故障原因。

除上面手动空调的实训项目外，实训教师可结合实际维修项目设计自动空调的故障诊断过程，提高学生实践能力，激发学生学习兴趣。

> 注意：在操作过程中，注意操作程序与规范，注意设备的正确使用，防止出现事故。

3. 实训记录

完成实训记录单，见实训任务单 8.2。

任务三 空调制冷系统的检修

一、任务描述

学生：空调制冷系统检修包括哪些？

老师：空调制冷系统检修包括检漏、抽真空及制冷剂加注等。

在空调制冷系统检查维修中制冷系统检漏、制冷系统抽真空、制冷系统加注冷冻油、制冷剂加注等是最常见的项目。空调系统出现哪些现象要进行上述维修作业？作业流程有哪些？要掌握这些内容，应进入下面的学习任务：

1）制冷系统检漏。
2）制冷系统抽真空。
3）制冷系统加注冷冻油。
4）制冷剂加注。

二、相关知识及技能

（一）空调系统检测注意事项

大多数制冷剂具有无味、无色、无毒、无污染的性质，但外界环境的变化会引起制冷剂质的变化，强的挥发性会造成严重的人身伤害。为了确保实训安全，检修时应注意以下几点：

1）检修时，如必须打开制冷剂管路，应先排空制冷剂，不可接触液态或气态的制冷剂。如因不慎，制冷剂溢出，不可吸入制冷剂/空气混合气。
2）操作时，应打开通风装置并戴上橡胶手套和防护眼镜。
3）若不慎将制冷剂溅到眼睛或皮肤上，应立即用大量的冷水冲洗，然后用一块无菌布盖在受伤部位上，去医院进行专业治疗，千万不要自己处理，以免出现冻伤。
4）尽管制冷剂不易燃烧，但仍不可在充满制冷剂的屋内吸烟、焊接及硬/软钎焊。
5）制冷剂不允许排入周围环境中，必须用专门的设备抽取。制冷剂可再生利用或送回生产厂进行处理。

6）只可在通风良好的室内检修制冷剂管路。半径5m内不得有地坑、通风井和地下室楼梯。这是因为制冷剂不仅无色、无味，且比空气重，故可排除空气。如制冷剂溢出，通风不好的室内或地坑中会缺氧，易发生严重事故。制冷剂溢出后与空气产生的混合气需用专门抽气装置抽出。

7）在已充满制冷剂的空调部件上不得进行焊接及硬/软钎焊。在车上进行其他焊接和钎焊时，不可使空调部件变热，为防止热辐射可能导致系统内压力过高而爆裂空调系统，要搞好隔离、降温措施。

8）在检测空调中，应将打开的部件和管路接头都密封好，空调部件敞开时间过长，潮气会进入系统内。因此，如空调敞开时间很长，那么必须更换相关部件后才可充注制冷剂。

9）如需喷、烤漆，烤房内及预热区温度不可超过80℃。这是因为高温可导致空调系统内压力过高，从而造成系统爆裂。

10）只有在出于安全考虑或更换空调部件时才可排空和打开制冷剂管路。当进行其他一般修理工作时，制冷剂管路不打开。

11）在高温条件下（>55℃），如果液体制冷剂完全充满制冷剂容器，会导致随着温度的升高，静压力迅速升高。为了保证安全，制冷剂罐的温度应控制在低于51℃，即只允许制冷剂罐达到这个温度。

12）在环境温度超过21℃时，往回收罐充注制冷剂不得超过容量的80%。

13）不要将不同的制冷剂、冷冻油混合在一起。不同的制冷剂、冷冻油是互不相溶的，任何一种制冷剂、冷冻油混合物都将增加回收利用或报废处理的成本。

14）当检查出制冷系统密封圈泄漏，则制冷管路的O形密封圈必须更换。新密封圈安装前用制冷剂机油浸润，并且必须保证密封圈正确装入管内或槽内，而且还要保证其周围环境清洁。所安装的O形密封圈涂有颜色，目前有红色、淡紫色或紫色，某些接头处用的密封圈涂有黑色。

（二）常见的故障现象及原因

制冷系统常出现的故障现象有系统不制冷、冷风不足等，其中有空调电器控制故障，还有很多是空调制冷系统出现的故障。空调制冷系统常见的故障现象、原因及排除方法见表8-4。

表8-4 空调制冷系统常见的故障现象、原因及排除方法

故障类型	故障现象	故障原因	排除方法
无冷风	压缩机不工作	熔丝烧断或电路中接线插头折断或脱落	更换熔丝或将电路和插头接通
		空调继电器或开关烧坏	更换
		离合器打滑	修理或更换
		压缩机带断裂或太松	更换或调整带张紧力
		压缩机有故障	修理或更换
	用压力表检测时，高、低压侧无压力	制冷剂过少	检漏并加注
	鼓风机不工作	开关或鼓风机不工作	修理开关或鼓风机

(续)

故障类型	故障现象	故障原因	排除方法
冷风不足	压缩机运转正常，且高、低压侧压力均低于标准	制冷剂过少	加注
		压缩机有故障	调整或更换
	压缩机运转正常，且高、低压侧压力均高	高压管路有障碍，流动不畅	清除障碍物
		热敏电阻失效	更换热敏电阻
		感温包安装不当	重新安装
		膨胀阀开度过大	调整或更换膨胀阀
		冷冻油油量过多	排放并抽油
		制冷剂过多	释放一些制冷剂
		冷凝器散热不好	清洁发动机散热器和冷凝器，安装强力风扇、风扇挡板，或重新摆好散热和冷凝器的位置
	压缩机运转正常，且低压侧压力过低	蒸发器结霜	调整恒温开关或压力控制器
		膨胀阀堵塞（脏堵或冰堵）	清洗或更换滤网
		低压管路不畅	清理管路障碍
		热敏电阻失效	更换热敏电阻
		感温包安装不当	重新安装
	压缩机运转正常，且低压压力有时正常，有时负压	冷风系统内有水分，有冰堵现象	排空系统制冷剂，再抽真空，重新充注制冷剂，更换储液干燥器
	压缩机运转正常，且低压负压，高压侧压力过低	冷风系统内被脏物所堵	清除系统堵塞物，更换储液干燥器
	压缩机运转正常，且低压压力过低，高压侧压力过高	储液干燥器内部堵塞	更换储液干燥器
		高压管路堵塞	清理或更换
	压缩机运转正常，且低压压力过高，高压侧压力过低	压缩机衬垫泄漏	更换衬垫
		压缩机阀门损坏	更换阀门
	压缩机运转不正常	压缩机内部有故障	修理或更换
		压缩机带过松、打滑	需拉紧带
		电磁离合器工作有故障	修理或更换
	鼓风机工作正常，但风量不正常	吸气口有障碍物	除去障碍物
		蒸发器结霜或有异物	清除
		送风管堵塞	清洗或更换空气滤清器，清除通道中的障碍物
		送风管损坏	更换送风管
	鼓风机不工作	鼓风机开关不正常或鼓风机接触不良或鼓风机固定不良	更换开关，修理或更换电动机并固定牢靠
		熔丝熔断或电路断开，连接部脱落或接触不良	更换熔丝、导线
		鼓风机外部损坏或变形	修理或更换

(续)

故障类型	故障现象	故障原因	排除方法
冷风供给不连续	当压缩机运转正常时，冷风不连续	冷风系统有冰堵	清除系统冰堵，并更换储液干燥器
		热敏电阻或感温包失灵	更换
		鼓风机损坏或鼓风机开关损坏	修理或更换
	压缩机间断运转	离合器打滑	修理或更换
		离合器线圈松脱或搭铁不良	修理或更换
		开关、继电器时断时合，失控	更换失控部件
系统噪声大	系统外部噪声	带过松或过度磨损	拉紧带或更换带
		压缩机安装支架固定螺钉松动	紧固
		压缩机安装支架破裂	更换支架
		压缩机内部零件损坏	修理或更换
		冷冻油量太少或无油	加油
		离合器打滑噪声	修理或更换
		离合器轴承缺油或损坏	加润滑油或更换轴承
		鼓风机轴承损坏	更换鼓风机轴承
		鼓风机支架断裂或松动	若断裂应更换并固定牢靠，检查若是松动而噪声大，则拧紧支架
		鼓风机叶片断裂或破损	更换鼓风机叶片
		鼓风机叶片与其他部件擦碰	查找具体原因，予以纠正
	系统内部噪声	制冷剂过多，工作有噪声	排放过剩的制冷剂直到压力表读数降至标准值，且气泡消失
		制冷剂过少，膨胀阀发出噪声	找出系统漏气点，清除系统并修理，系统抽真空并更换储液干燥器，向系统充注制冷剂
		系统有水汽，引起膨胀阀发出噪声	清除系统，系统抽真空，更换储液干燥器，加液
		高压侧压力过高，高压辅助阀关闭，引起压缩机颤动	立即把阀门打开

（三）制冷系统检漏方法

当空调系统出现泄漏时，会出现不制冷或冷风不足的现象。空调系统检漏的方法很多，下面介绍几种常见的检漏方法：

1. 用电子式检漏仪检漏

用电子式检漏仪对空调系统进行检漏如图 8-39 所示，检漏仪探头应尽可能接近检漏部位，一般要求在 3mm 之内，探头的移动速度必须低于 30mm/s。当探头脏污或电压偏低时，都会影响检查的准确性。其方法和步骤如下：

1）将检漏仪电源接上，进行预热 10min 左右。
2）对检漏仪进行校核，使指示灯和警铃工作正常。
3）将检漏仪调到所需要的灵敏度范围。
4）将探头放到易出现泄漏的各个部位进行检测，防止漏检。

5)当指示灯亮、警铃响起时,此位置为泄漏部位。同时应将探头立即移开,以免损坏检漏仪。

2. 用歧管压力表检漏

用歧管压力表对空调系统进行检漏时,歧管压力表与系统的高低压侧的连接如图8-40所示。其检漏方法如下:

图8-39 用电子式检漏仪对空调系统进行检漏
1—电子检漏仪 2—电源插头 3—检测头

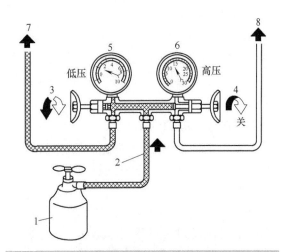

图8-40 歧管压力表检漏
1—氮气罐 2—中间软管 3—低压手动阀 4—高压手动阀
5—低压表 6—高压表 7—接低压软管 8—接高压软管

1)正确连接歧管压力表,高压软管接在高压检修阀上,低压软管接在低压检修阀上。
2)中间软管接在氮气罐上。
3)打开高低压检修阀,向系统中充入干燥的氮气,使压力达到1.5MPa左右。
4)使系统保压24~48h。若压力不降低,说明系统不泄漏。若压力降低,说明系统有泄漏。
5)借助其他方法,找出泄漏部位。

3. 用肥皂水检漏

用常见的肥皂水检漏是非常简单有效的检漏方法。用小喷壶将适当浓度的肥皂水喷淋到怀疑泄漏的部位,冒出气泡的部位即为泄漏部位,如图8-41所示。

4. 超声波检漏

用超声波对空调系统进行检漏,如图8-42所示。这种检测方法速度快。

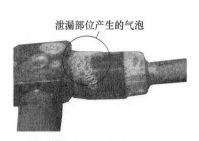

图8-41 肥皂水检漏

图8-42 超声波检漏仪

5. 着色法检漏

1）用棉球蘸制冷剂专用着色剂检测，当这种着色剂一遇到制冷剂时，就会变成红色，以此可以确定泄漏部位。

2）有些制冷剂中溶有着色剂，当使用这种制冷剂时，系统一旦有泄漏，就会在泄漏部位显示出颜色，以此可以确定泄漏部位。

6. 目测法检漏

最简单的方法是目视检查。制冷剂常见的泄漏部位可能是所有连接部位、冷凝器表面及蒸发器表面被损坏处、膨胀阀进出口连接处、压缩机轴封、前后盖密封垫等。上述部位一旦出现油渍，一般说明此处有制冷剂泄漏（但压缩机前轴封处漏油可能是轴承漏油），应尽快采取措施修理。

（四）系统抽真空的方法

当空调系统需要加注制冷剂之前，应对系统进行抽真空。抽真空的方法和步骤如下：

1）关闭点火开关，拔下压缩机上的电源插头。

2）将高压表连接到储液罐的维修阀上，低压表连接到蒸发器至压缩机之间的低压管路维修阀上，中间软管连接到真空泵接口，如图8-43所示。

3）起动真空泵，缓慢打开高、低压表两侧的手动阀，注意动作不要过快，否则会使压缩机内的机油一同抽出。

4）开始抽真空。注意观察低压表指示，当抽真空时间为5～10min时，低压表指示的真空度应达到100kPa，

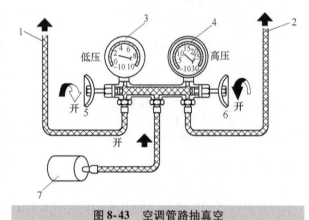

图8-43　空调管路抽真空
1—接低压的软管　2—接高压的软管　3—低压表　4—高压表
5—低压手动阀　6—高压手动阀　7—真空泵

否则应关闭高、低压压力表两侧的手动阀，停止抽真空检查泄漏处。

5）当抽真空时间为5～10min，低压表指示的真空度应达到100kPa时，应关闭高、低压压力表的手动阀，静止5min后，观察压力表指示情况。如果真空度变化，说明有泄漏故障，可用检漏仪检查排除；如真空度不变，说明系统正常，可继续抽真空。

6）通过上面的观察，当确定系统正常时，应继续抽真空20～25min。

7）关闭高、低压压力表的手动阀，停止抽真空，从真空泵的接口上拆下中间软管，结束抽真空。

（五）冷冻油及制冷剂的加注

1. 冷冻油的加注

加注冷冻油有直接加入法和真空吸入法两种方式。

（1）直接加入法

1）按要求正确连接设备，如图8-44所示。

2）卸下加油塞，注入规定型号的冷冻油。

3)通过加油塞孔观察,旋转离合器前板,使活塞连杆正好在加油塞孔中央位置。

4)把油尺插到活塞连杆的右边,直至油尺端部碰到压缩机外壳为止。

5)取出油尺,检查冷冻油的刻度数(沟纹),应该在油尺的4~6格之内。

(2)真空吸入法 按要求正确连接设备,如图8-45所示。先将制冷系统抽真空到2kPa,然后开始加注冷冻油,步骤如下:

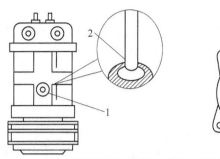

图8-44 直接加注冷冻油
1—加油塞 2—活塞连杆 3—油尺

1)关闭高压手动阀门,关闭辅助阀。

2)把高压侧软管从歧管压力表上拆下,插入油杯内。

3)打开辅助阀,使冷冻油从油杯吸入制冷系统。

4)当油杯中的冷冻油快被抽空时,立即关闭辅助阀门,以免系统中吸入空气。

5)把高压侧软管接头拧在歧管压力表上,打开高压手动阀门,起动真空泵,将高压侧软管抽真空。然后再打开辅助阀,为系统抽真空压力,至2kPa,然后再加抽15min,以便排除随油进入系统里的空气。此时,冷冻油在高压侧,待系统运转后,冷冻油返回压缩机。

> 注意:冷冻油的正确选用,PAG 和 POE 这两种不同的合成冷冻油可与 HFC 制冷剂一起使用。

2. 制冷剂的加注方法

(1)制冷剂罐开启阀的安装方法 空调系统抽真空后检查系统密封状态,确认密封良好后进行制冷剂加注。制冷剂罐注入阀的安装方法如图8-46所示。

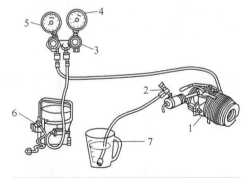

图8-45 抽真空加注冷冻油
1—压缩机 2—辅助阀 3—手动阀 4—高压表
5—低压表 6—真空泵 7—油杯

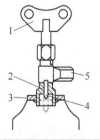

图8-46 制冷剂罐注入阀的安装方法
1—蝶形手柄 2—制冷剂罐注入阀
3—板状螺母 4—阀针 5—注入阀接头

1)将制冷剂罐注入阀的手柄沿逆时针方向旋转,直到阀针完全缩回为止。

2)沿逆时针方向转动制冷剂罐注入阀的板状螺母(圆盘),使其上升到最高位置。

3）将制冷剂罐注入阀的螺母与制冷剂灌螺栓联接，使注入阀固定在制冷剂罐上。

4）沿顺时针方向拧紧制冷剂罐注入阀的板状螺母。

5）沿顺时针方向转动制冷剂罐注入阀的手柄，使注入阀的阀针在制冷剂罐上顶开小孔。

6）将高、低压压力表的中间注入软管连接到注入阀接头上。充注制冷剂的准备工作结束后，如暂时不充注制冷剂，则制冷剂注入阀手柄不要退出，以免制冷剂泄漏。

（2）制冷剂的加注方法

1）确认制冷剂系统没有泄漏之后，沿逆时针方向拧松注入阀手柄，使阀针退出，制冷剂通过中间软管注入，此时不能打开高、低压压力表两侧的手动阀。

2）拧松连接高、低压压力表一边中心接头的中间注入软管螺母，当看到白色制冷剂气体外溢，听到"嘶嘶"声时（目的在于排出中间注入软管中的空气），拧紧螺母。

3）拧松高压表一侧手动阀，如图8-47a所示，将制冷剂罐倒立，使制冷剂以液态注入制冷系统。

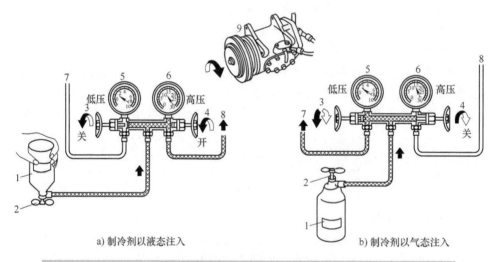

图8-47　制冷剂加注

1—制冷剂罐　2—开启阀　3—低压手动阀门　4—高压手动阀门　5—低压表　6—高压表
7—接低压维修阀软管　8—接高压维修阀软管　9—空调压缩机

> **注意**：在以液体形式从制冷系统高压端注入制冷剂时，切勿起动发动机和接通空调系统，以免制冷剂倒灌。此次灌注制冷剂应当超过200g（桑塔纳LX型轿车制冷剂充注量为（1150±50）g，使用中一般按下限1100g进行充注）。

4）拧松低压表一侧低压手动阀，将制冷剂以气体形式从低压侧注入制冷系统，如图8-47b所示。注意：在低压侧充注制冷剂时，一定要以气态形式注入制冷剂。控制低压阀，使低压表显示250kPa以下。如以液体形式注入，会对压缩机造成液击现象，而损坏压缩机。

5）当使用小瓶制冷剂充注时，在第一罐充注完毕，用第二、三罐充注时，应先关闭压力表手动阀，重新开启罐孔，并将中间注入软管与软管接头连接处拧松，放出一些制冷剂，以排出管内空气。

6）当制冷剂灌注速度减缓后，可起动发动机并怠速运转，接通空调系统，关上高压阀门，控制低压阀门开度，控制低压表在 250kPa 以下。向制冷系统注入规定数量的制冷剂后，应按以下方法拆下压力表：关闭高、低压压力表的两个手动阀，关闭制冷剂罐上的注入阀，先拆下低压侧维修阀软管，关闭发动机，断开空调系统开关，稍后，从高压侧维修阀上拆下高压表软管。

三、实训内容

1. 实训准备

1）准备几种检漏仪、真空泵、肥皂水、冷冻油、制冷剂、常用工具和防护镜。
2）在空调实训中接触制冷剂很危险，请认真讲解相关注意事项。
3）制冷剂要进行回收，禁止放入大气中。

2. 实训流程

1）制冷系统检漏。
2）制冷系统抽真空。
3）制冷系统加注冷冻油。
4）制冷剂加注。

除上面实训项目外，教师可结合实际维修项目设计空调制冷系统的故障场景供学生操作，提高学生实践能力，激发学生学习兴趣。如汽车空调系统制冷效果越来越差，制冷剂消耗过快，要求检查维修（系统泄漏故障）。

> 注意：在操作过程中，注意操作程序与规范，注意设备的正确使用，防止出现事故。

3. 实训记录

完成实训记录单，见实训任务单 8.3。

【项目总结】

1. 空调系统的作用有制冷、取暖、通风、空气净化和自动控制等。
2. 空调系统包括制冷系统、加热系统、通风系统、操纵控制系统和空气净化系统等。
3. 制冷循环包括压缩过程、冷凝过程、膨胀过程和蒸发过程。
4. 汽车空调制冷系统通过制冷剂的循环流动实现制冷功能，主要由压缩机、冷凝器、储液干燥器、膨胀阀、蒸发器、高压软管、低压软管、鼓风机和风扇等组成。
5. 压缩机的作用是泵送制冷剂，以维持制冷剂在制冷系统中的循环流动，其类型有曲柄连杆式压缩机、斜盘式压缩机、摆盘式压缩机、刮片式压缩机、滚动活塞式压缩机和变排量压缩机等。
6. 制冷剂是制冷系统中不断进行热量转换且循环流动的物质，用于汽车空调制冷系统的有 R12 和 R134a。由于制冷剂 R12 对环境的破坏作用，从 2006 年起汽车空调制冷系统必须全部使用 R134a。

7. 自动空调系统中 ECU 将各种传感器输入的电信号与空调控制面板设定的信号进行比较，经计算处理后做出判断，输出相应的调节和控制信号，通过相应的执行机构，对压缩机的开与停、送风温度、送风模式及风量、热水阀开度等进行调整，以实现对车内空气环境进行全季节、全方位、多功能的最佳调节和控制。

8. 空调制冷系统常见的故障现象有无冷风、冷风不足、冷风供给不连续及工作噪声大等。

9. 空调系统常用的检漏方法有用电子式检漏仪检漏、用歧管压力表检漏、用肥皂水检漏、用超声波检漏、用着色法检漏及用目测法检漏等。

【思考与练习】

1. 单选题

（1）汽车空调系统主要包括暖风系统、制冷系统等多个部分，但下列中（　　）除外。
A. 润滑系统　　B. 控制系统　　C. 空气净化系统　　D. 通风系统

（2）冷冻油有润滑、冷却、密封及（　　）等作用。
A. 除尘　　B. 除噪　　C. 除异味　　D. 吸湿

（3）把来自压缩机的高温高压制冷剂蒸气变成液化制冷剂的装置是（　　）。
A. 蒸发器　　B. 压缩机　　C. 冷凝器　　D. 储液干燥器

（4）使低温低压雾状制冷剂通过吸收室内空气的热量后蒸发汽化变成蒸气装置的是（　　）。
A. 蒸发器　　B. 压缩机　　C. 冷凝器　　D. 储液干燥器

（5）能泵送制冷剂，并能维持制冷剂在制冷系统中的循环流动装置的是（　　）。
A. 蒸发器　　B. 压缩机　　C. 冷凝器　　D. 储液干燥器

2. 多选题

（1）空调制冷循环过程包括（　　）。
A. 蒸发过程　　B. 膨胀过程　　C. 冷凝过程　　D. 压缩过程

（2）汽车空调的作用是（　　）。
A. 通风　　B. 空气净化　　C. 取暖　　D. 制冷

（3）空调制冷系统常见的故障现象有（　　）等。
A. 无制冷剂　　B. 冷风不足　　C. 电磁离合器损坏　　D. 不制冷

（4）自动空调系统能实现对车内空气环境进行（　　）最佳调节和控制。
A. 全季节　　B. 全方位　　C. 多功能　　D. 制冷剂量

（5）压缩机按结构不同有很多类型，主要有斜盘式压缩机、摆盘式压缩机、变排量压缩机以及（　　）等。
A. 刮片式压缩机　　B. 活塞式压缩机　　C. 弹簧式压缩机　　D. 曲柄连杆式压缩机

3. 判断题

（1）汽车空调系统由通风系统、暖风系统、制冷系统和空气净化系统组成。（　　）

（2）自动空调系统是指压缩机的开与停、送风温度、送风模式及风量等由相应执行机构自动调整而完成。（　　）

(3) 汽车空调制冷系统是通过冷却液的循环流动实现制冷功能的。（　　）
(4) 从储液干燥器上的视液镜能观察到制冷系统内的制冷剂状态。（　　）
(5) 在充满制冷剂的空调部件上不能进行焊接及硬/软钎焊。（　　）

4. 问答题

(1) 简述汽车空调系统的功能、组成及类型。
(2) 汽车空调制冷装置有哪些部件组成？各部件有何作用？
(3) 试述汽车空调制冷原理和过程。
(4) 试述曲柄连杆式压缩机的工作原理。
(5) 自动空调的控制元件有哪些？如何检测？
(6) 空调系统检测时注意事项有哪些？
(7) 简述汽车空调系统的基本检查内容。
(8) 如何诊断空调制冷系统冷风不足故障？
(9) 如何诊断空调制冷系统不制冷故障？
(10) 简述空调系统抽真空和制冷剂加注过程。

项目九 全车电路分析

▶ 目标及要求

教学目标	（1）掌握汽车电路的基本要素 （2）掌握汽车电路解读方法
能力要求	（1）能正确解读全车电路 （2）能利用全车电路进行故障诊断

▶ 项目概述

随着汽车电器设备的增多，导线数量也不断增加，为了提高维修效率，使维修人员能快速掌握电器设备的工作原理及相互的控制关系，可通过全车电路进行分析。全车电路就是将汽车电源系统、起动系统、点火系统、照明系统、仪表系统及刮水器、电动座椅等辅助电控系统，用标准电器符号，按照它们各自的工作特性及相互关系，通过开关、熔丝、继电器及导线连接起来的图。为了更好地读懂全车电路图，本项目设置两个学习任务。任务内容如下：

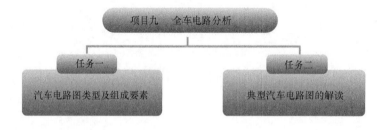

任务一　汽车电路图类型及组成要素

一、任务描述

不同的汽车，其电路图也不同，为了读懂各种类型汽车的电路图，应掌握汽车电路的特点以及电路中基本元件的图形、含义和术语。

二、相关知识及技能

（一）汽车电路图的种类

1. 原理图

原理图是用简明的图形符号，按照电路原理将每个系统由上到下合理地连接起来，再将每个系统排列而成。电路图中有清晰的高电位和低电位之分，电流的方向基本都是由上而下，交叉电路很少，布局合理，图面简洁清晰，图形符号易于释读，如图 3-49 和图 5-24 等电路均为原理图。

2. 线路图

线路图也称为布线图，就是按照电器在车上的大致位置进行布线，具有准确整车电器数量，导线走向清楚、有始有终，便于查找故障点位置，但图中导线密集、纵横交错、不易释读。丰田威驰车车身线路如图 9-1 所示。

3. 线束图

线束图就是将有关电器的导线汇合在一起组成线束，便于维修人员检修和配线。线束图主要表明线束各用电器的连接部位、接线柱的标记、线头、插接器的形状及位置等，线束图一般不注明线束中的电路走向，而是突出装配记号，因此，易于安装、配线和检修。桑塔纳 2000 汽车仪表板线束如图 9-2 所示。

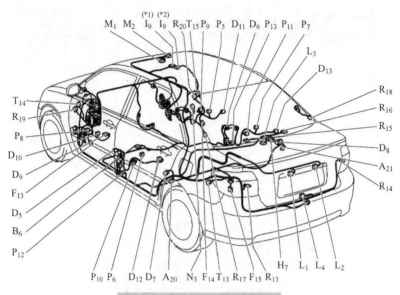

图 9-1 丰田威驰车车身线路

M_1—天窗控制继电器和开关	P_7—右后车窗控制开关	L_1—左牌照灯	P_6—左后车窗控制开关
M_2—天窗电动机和限位开关	L_3—行李箱灯	H_7—高位制动灯	P_{10}—左后车窗电动机
D_{10}—门锁及车窗控制主开关	D_{13}—右后门锁电动机	R_{13}—左后组合灯	P_{12}—左预紧器
R_{20}—右侧后视镜	R_{18}—后车窗除雾器	F_{15}—燃油泵、油量传感器	B_6—驾驶人侧锁扣开关
T_{15}—右高频扬声器	R_{16}—右后扬声器	R_{17}—后车窗除雾器	D_5—左前门控灯开关
P_9—右前车窗电动机	R_{15}—左后扬声器	T_{13}—防盗报警器	F_{13}—左前门扬声器
P_5—右前车窗控制开关	D_8—右后门控灯开关	F_{14}—右前门扬声器	D_9—车门钥匙开关
A_{21}—右后 ABS 转速传感器	D_{11}—右前门锁电动机	N_3—静噪滤波器	I_9—车内灯
D_6—右前门控灯开关	R_{14}—右后组合灯	A_{20}—左后 ABS 转速传感器	P_8—左前车窗电动机
P_{13}—右预紧器	L_2—右牌照灯	D_7—左后门控灯开关	R_{19}—左侧后视镜
P_{11}—右后车窗电动机	L_4—行李箱灯开关	D_{12}—左后门锁电动机	T_{14}—左高频扬声器

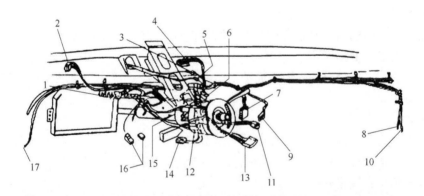

图 9-2 桑塔纳 2000 汽车仪表板线束

1—仪表线束至中央电器 2—前照灯开关接口 3、5—电动天线控制接口 4—组合仪表接口
6—仪表板线束 29 孔插口 7—收灰机接口 8—集控锁线束 9—点烟器接口 10—电动后视镜线束
11—空调开关接口 12—刮水器开关接口 13—转向灯、停车灯接口 14—制动灯接口
15—前照灯变光开关接口 16—阻风门接口 17—电动后视镜线束

(二)电路图解读原则

1)开始读图必须先读电路图注,对照图注先弄清楚各电气部件的数量及功用,找出每一个电气部件的电流通路。

2)读图时可以采用逐一分割法进行,也就是说将各部分电路根据需要逐一摘除后,再进行必要的分析。

3)对于庞大复杂的电路,为了防止线路交叉错乱又使读图方便,在电路图下都标有地址码,在电路图中未连到所处位置的线头也标注有应到位置的对应地址码,只要两处地址码完全相同,即说明两处导线相连。

4)读图时应从电源开始,先找到蓄电池、发电机及电压调节器,发电机励磁电路必须受点火开关控制。

5)找起动电路必须先找到点火开关、起动继电器及电磁开关控制电路。

6)当找点火电路时,先找点火控制器(或分电器)、点火线圈、点火开关及火花塞。

7)当找照明电路时,先找车灯控制开关、变光器、前照灯、小灯及各种照明灯。照明灯的电路一般接线规律是:小灯与前照灯不同时亮,前照灯的近光与远光不同时亮,仪表照明灯、尾灯、牌照灯等只有在夜间工作时才常亮。

8)当找仪表电路时,先找组合仪表、点火开关、仪表传感器及仪表电源稳压器。有些车辆仪表和指示灯共同显示一种参数,如充电、油压、油量及冷却液温度等,它的指示灯是闪烁的,由一个多谐振荡器控制,同时还有蜂鸣器报警。

9)当找信号控制电路时,由于信号装置属于随时使用的短时工作的设备,一般应注意它是接在经常有电的导线上,且仅受一个开关控制,以免影响信号的发出。

10)当找辅助装置控制电路时,应首先熟悉辅助装置的图形符号及有关控制开关及其功能,而后按照从电源——熔断器——控制开关——用电设备的控制顺序进行。

总之,在读识电路时,一定先读懂某种车型的电路图,再遵循举一反三、触类旁通、对照比较的原则,去掌握其他车型电路的读图方法。

(三)基本电器元件图形和术语

基本电器元件图形和术语见表9-1。

表9-1 基本电器元件图形和术语

图形及符号	术语及含义
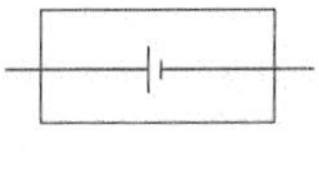 ─┤├─	蓄电池 存储化学能并将其转化为电能,给汽车的各个电路提供直流电
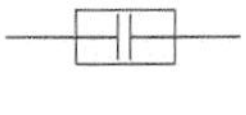 ─┤ ├─	电容器 小型临时电压保持装置
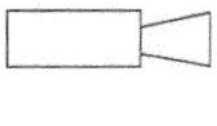 ▭▷	点烟器 电阻加热元件

（续）

图形及符号	术语及含义
	断路器 断路器是一根可再次使用的熔丝，如果流经的电流过大，断路器将变热并断开，冷却之后部分装置自动重新设定，而另一部分必须重新手动设定
	二极管 仅允许电流单向流通的半导体
	二极管、稳压二极管 此二极管只在规定电压时允许电流单向流通并阻滞逆向流通，超过该电压，则由其分流余压，可以简单起到调压器的作用
	光敏二极管 光敏二极管是根据光线数量控制电流的半导体
	分电器 将高压电流从点火线圈引到每个火花塞
（中等电流熔丝） （强电流熔丝或易熔线）	**熔丝** 这是一等的金属片，如果流经的电流过大，则会熔断，从而切断电流来保护电路免受损坏 这是位于强电流电路中的粗导线，如果电负荷过大，则会熔断，从而保护电路。数字表示导线的横截面面积 **易熔线** 这是位于强电流电路中的粗导线，如果电负荷过大，则会熔断，从而保护电路。数字表示导线的横截面面积
继电器 1.正常关闭 2.正常打开	**继电器** 基本上，这是可以正常关闭（1）或打开（2）的电子操作开关，流经小线圈的电流将产生电磁场，会打开或关闭附属的开关
	双投继电器 这是电流流经一组接点或其他组的继电器
	电阻器 这是具有固定电阻的电子元件，安装在电路中来将电压降低到规定值
	抽头电阻器 这是有两个或多个不同不可调电阻值的电阻器

(续)

图形及符号	术语及含义
	滑变电阻器或可变电阻器 这是可调电阻比的可控电阻器,有时也称为电位计或变阻器
	传感器(热敏电阻) 此电阻器可以根据温度而改变其电阻
	转速传感器 此传感器使用电磁脉冲来打开和关闭产生起动其他部件的信号的开关
	短路销 用于在接线盒中提供不可断的连接
	电磁阀 这是电磁线圈,当电流流经时,会形成一个磁场来移动活塞等
	搭铁 指配线连接车身的点,给电路提供回路,如果没有搭铁,则电流不能流动
1.单丝 2.双丝	前照灯 电流使前照灯灯丝加热并发光,前照灯既可以有一根(1)灯丝,也可以有两根(2)灯丝
	喇叭 发出高频音频信号的电子设备
	点火线圈 将低压直流电转换为点燃火花塞的高压点大电流
	灯 流经灯丝的电流加热灯丝并使之发光
	LED(发光二极管) 基于电流,这些二极管不同于一般的灯,它发光但不产生热量

（续）

图形及符号	术语及含义
	模拟型仪表 电流将起动一个电磁线圈，这将会导致指针的移动，从而，提供一个相对于背景刻度的相关显示
 FUEL	数字型仪表 电流起动 LED、LCD 或荧光显示器的一个或数个，将提供一个相关或数字的显示
	电动机 这是将电能转换为机械能的电源装置，特别是对于旋转运动
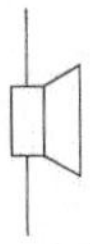	扬声器 这是可以根据电流产生声波的机电设备
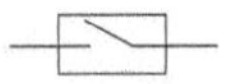 1.正常打开 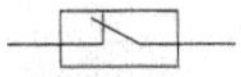 2.正常关闭	手动开关 打开或关闭电路，从而停止（1）或流通（2）电流
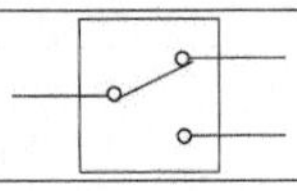	双投开关 这是电流持续流经一组接点或其他组的开关
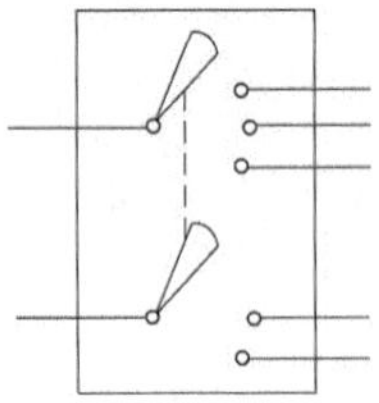	点火开关 这是键操作开关，它有数个位置允许各个电路变为可操作的，特别是初级点火电路
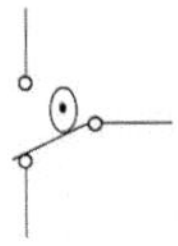	刮水器停止开关 当关闭刮水器开关时，此开关自动经刮水器返回到停止位置
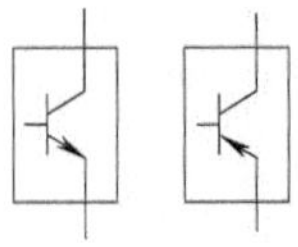	晶体管 这是典型的被用作电子式继电器的固体电路设备，根据"基数"提供的电压切断或流通电流
 (1)没有连接 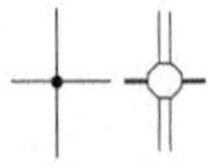 (2)接合	配线 在电路图中，配线通常用直线表示，在汇合处没有黑色圆点的交叉配线（1）没有接合，在汇合处有黑色圆点或八角形（○）标记的交叉配线（2）接合

任务二　典型汽车电路图的解读

一、任务描述

汽车全车电路很复杂，而且不同车系的电路图也不同，为了能快速解读全车电路，应掌握全车电路的基本组成、汽车电路图的种类，然后再掌握解读电路图的基本方法。

二、相关知识及技能

（一）大众车系电路分析

大众公司车系在我国占有率很高，下面以大众车系为例，解释电路图的读图方法。

（1）电路图中各符号的含义　典型大众车系的电路图如图 9-3 所示，图中各个符号的解释见表 9-2。

表 9-2　图 9-3 中各个注释及含义

图注序号	含　义
1—三角箭头	表示下接下一页电路图
2—熔断器代号	图中"S5"表示该熔断器位于熔断器座第 5 号位，10A
3—继电器板上插头连接代号	表示多针或单针插头连接和导线的位置，例如"D13"表示多针插头连接，D 位置触点 13
4—接线端子代号	表示电器元件上接线端子数/多针插头连接触点号码
5—元件代号	在电路图下方可以查到元件的名称
6—元件的符号	参看相关内容
7—内部接线（细实线）	该接线并不是作为导线设置的，而是表示元件或导线束内部的电路

(续)

图注序号	含 义
8—指示内部接线的去向	字母表示内部接线在下一页电路图中与标有相同字母的内部接线相连
9—搭铁点的代号	在电路图下方可查到该代号搭铁点在汽车上的位置
10—线束内连接线的代号	在电路图下方可查到该不可拆式连接位于哪个导线束内
11—插头连接	例如"T8a/6"表示8针a插头触点6
12—附加熔断器符号	例如"S123"表示在中央电器附加继电器板上第23号位熔断器，10A
13—导线的颜色和截面面积	例如"棕/红2.5"表示线束为棕红相间颜色，线束直径为2.5mm²
14—三角箭头	指示元件接续上一页电路图
15—指示导线的去向	框内的数字指示导线连接到哪个接点编号
16—继电器位置编号	表示继电器板上的继电器位置编号
17—继电器板上继电器或控制器接线代号	该代号表示继电器多针插头的各个触点。例如"2/30"表示："2"为继电器板上2号位插口的触点2，"30"为继电器/控制器上的触点30

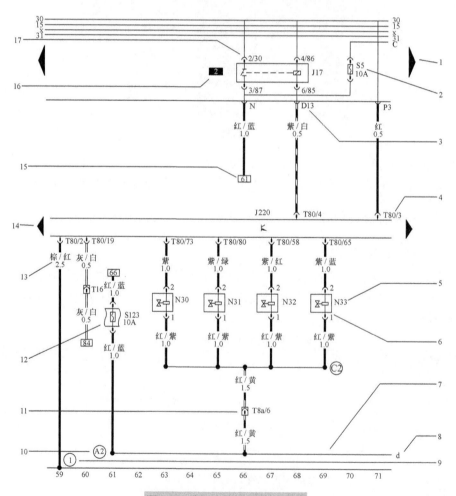

图9-3 典型大众车系的电路图

标有"30"字样的导线直接与蓄电池正极相连接，中间不经过任何开关，不论汽车处于停车或发动机处于熄火状态均有电，其电压为电源电压（12V 或 14V）。"30"字样导线所连接的用电设备均为发动机熄火时所需要用电的电器，如停车灯、警告灯、制动灯、顶灯和冷却风扇电动机等。标有"15"字样的导线为小容量用电设备的电源正极线，受点火开关控制。只有在点火开关接通后，用电设备才能通电使用。标有"x"字样的导线为大容量用电设备的电源正极线，受点火开关控制，只有在点火开关接通后、卸荷继电器触点闭合、车辆起步运行中才能使用的大容量电器所用电源线。标有"31"字样的为中央电路板内搭铁点。

（2）电路图的整体标识　本车电路图大体上可以分解为以下几部分：

1）外线部分。外线部分在电路图上以粗实线画出，集中在图的中间部分。每条线上都有导线的颜色、导线的截面面积的标注。线端都有接线柱号或插口号表示其连接关系。颜色标记以字母表示。对应关系为：ws = 白色、sw = 黑色、rd = 红色、gn = 绿色、bl = 蓝色、gr = 灰色、li = 紫色、ge = 黄色。如果导线是双色的，则以两种颜色的字母共同标记，如 ro/sw、sw/ge 等。导线的截面面积是以数字标示在导线上方，单位是 mm^2，如 0.5、1.0、1.5、2.5、4.0 等。

2）内部连接部分。内部连接部分在图上以细线画出。这部分连接是存在的，但电路是不存在的。标示电路只是为了说明这种连接关系，使电路图更容易被理解。

3）电器元件部分。电路图本身就是表达元件之间的连接关系的，因此，电器元件在电路图中是主体。电器元件在图中用框图附以相应的标号表示。每一个元件都有一个代号，如 A 表示蓄电池，N 表示电磁阀等。电器元件的接线点都用标号标出，标号在元件上可以找到。

4）继电器、熔断器及其连接件部分。这一部分表示在图的上部，反映的内容有继电器的位置号、继电器名称、中央配电盒上插接件符号、中央配电盒上连接件符号、熔断器座标号及熔断器容量等。

5）电路接续号。在图的最下方，这一标号只是制图和识图的标记号，数字的大小没有实际的物理意义。它有两个作用，其中一个作用是可顺序表达整个车的全部电路内容，便于每一部分既相对独立又相互联系；另一个作用是便于反映在一部分电路图中难以表达的接续部分。

（3）电路图的特点

1）接点标记具有固定的含义。在大众汽车电路图中经常遇到接点标记的数字及字母，它们具有固定的含义。如数字 30 代表的是来自蓄电池正极的供电线，数字 31 代表搭铁线，数字 15 代表来自点火开关的点火供电线，数字 50 代表点火开关在起动档时的起动供电线，x 代表受控的大容量用电设备供电线（来自卸荷继电器的供电线）等。无论这些标记出现在电路的什么地方，相同的标记都代表相同的接点。

2）所有的电路都是纵向排列，不互相交叉。大众公司汽车电路图采用了断线代号法来处理电路复杂交错的问题。假设某一条电路上半段在电路续号为 61 的位置上，下半段在电路接续号为 84 的位置上。这时，在电路上半段的终止处画一个标有 84 的小方格，在下半段电路的开始处也有一小方格，内标有 61，通过 61 和 84 就可以将上、下半段电路连在一起了。

3）整个电路以中央配电盒为中心。大众公司汽车电路图在表示电路走向的同时，还表达了电路的结构情况。中央配电盒的正向插有各种继电器和熔断器。在电路图上的继电器标有 2/30、3/87、4/86、6/85 等数字，其中分子 2、3、4、6 是指中央配电盒插孔代号，分母 30、85、86、87 是指继电器的插脚代号，2/30 就表示出了继电器插脚与插孔的配合关系。

（二）丰田威驰车电路图的解读

丰田威驰车各系统电路的实际配线是指从蓄电池开始的电源点到各搭铁点的配线，所有电路图均显示所有开关关闭时的状态。了解电路原理后，可利用继电器位置分布图和电路图来找出各个零件、接线盒和线束插接器、线束和线束插接器、接点和每个系统电路的搭铁点。以威驰车制动灯系统电路为例介绍日系车系电路特点，如图 9-4 所示，图中基本图形含义及术语见表 9-3。

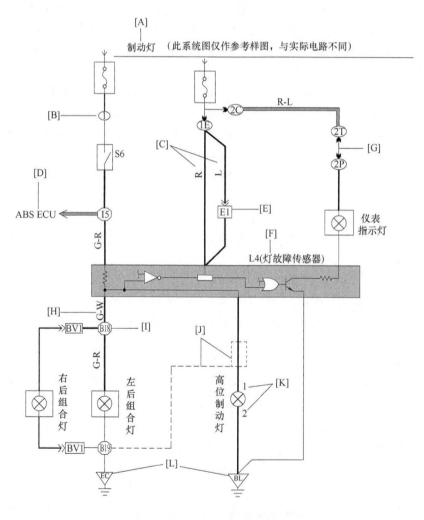

图 9-4　丰田威驰车电路图解读方法

表 9-3　丰田威驰车电路图基本元件含义

[A]	系统名称
[B]	表示继电器盒。数字"1"表示 1 号继电器盒
[C]	当车辆型号、发动机类型或规格不同时，表示线和插接器不同
[D]	表示相关系统
[E]	表示线束和线束插接器。带插头端子的线束用箭头表示。外侧数字为引脚号
[F]	表示零件（所有零件用蓝色表示）。此代码与零件位置图中所用的代码相同
[G]	接线盒（圈内的数字是接线盒号，插接器代码在它旁边）。接线盒用阴影标出，以便将它与其他零件清楚地区别
[H]	表示配线颜色。配线颜色用字母表示。双色线由两个字母表示，如 L-Y，第一个字母表示基本配线颜色，第二个字母表示条纹的颜色
[I]	表示配线接点（发动机室的代码为"E"，仪表板的代码为"I"，车身的代码为"B"）
[J]	表示屏蔽电缆
[K]	表示插接器引脚的编号。这个编号对于插头和插座插接器是不同的
[L]	表示搭铁点。每个搭铁点代码的第一个字母表示组件位置，如"发动机室"的"E"，仪表板和周围区域的"I"和车身及周围区域的"B"
◘	接线盒和线束插接器	▽	搭铁点
□	连接线束的插接器和线束	○	接点

（三）北京现代车电路图的解读

以北京现代车起动系统电路为例介绍现代车系电路特点，如图 9-5 所示。北京现代车电器线路导线颜色及含义见表 9-4。线束类型按照不同的位置可分为 D、E、F、M、R 五种，在车门位置的称车门线束为 D 类，在发动机室位置的称前线束、点火延伸线束、蓄电池线束为 E 类，在底板位置的称底板线束为 F 类，在室内、中央控制台位置的称主线束、转向盘延伸线束为 M 类，在保险杠、后除霜器、行李箱门位置的称倒车警告系统延伸线束、后除霜器、行李箱门线束为 R 类。

表 9-4　北京现代车电器线路导线颜色及含义

字母	导线颜色	字母	导线颜色	字母	导线颜色
B	黑色	Lg	浅绿色	W	白色
Br	棕色	T	褐色	Y	黄色
G	绿色	O	橙色	Pp	紫色
Gr	灰色	P	粉色	Li	浅蓝色
L	蓝色	R	红色	Y/B	黄色底黑色线条

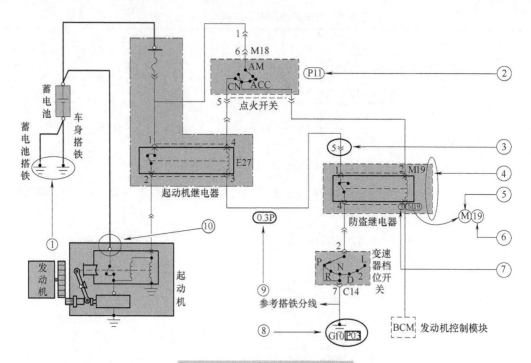

图 9-5　北京现代车电路解读方法

①—搭铁点	②—零件位置编号
③—从插接器分离线束及编号	④—虚线表示接线盒
⑤ 字母表示线束分类	⑥—表示线束编号
⑦—插接器端子编号	⑧—表示搭铁点位置编号
⑨—数字表示导线线径，字母表示导线颜色	⑩—原点表示零件与导线的连接点

【项目总结】

1. 汽车电路的基础元件主要包括导线、熔断器、插接器、各种开关和继电器等。

2. 汽车电系的连接导线有高压导线和低压导线两种。低压导线在电路图中一般具有颜色与编号特征。

3. 熔断器在电路中起保护作用。汽车通常将很多熔断器组合在一起安装在熔断器盒内，并在盒盖上注明各熔断器的名称、额定容量和位置，并用不同的颜色来区别熔断器的容量。

4. 汽车电路具有低压、直流、单线制、并联连接和负板搭铁，设有保险装置、有颜色和编号特征，由相对独立的分系统组成等特点。

5. 汽车电路图常见的有接线图、电路原理图及布线图。诊断方法有直观诊断法、断路法、短路法、试灯法、仪表法、高压试火法、低压搭铁试火法及仪器法等。

6. 汽车电路图中常用的图形符号有限定符号，导线、端子和导线的连接符号，触点与开关符号，电器元件符号，仪表符号，各种传感器符号，电器设备符号等。

7. 读电路图时要善于化整为零，要认真阅读图注，熟悉电器元件及配线，注意开关的作用，了解继电器的工作状态，牢记回路原则。

【思考与练习】

1. 单选题

(1) 通常用于控制点火电路、仪表电路、发电机励磁电路及起动电路等的开关称为(　　)。
 A. 灯光开关　　　B. 点火开关　　　C. 组合开关　　　D. 电源开关

(2) 通常用于切断蓄电池与外电路连接的开关称为(　　)。
 A. 灯光开关　　　B. 点火开关　　　C. 组合开关　　　D. 电源开关

(3) 通常为了操作方便而将两种及两种功能以上集装在一起的开关称为(　　)。
 A. 灯光开关　　　B. 点火开关　　　C. 组合开关　　　D. 电源开关

(4) 汽车电路中都设有保险装置，下列装置中(　　)除外。
 A. 继电器　　　　B. 易熔线　　　　C. 断路器　　　　D. 熔断器

(5) 汽车电路中导线的截面面积是根据所接用电设备的(　　)来确定的。
 A. 类型　　　　　B. 阻值　　　　　C. 电压值　　　　D. 电流值

2. 多选题

(1) 大众车系电路图的特点包括(　　)。
 A. 电路图中经常遇到接点标记的数字及字母，它们具有固定的含义
 B. 电路图在表示电路走向的同时，还表达了电路的结构情况
 C. 电路图采用了断线代号法来处理电路复杂交错的问题
 D. 数字30、15、50等出现在电路不同地方时，标记含义是不同的

(2) 电路图上以粗实线画出的每条线上都有(　　)。
 A. 导线的材料　　　　　　　　　B. 导线的颜色
 C. 导线的性能　　　　　　　　　D. 导线的截面面积的标注

(3) 线束图中主要体现的含义有(　　)。
 A. 插接器的位置　B. 插接器的形状　C. 接线柱的标记　D. 各用电器的连接部位

(4) 继电器是利用通电线圈产生的电磁力来改变触点的原始状态，其类型有(　　)。
 A. 常开式　　　　B. 枢纽式　　　　C. 按压式　　　　D. 常闭式

(5) 汽车电路图按特点不同分为(　　)。
 A. 原理图　　　　B. 结构图　　　　C. 线路图　　　　D. 线束图

3. 判断题

(1) 线束图主要突出装配记号，易于安装、配线和检修。(　　)

(2) 汽车电器各个系统均装有开关，以防止短路而烧坏电缆和供电设备。(　　)

(3) 中央配电盒由中央配电盒盖、座及配电盒主体组成。(　　)

（4）当装有自恢复式断路器电路中的电流超过规定值时，其双金属片受热弯曲而使触点张开切断电路。（   ）

（5）原理图有准确整车电器数量，导线走向清楚、有始有终，便于查找故障点。（   ）

4. 问答题

（1）汽车电器电路有哪些特点？

（2）汽车整车电路由哪几部分组成？

（3）汽车电路保护装置有哪些？

（4）汽车导线为什么采用不同的颜色？各国对导线的标记有何不同？

（5）汽车电路图的作用及特点有哪些？

（6）简述三种汽车电路图（电路图、原理图、线束图）各自的特点和应用。

（7）以某一车型电路为例，说明汽车电路识图的方法。

（8）检修汽车电路时应注意哪些事项？如何进行检修？

参 考 文 献

[1] 明光星,孙宝明. 汽车电器设备原理与维修实务 [M]. 北京:北京大学出版社,2011.
[2] 娄云. 汽车电路分析 [M]. 北京:机械工业出版社,2011.
[3] 明光星,李培军. 汽车电器实训教程 [M]. 北京:中国人民大学出版社,2010.
[4] 杨洪庆. 汽车发动机电控技术 [M]. 北京:中国人民大学出版社,2009.
[5] 张建俊. 汽车诊断与检测技术 [M]. 北京:人民交通出版社,2007.
[6] 郝军. 汽车空调 [M]. 北京:机械工业出版社,2007.
[7] 颜培钦. 汽车车身电气设备系统及附属电气设备 [M]. 西安:西安电子科技大学出版社,2006.
[8] 吴涛. 汽车电气设备与维修 [M]. 西安:西安电子科技大学出版社,2006.